卓越法律人才培养系列教材

水上环境案件 争议问题述评

主编　夏　倩　汪　炜

参编　屈　琳　夏　超　孙占雨　葛文丽

　　　黄丹丽　李慧敏　方　翔　沈雪梅

WUHAN UNIVERSITY PRESS

武汉大学出版社

图书在版编目(CIP)数据

水上环境案件争议问题述评/夏倩,汪炜主编.—武汉:武汉大学出版
社,2023.3(2023.11重印)
卓越法律人才培养系列教材
ISBN 978-7-307-23586-1

Ⅰ.水⋯ Ⅱ.①夏⋯ ②汪⋯ Ⅲ.水环境—环境保护法—中国—教
材 Ⅳ.D922.68

中国国家版本馆 CIP 数据核字(2023)第 019826 号

责任编辑:沈继侠 责任校对:汪欣怡 版式设计:马 佳

出版发行:**武汉大学出版社** (430072 武昌 珞珈山)
(电子邮箱:cbs22@whu.edu.cn 网址:www.wdp.com.cn)
印刷:武汉邮科印务有限公司
开本:787×1092 1/16 印张:12.75 字数:299 千字 插页:1
版次:2023 年 3 月第 1 版 2023 年 11 月第 2 次印刷
ISBN 978-7-307-23586-1 定价:58.00 元

前　　言

随着经济社会的发展，水污染现象日益严重，水环境保护事关民生实事，国家和各地区都非常重视。目前还存在水资源环境污染问题，已关系到整个流域人民的日常生活，水污染的整治已广受关注。航运相对其他运输方式，虽然有节能的优势，但是对航道水体污染不容小觑，如何有效防止水上环境的污染，打造绿色、高品质航运，进一步加强法制环境建设尤为重要。

本书立足于解决航运发展与水污染治理的矛盾，对水上环境典型案件进行述评。本书含有三章内容：

第一章　水上环境典型刑事案件，包含污染环境罪、非法捕捞水产品罪、非法采矿罪。

第二章　水上环境典型民事案件，包含环境保护公益诉讼、环境污染责任纠纷。

第三章　水上环境典型行政案件，包含环境保护行政作为诉讼、环境保护行政不作为诉讼、环境保护国家赔偿。

本书以"选择该案例的原因"的方式对每个案例进行了客观的点评，具有基础性、简洁性、新颖性、启迪性和实用性等特点，可作为法学、交通管理等专业的教材及交通行业法律知识培训资料，也可为交通法律研究提供参考。

目　录

第一章　水上环境典型刑事案件

第一节　污染环境罪

案例一　宝勋某（浙江）有限公司、黄某某污染环境案[①]

一、基本案情

2018年7月16日安徽省芜湖市镜湖区人民检察院以被告单位宝勋公司以及被告人黄某某、姜某某、李某某、涂某某等12人犯污染环境罪向安徽省芜湖市镜湖区人民法院提起公诉。

2016年7月至2017年5月，被告单位宝勋公司及被告人黄某某、姜某某违反国家关于危险废物管理的规定，在未开具危险废物转移联单的情况下，将酸洗污泥交给无危险废物处置资质的被告人李某某、涂某某、刘某某进行非法处置。被告人李某某、涂某某、刘某某通过伪造有关国家机关、公司印章，制作虚假公文、证件等方式，非法处置酸洗污泥。上述被告人通过汽车、船舶跨省运输危险废物，最终在江苏省淮安市、扬州市、苏州市，安徽省铜陵市非法倾倒、处置酸洗污泥共计1071吨。其中，2017年5月22日，被告人姜某某、李某某、涂某某伙同被告人汪某某、汪某某、吴某某、朱某某、查某某等人在安徽省铜陵市经开区将62.88吨酸洗污泥倾倒在长江堤坝内，造成环境严重污染。案发后，经鉴定评估，上述被告人非法倾倒、处置酸洗污泥造成环境损害数额为511万余元，产生应急处置、生态环境修复、鉴定评估等费用共计139万余元。

2002年7月，被告单位宝勋某（浙江）有限公司（以下简称宝勋公司）成立，经营范围包括生产销售建筑五金件、汽车高强度精密紧固件、精冲模具等，该公司生产中产生的废酸液及污泥为危险废物，必须分类收集后委托具有危险废物处置资质的单位处置。被告人黄某某自2008年起担任宝勋公司副总经理，负责公司日常经营管理，被告人姜某某自2016年4月起直接负责宝勋公司酸洗污泥的处置工作。

[①]　案例来源：中国裁判文书网：最高污染环境典型案例，https：//wenshu. court. gov. cn/website/wenshu/181107ANFZ0BXSK4/index. html? docId = 6X8yG55tLKJNsEq9RdqRreARyOvgcOeoq7w2HP26jqXjuEVK0g++xJO3qNaLMqsJU0BkaeoOZN0yBjYgTalW5VtgRigY0Si/SHWVRmKsuNvfIP5QgW0cYXI2wDstuDCe，2022年10月24日访问。

此外，2017年6月至11月，被告人李某某、涂某某、刘某某、吴某某、朱某某、查某某等人在无危险废物处置资质的情况下，非法收集10余家江苏、浙江企业的工业污泥、废胶木等有毒、有害物质，通过船舶跨省运输至安徽省铜陵市江滨村江滩边倾倒。其中，倾倒废胶木313吨、工业污泥2525余吨，另有2400余吨工业污泥倾倒未遂。

二、判决结果

一审法院根据案件情况，作出判决：（1）被告单位宝勋公司犯污染环境罪，判处罚金一千万元。（2）被告人黄某某犯污染环境罪，判处有期徒刑六年，并处罚金二十万元。（3）被告人姜某某犯污染环境罪，判处有期徒刑五年九个月，并处罚金二十万元。（4）判处被告人李某某等10人犯污染环境罪，判处有期徒刑六年至拘役四个月不等，并处罚金。

二审法院根据案件情况，作出判决：驳回上诉，维持原判。

三、判案焦点及理由

（一）被告人是否知道酸洗污泥属于危险废物的问题

首先，2008年8月1日施行的《国家危险废物名录》、2016年8月1日施行的《国家危险废物名录》均将金属表面酸洗污泥纳入《国家危险废物名录》，危废代码分别为：346-064-17、336-064-17。宝勋公司2008年12月委托浙江省工业环保设计研究院编制的《年产1万吨建筑五金件增资扩建项目的环境影响报告书》明确载明宝勋公司的生产废液及废水处理污泥均为危险固废。嘉善县环境保护局2009年3月25日出具的《关于宝勋某某（浙江）有限公司年产1万吨建筑五金件增资扩建项目环境影响报告书的批复》也明确要求宝勋公司必须对生产废液、废水处理污泥分类收集后委托具有危险固废处理资质的专业单位处置。其次，姜某某明确供述其2016年的时候跟其他有处理资质的厂家联系过，但是其他厂家的报价太高了，公司不同意，因为李某某报的价格低，公司为了控制成本，就决定委托李某某来处置酸洗污泥。再次，宝勋公司2016年12月5日编制的《危险废物管理计划表》也载明废酸为危险废物，危废代码为34606417，黄某某系危险废物管理体系的组长，姜某某系危险废物管理体系的主要管理责任人。上述事实足以认定宝勋公司、黄某某、姜某某主观方面均具有污染环境的故意。

（二）关于62.88吨酸洗污泥被非法处置是否超出了宝勋公司的本意以及黄某某是否应当对此承担法律责任的问题

虽然宝勋公司在被嘉善县环保局查处后于2017年4月28日与申能公司签订了危险废物处置利用合同，但宝勋公司仍然于2017年4月29日、4月30日、5月5日、5月6日分别委托李某某等人非法处置酸洗污泥179.71吨。宝勋公司表面上接受环保部门处罚进行整顿，但实际上仍在非法处置酸洗污泥。上诉人姜家清在上诉人黄某某的催促下于2017年5月21日委托李某某等人非法处置62.88吨酸洗污泥不违背宝勋公司的本意。宝勋公司的辩护人提出 62.88 吨酸洗污泥被非法处置超出了宝勋公司的本意的辩护意见不能成立，法院不予采纳。姜家清委托李家清等人非法处置酸洗污泥是违法行为，黄某某作为宝勋公司直接负责的主管人员，对宝勋公司生产产生的危险废物处置负有监管责任，依法应当承担相应的法律责任。

（三）关于上诉人黄某某是否宝勋公司直接负责的主管人员问题

经查，宝勋公司品质手册、环保管理制度、危险废物应急预案、危险废物管理计划表等书证均证明黄某某系宝勋公司危险废物直接负责的主管人员，与黄某某、姜家清等人的供述等证据相印证，原判认定黄某某系宝勋公司直接负责的主管人员正确，黄某某的辩护人提出黄某某不能算作直接责任人员的辩护意见与事实不符，法院不予采纳。

（四）关于上诉人姜某某是否应当对宝勋公司 2017 年 4 月 6 日之前倾倒的酸洗污泥承担法律责任的问题

经查，上诉人黄某某供述姜某某于 2016 年 2 月即负责宝勋公司酸洗污泥的处置工作，姜某某亦供述其于 2016 年 4 月前后负责宝勋公司酸洗污泥的处置工作，上诉人李某某供述涉案宝勋公司的酸洗污泥处理全部与姜某某联系，故姜某某的辩护人提出姜家清对宝勋公司 2017 年 4 月 6 日之前倾倒的污泥承担法律责任依据不足的辩护意见不能成立，法院不予采纳。

（五）关于上诉人姜某某是否参与了违法所得的分配以及是否应当共同被追缴的问题

经查，上诉人李某某、涂某某、刘某某均供述与上诉人姜家清四人平均分配违法所得，姜某某亦供述收取了李某某给予的好处费。虽然姜某某交代收取好处费的数额与李某某等人供述不一致，但仅是姜某某与李某某等人的内部分赃问题，原审法院判决予以共同追缴并无不当。姜某某与李某某等人无其他业务联系，姜某某及其辩护人提出姜某某收取好处费与污泥处理没有直接联系与事实不符。法院对姜某某及其辩护人的相关上诉理由和辩护意见不予采纳。

（六）关于上诉人李某某、涂某某、刘某某、吴某某、朱某某、汪某 1、汪某 2 在共同犯罪中的地位、作用问题

经查，李某某、涂某某、刘某某共同非法处置酸洗污泥，吴某某、朱某某与查某某共同非法处置污泥，汪某 1 与汪某 2 为非法处置污泥联系上下游人员。各上诉人根据分工不同，各司其职，均系共同犯罪中的一个环节，共同参与犯罪，污染环境，在共同犯罪中作用相当。上诉人李某某、涂某某、刘某某、吴某某、朱某某、汪某 1、汪某 2 上诉提出在共同犯罪中作用较小的上诉理由均不能成立，法院不予采纳。

（七）关于上诉人李某某、刘某某对宝勋公司生产产生的污泥属性认识问题

经查，李某某、刘某某没有处置固体废物的相应资质，其伪造相关机关、公司、企业的印章与宝勋公司签订酸洗污泥处置协议，从而非法处置酸洗污泥，其应当可以判断出自己的行为会对环境造成损害。故其对宝勋公司产生的污泥属性认识不影响对其定罪量刑。

（八）关于上诉人涂伟东非法倾倒1008.73吨酸洗污泥中的523.56吨是否应当适用《最高人民法院、最高人民检察院关于办理环境污染刑事案件适用法律若干问题的解释》（法释〔2013〕15号）的问题

经查，被告人涂某某自2016年7月至12月31日参与处置危险废物585.26吨，2017年1月1日至5月参与处置危险废物486.35吨，其犯罪行为一直连续，应适用《最高人民法院、最高人民检察院关于办理环境污染刑事案件适用法律若干问题的解释》（法释〔2016〕29号）。故对涂某某的辩护人提出的相关辩护意见不予采纳。

（九）关于上诉人刘某某参与非法处置酸洗污泥的数量问题

经查，原判认定上诉人刘某某等人参与非法处置1008.73吨酸洗污泥有宝勋公司酸洗污泥报账记录、发票、刘某某的账本、过磅单等书证，证人王某1等证言以及上诉人李某某等人的供述相互印证，原判认定该数额正确，上诉人刘某某上诉提出原判认定数额过高与事实不符，法院不予采纳。

（十）关于上诉人吴某某、朱某某是否参与非法处置2400余吨有害固体废物的问题

经查，同案犯黄某供述其2017年11月与朱某某联系处置涉案2400余吨有害固体废物，并且先支付了朱某某7万元处置费，因为朱某某说期间公安在查处，运输2400余吨污泥的三条运输船舶一直在铜陵水域抛锚等待，后被公安机关现场查获；上诉人朱某某也供述黄某与其联系处置三船污泥，故朱某某上诉提出其没有参与该起犯罪与事实不符，法院不予采纳。上诉人吴某某供述其与朱某某、查某某合伙处置污泥。2017年10月底，黄某有污泥需要处置，其与朱某某、查某某、黄某四个人一起商谈处置污泥，其负责联系上家的货源，并介绍给下家朱某某、查某某，该供述与朱某某、查某某的供述一致，亦与吴某某、朱某某、查某某三人之前共同非法处置危险废物、有毒固体废物的联络、处置经过相一致，故吴某某与朱某某、查某某有共同的犯罪故意，吴某某应对涉案2400余吨有害固体废物的处置承担法律责任。吴某某上诉提出其没有参与该起犯罪的上诉理由不能成立，法院不予采纳。

（十一）关于上诉人朱某某是否构成自首的问题

经查，长江航运公安局芜湖分局2018年9月7日出具的情况说明反映，2017年11月

下旬该局已经掌握朱某某参与倾倒 62.88 吨危险废物以及数千吨固废的犯罪事实，并明确了朱某某的身份信息和手机号码。2017 年 12 月 6 日，现场勘察民警在现场勘察时，发现上诉人朱某某并将其传唤至公安机关进行调查，调查中朱某某主动交代了自己的犯罪事实。朱某某没有主动投案，原判没有认定朱某某自首正确，上诉人朱某某及其辩护人应当构成自首的上诉理由及辩护意见不能成立，法院不予采纳。

（十二）关于上诉人朱辉勇带领侦查人员到案发现场是否构成立功的问题

经查，虽然朱某某带领侦查人员辨认了倾倒酸洗污泥的地点，但是这是上诉人朱某某应当如实供述的内容，且原判已经以其如实供述依法从轻处罚，该行为不符合立功的认定条件，其上诉提出构成立功的上诉理由不符合法律规定，法院不予采纳。

四、相关法律依据

《中华人民共和国刑事诉讼法》第二百三十六条

第二审人民法院对不服第一审判决的上诉、抗诉案件，经过审理后，应当按照下列情形分别处理：

（1）原判决认定事实和适用法律正确、量刑适当的，应当裁定驳回上诉或者抗诉，维持原判。

（2）原判决认定事实没有错误，但适用法律有错误，或者量刑不当的，应当改判。

（3）原判决事实不清楚或者证据不足的，可以在查清事实后改判；也可以裁定撤销原判，发回原审人民法院重新审判。

原审人民法院对于依照前款第三项规定发回重新审判的案件作出判决后，被告人提出上诉或者人民检察院提出抗诉的，第二审人民法院应当依法作出判决或者裁定，不得再发回原审人民法院重新审判。

五、选择该案件的原因

长江是中华民族的母亲河，也是中华民族发展的重要支撑。推动长江经济带发展是党中央作出的重大决策，是关系国家发展全局的重大战略。服务长江生态高水平保护和经济社会高质量发展，为长江经济带共抓大保护、不搞大开发提供有力保障，是公安司法机关肩负的重大政治责任、社会责任和法律责任。司法实践中，对发生在长江经济带十一省（直辖市）的跨省（直辖市）排放、倾倒、处置有放射性的废物、含传染病病原体的废物、有毒物质或者其他有害物质的环境污染犯罪行为，应当依法从重处罚。

本案中，被告单位宝勖公司及被告人黄某某等 12 人在江苏、浙江、安徽等地跨省运输、转移危险废物，并在长江流域甚至是长江堤坝内倾倒、处置，危险废物数量大，持续时间长，给长江流域生态环境造成严重危害。涉案地办案机关加强协作配合，查清犯罪事实，对被告单位宝勖公司及被告人黄某某等 12 人依法追究刑事责任，在办理长江经济带跨省（直辖市）环境污染案件，守护好长江母亲河方面具有典型意义。

案例二　上海某环保有限公司、崔某某等污染环境案①

一、基本案情

被告单位某某公司于1999年取得上海市危险废物经营许可证，核准收集、贮存、焚烧处置危险废物。2008年之前，许可证核准经营规模为1500吨/年。2009年至2017年核准经营规模为7500吨/年，其中2012年为6000吨/年。

2006年至2009年期间，因某某公司危废处置能力难以满足客户快速增长的危废处置需求，时任公司总经理的被告人崔某某与时任某镇环保办主任兼公司法定代表人的被告人钱某某共同决定，委托何某某（另案处理）在嘉定区园大路以西—大众试车场东北侧—园际路以南区域，在坑内底部和侧面浇筑钢筋混凝土，后违反国家危废处置等相关规定安排员工将公司收集的危险废物等固体废物非法倾倒、填埋至上述坑内，并且在填埋物表面进行覆土，但未采用防渗膜。2020年10月19日，上海市环境科学研究院出具《上海大众试车场东北角固废堆填区域南侧小坑环境污染状况调查说明》，结论为小坑内4个填埋物样本浸出毒性超出了GB5085.3-2007限值要求，主要超标污染物为甲苯、乙苯、二甲苯和苯酚；2个填埋物样本累计毒性超出了GB5085.6-2007的限值要求，检出的主要污染物为重金属、氟化物和石油溶剂。小坑内填埋层上覆素填土层及填埋层底部土层土壤样品所有检测指标均未超过GB36600-2018第二类用地风险筛选值；小坑周边非填埋区域4个土壤监测点所采集20个土壤样品中有1个表层土壤样品存在超标情况，超标污染物为氯仿；小坑周边非填埋区域地下水所有检测指标均未超过GB/T14848-2017IV类标准限值情况。该地块目前尚未开展修复，公私财产损失暂未确定。

2009年1月，基于上述同样原因，崔某某与钱某某共同决定，由崔某某代表某公司向本市嘉定区外冈镇杨甸村民委员会租赁位于嘉定区墨玉北路东—鸡鸣塘南—前杨路西—G1503北的废弃鱼塘。签约后，某公司同样委托何某某用水泥加固基底及四壁，并于2009年下半年起倾倒、填埋危险废物等固体废物，过程中同样进行了覆土，但也未采用防渗膜。2014年1月，某公司与外冈镇杨甸村民委员会继续签订租地协议。2020年5月，上海固体废物管理中心出具《危险废物鉴别意见》，结论为，某镇"墨玉北地块"4号区和14号区开挖出固体废物中3#蓝色粉状废料、4#黄色污泥、5#黑色污泥三类废物属于危险废物。2020年9月，通标标准技术服务（上海）有限公司出具《嘉定区墨玉北路东—鸡鸣塘南—前杨路西-G1503北地块掩埋固废危险特性鉴别报告》，检测结果显示，有48个样本的浸出毒性检测结果超过限值，超标参数主要为甲苯、乙苯、二甲苯和苯酚，超标份样数大于标准中规定的下限值22，该地块主要填埋黑色污泥具备浸出毒性的危险特性。

---

① 案例来源：中国裁判文书网，https：//wenshu. court. gov. cn/website/wenshu/181107ANFZ0BXSK4/index. html? docId = aHb5nMxOHbSWbiyAo3VymWl/zq5ZxkzZh + O17rTFbRavEJrWGX9WtjO3qNaLMqsJU0BkaeoOZN0yBjYgTalW5VtgRigY0Si/SHWVRmKsuNt8T5C2CTjLLX/8XIN0KwJi，2022年10月24日访问。

2020年10月,上海市环境科学研究院出具"废弃鱼塘"《环境损害鉴定评估》,其中环境损害确认结论:非法固废填埋行为对本地块周边土壤及水泥构筑层侧壁和底部下方表层土壤未造成环境损害,根据现有土壤检测结果,本案所填固体废物中的特征污染物对填埋体水泥构筑层下的土壤环境已造成一定影响。环境损害量化结论:2020年1月至8月,某公司委托具备相关资质的企业开展了现场填埋固废清理挖掘工作,被告单位及六名被告人的行为已造成公私财产损失人民币241852541元。现已支付各类费用共计人民币185562486.40元。

2009年9月,时任某镇环保办主任的被告人孙某接任某某公司法定代表人,崔某某改任公司顾问,钱某某改任公司总经理,三人共同负责经营管理某公司。孙某从崔某某、钱某某二人处获知公司租赁废弃鱼塘用于倾倒、填埋危险废物等固体废物后,放任、默许该违法行为继续实施。2014年3月,崔某某、钱某某二人退休,并继续返聘一年。2014年4月,曾任公司办公室主任的被告人朱某1接任公司法定代表人及总经理,与时任某镇环保办主任孙某共同经营管理公司,但仍以孙某管理为主,公司继续实施非法倾倒、填埋行为。2016年上半年,孙某因故不再参与某公司事务,由朱某1直接管理公司,某公司非法倾倒、填埋持续至2016年年末。

在被告单位实施非法倾倒、填埋行为期间,公司安排先后两任生产科长被告人朱某3、被告人刘某某具体负责运输、倾倒危险废物等固体废物,班组长曹某某(另案处理)协助,将污染物交由多名公司驾驶员进行运输至涉案地块。

经上海沪港金茂会计师事务所有限公司司法审计,2006年至2016年,某公司对外销售发票载明的危险废物处置量(对营业收入明细与会计凭证中的销项发票或销项发票上的开票明细、结算单据相匹配)分别为13723.73吨、18850.52吨、19741.21吨、12855.25吨、22047.48吨、24399.19吨、18521.89吨、14556.89吨、16567.12吨、12505.58吨、9627.28吨,均超过当年公司被核准经营收集、贮存、焚烧处置危险废物的吨数。

2018年年底,被告人朱某1主动向某镇政府汇报上述情况,镇政府遂向嘉定区生态环境局通报。2019年11月起,某公司与天汉公司、天成公司等签订合同,并于2020年1月起开展应急清理及处置,开挖现场及附近有强烈刺鼻异味,水泥构筑层有明显接缝,填埋坑底部存在破损。同年5月,崔某某、钱某某、孙某、朱某1、朱某2、刘某某主动至公安机关投案自首,到案后均如实供述了自己的罪行。

二、判决结果

(1)被告单位上海某某环保有限公司犯污染环境罪,判处罚金人民币五百万元。

(罚金于本判决生效后十日内向法院缴纳。)

(2)被告人崔某某犯污染环境罪,判处有期徒刑二年六个月,缓刑二年六个月,并处罚金人民币二十万元。

(缓刑考验期限,从判决确定之日起计算。)

(罚金于本判决生效后十日内向法院缴纳。)

(3)被告人钱某某犯污染环境罪,判处有期徒刑四年,并处罚金人民币二十万元。

（刑期从判决执行之日起计算。判决执行以前先行羁押的，羁押一日折抵刑期一日，即自 2021 年 3 月 25 日至 2025 年 2 月 13 日。）

（罚金于本判决生效后十日内向法院缴纳。）

（4）被告人孙某犯污染环境罪，判处有期徒刑三年六个月，并处罚金人民币十五万元。

（刑期从判决执行之日起计算。判决执行以前先行羁押的，羁押一日折抵刑期一日，即自 2020 年 5 月 8 日至 2023 年 11 月 7 日。）

（罚金于本判决生效后十日内向法院缴纳。）

（5）被告人朱某 1 犯污染环境罪，判处有期徒刑二年，缓刑二年，并处罚金人民币八万元。

（缓刑考验期限，从判决确定之日起计算。）

（罚金于本判决生效后十日内向法院缴纳。）

（6）被告人朱某 3 犯污染环境罪，判处有期徒刑一年六个月，缓刑一年六个月，并处罚金人民币五万元。

（缓刑考验期限，从判决确定之日起计算。）

（罚金于本判决生效后十日内向法院缴纳。）

（7）被告人刘某某犯污染环境罪，判处有期徒刑一年六个月，缓刑一年六个月，并处罚金人民币五万元。

（缓刑考验期限，从判决确定之日起计算。）

（罚金于本判决生效后十日内向法院缴纳。）

（8）违法所得予以追缴。

（9）禁止被告人崔某某、朱某 1、朱某 2、刘某某在缓刑考验期限内从事与排污或者处置危险废物有关的经营活动。

崔某某、朱某 1、朱某 2、刘某某回到社区后，应当遵守法律、法规，服从监督管理，接受教育，完成公益劳动，做一名有益社会的公民。

三、判决焦点及理由

本案的争议焦点为：一是本案中公私财产损失中有关处理危废的相关费用是否应予以扣除；二是本案中违法倾倒、填埋危废等固废的行为是否为临时存放行为；三是被告人孙某能否认定为从犯；四是被告人钱某某、孙某的量刑及能否适用缓刑。

对于争议焦点一，法院认为，本案中填埋危废产生的清理挖掘费用系为了消除污染而采取必要合理措施所产生的费用，依法应认定为公私财产损失。某某公司虽系环保公司，在处置危废能力不足的情况下，违规超量接受危废处置业务，违法倾倒、填埋危废，严重污染环境，由此产生的相关处置费用均是不应产生的费用，即使由某某公司自行事后补救，同样应认定为公私财产损失。故对于相关辩护人认为处置危废的费用应在认定的公私财产损失扣除的辩护意见，法院不予采纳。

对于争议焦点二，法院认为，从时间上考虑，本案中犯罪行为前后历经 10 多年，至案发时危废等都未予以处置，故非临时存放；从方式上考虑，临时存放危废有严格的要求，需要采取各种措施，而不仅仅是在存放危废的坑内底部和侧壁加筑混凝土，故不符合成立临时存放的要求；从后果上考虑，造成了公私财产损失2亿余元，后果特别严重，故对于相关辩护人认为是临时存放行为的辩护意见，法院不予采纳。

对于争议焦点三，法院认为，被告人孙某在作为被告单位法定代表人与被告人崔某某、钱某某共同管理公司期间，同时担任某镇环保办负责人，有义务且有能力制止公司的犯罪行为，在明知被告单位违法倾倒、填埋危废时，仅予口头反对，未采取实质性阻止措施，任由犯罪行为持续，纵容损害结果发生；在以其为主，与被告人朱某1共同管理公司期间，公司继续实施非法倾倒、填埋行为，作为镇环保办负责人的孙怡并未停止犯罪行为。在共同犯罪中，应当认定为主犯。故对于辩护人认为被告人孙某系从犯的辩护意见，本院不予采纳。

对于争议焦点四，法院认为，被告人钱某某、孙某在共同犯罪中系主犯，且某公司的倾倒、填埋危险废物持续时间长，造成的损失金额高达2个多亿。综合二被告人的犯罪事实、情节、危害后果等，在具体量刑时不具备减轻处罚情节，对于二被告人的量刑不符合适用缓刑的条件，故对于辩护人请求对二被告人减轻处罚并适用缓刑的辩护意见，法院不予采纳。

四、相关法律条文

（一）2011年《中华人民共和国刑法修正案（八）》修正的《中华人民共和国刑法》

第三百三十八条　违反国家规定，排放、倾倒或者处置有放射性的废物、含传染病病原体的废物、有毒物质或者其他有害物质，严重污染环境的，处三年以下有期徒刑或者拘役，并处或者单处罚金；后果特别严重的，处三年以上七年以下有期徒刑，并处罚金。

第三百四十六条　单位犯本节第三百三十八条至第三百四十五条规定之罪的，对单位判处罚金，并对其直接负责的主管人员和其他直接责任人员，依照本节各该条的规定处罚。

第三十条　公司、企业、事业单位、机关、团体实施的危害社会的行为，法律规定为单位犯罪的，应当负刑事责任。

第三十一条　单位犯罪的，对单位判处罚金，并对其直接负责的主管人员和其他直接责任人员判处刑罚。本法分则和其他法律另有规定的，依照规定。

第二十五条　共同犯罪是指二人以上共同故意犯罪。

第二十六条　组织、领导犯罪集团进行犯罪活动的或者在共同犯罪中起主要作用的，是主犯。

对于第三款规定以外的主犯，应当按照其所参与的或者组织、指挥的全部犯罪处罚。

第二十七条　在共同犯罪中起次要或者辅助作用的，是从犯。

对于从犯，应当从轻、减轻处罚或者免除处罚。

第六十七条　犯罪以后自动投案，如实供述自己的罪行的，是自首。对于自首的犯罪分子，可以从轻或者减轻处罚。其中，犯罪较轻的，可以免除处罚。

第十七条　已满七十五周岁的人故意犯罪的，可以从轻或者减轻处罚；过失犯罪的，应当从轻或者减轻处罚。

第七十二条　对于被判处拘役、三年以下有期徒刑的犯罪分子，同时符合下列条件的，可以宣告缓刑，对其中不满十八周岁的人、怀孕的妇女和已满七十五周岁的人，应当宣告缓刑：

（1）犯罪情节较轻。

（2）有悔罪表现。

（3）没有再犯罪的危险。

（4）宣告缓刑对所居住社区没有重大不良影响。

宣告缓刑，可以根据犯罪情况，同时禁止犯罪分子在缓刑考验期限内从事特定活动，进入特定区域、场所，接触特定的人。

被宣告缓刑的犯罪分子，如果被判处附加刑，附加刑仍须执行。

第七十三条……

有期徒刑的缓刑考验期限为原判刑期以上五年以下，但是不能少于一年。

缓刑考验期限，从判决确定之日起计算。

第五十二条　判处罚金，应当根据犯罪情节决定罚金数额。

第五十三条　罚金在判决指定的期限内一次或者分期缴纳。期满不缴纳的，强制缴纳。对于不能全部缴纳罚金的，人民法院在任何时候发现被执行人有可以执行的财产，应当随时追缴。

由于遭遇不能抗拒的灾祸等原因缴纳确实有困难的，经人民法院裁定，可以延期缴纳、酌情减少或者免除。

第六十四条　犯罪分子违法所得的一切财物，应当予以追缴或者责令退赔；对被害人的合法财产，应当及时返还；违禁品和供犯罪所用的本人财物，应当予以没收。没收的财物和罚金，一律上缴国库，不得挪用和自行处理。

（二）最高人民法院《关于处理自首和立功具体应用法律若干问题的解释》

第一条　根据刑法第六十七条第一款的规定，犯罪以后自动投案，如实供述自己的罪行的，是自首。

（1）自动投案，是指犯罪事实或者犯罪嫌疑人未被司法机关发觉，或者虽被发觉，但犯罪嫌疑人尚未受到讯问、未被采取强制措施时，主动、直接向公安机关、人民检察院或者人民法院投案。

（2）如实供述自己的罪行，是指犯罪嫌疑人自动投案后，如实交代自己的主要犯罪事实。

共同犯罪案件中的犯罪嫌疑人，除如实供述自己的罪行，还应当供述所知的同案犯，主犯则应当供述所知其他同案犯的共同犯罪事实，才能认定为自首。

案例三 马某、葛某某等污染环境罪[①]

一、基本案情

2015 年 10 月，杨某某（另案处理）与李某（另案处理）签订协议，约定自 2015 年 10 月至 2016 年 3 月期间，由杨某某联系车队装运渣土回填本市浦东新区新场镇坦西村 17、18 组林凡农场内的低洼农田，并支付李某回填款。

2015 年 11 月至 12 月期间，被告人马某受杨某某指使，在林凡农场施工现场负责管理工人、收取卸点费、支付机械工具租赁费等工作，并联系土方车队至现场进行渣土回填。被告人葛某某受马某雇佣在现场进行清理，亦联系土方车队至现场回填渣土。在此期间，大量混有毛垃圾的渣土被倾倒在上述坦西村 17 组、18 组农田内，造成环境严重污染。

2015 年 12 月底，因低洼土地填埋后超出周围农田近 2 米，填埋在农田内的毛垃圾对周边环境造成严重污染，新场镇镇政府召集李某、杨某某等人召开现场会，要求停止倾倒上述混有毛垃圾的渣土、清理现场、平整土地。停工后，李某、杨某某、马某、葛某某等人仍联系车辆至现场进行渣土回填。

2016 年上半年，被告人陆某某由李某雇佣至林凡农场负责卸点票收取、垃圾分拣、工人管理等工作。在此期间，马某仍联系车队将混有毛垃圾的渣土继续倾倒至涉案农田，后平整覆盖直至案发。

根据上海纺织节能环保中心对该区域应急监测数据，司法鉴定科学研究院作出鉴定：涉案地块因倾倒建筑垃圾和生活垃圾等固体废物，造成农用地被压占破坏；致使地下水相关苯、砷、氨氮、总氮、化学需氧量和五日生化需氧量等超标，造成环境污染；未经处理的生活垃圾属于有害物质，会造成周边地下水受到污染；本案应急监测费用 68.28 万元，涉案地块中填埋的生活垃圾及受污染的土壤清理、外运处置费用共计约人民币 560.28 万元。

二、判决结果

（1）被告人马某犯污染环境罪，判处有期徒刑二年六个月，并处罚金人民币三万元（刑期从判决执行之日起计算。判决执行以前先行羁押的，羁押一日折抵刑期一日，即自 2019 年 11 月 12 日起至 2022 年 5 月 11 日止。）（罚金于本判决生效后十日内向本院缴纳。）

（2）被告人葛某某犯污染环境罪，判处有期徒刑一年二个月，并处罚金人民币二万

---

① 案例来源：中国裁判文书网，https://wenshu.court.gov.cn/website/wenshu/181107ANFZ0BXSK4/index.html? docId = EmoQ6ORmLEc + MetZD8ANGHYdMXkWKyn0qNmGPgwre43lP7qn34L5iJO3 qNaLMqsJU0BkaeoOZN3IuGohxMg/BQQCtjm93nWQHNw+u3rzb/0s4uR06iQQa3ouEkh+S60A，2022 年 10 月 24 日访问。

元（刑期从判决执行之日起计算。判决执行以前先行羁押的，羁押一日折抵刑期一日，即自 2019 年 11 月 29 日起至 2021 年 1 月 28 日止）（罚金于本判决生效后十日内向本院缴纳）。

（3）被告人陆某某犯污染环境罪，判处有期徒刑一年，缓刑一年，并处罚金人民币二万元（缓刑考验期限，从判决确定之日起计算）（罚金于本判决生效后十日内向本院缴纳）。

（4）禁止被告人陆某某在缓刑考验期限内从事与排污或者处置危险废物有关的经营活动。

（5）违法所得予以追缴。陆某某回到社区后，应当遵守法律、法规，服从监督管理，接受教育，完成公益劳动，做一名有益社会的公民。

三、判决焦点及理由

被告人马某、葛某某、陆某某违反国家规定，伙同他人共同非法倾倒、处置有害物质，致使公私财产损失 100 万元以上，严重污染环境且后果特别严重，其行为均已构成污染环境罪。在共同犯罪中，被告人马某虽系受杨某某指使，但其长期在涉案地点负责现场管理、租赁器械、联系土方车队、经手卸点费用等，整个犯罪过程积极参与，对犯罪行为的完成起着主要的作用，应当认定为主犯；被告人葛某某、陆某某起次要作用，系从犯，依法应当减轻处罚，但葛某某还联系土方车队，作用相对大于陆某某。马某犯罪以后自动投案，如实供述自己的主要犯罪事实，是自首，依法可以减轻处罚；葛某某、陆某某到案后亦能如实供述自己的罪行，愿意接受处罚，依法可以从轻处罚。案发后，被告人马某、葛某某自愿承担生态环境损害赔偿责任，马某已支付相关赔偿费用，故可以酌情从轻处罚。

四、相关法律条文

（一）《中华人民共和国刑法》

第三百三十八条　违反国家规定，排放、倾倒或者处置有放射性的废物、含传染病病原体的废物、有毒物质或者其他有害物质，严重污染环境的，处三年以下有期徒刑或者拘役，并处或者单处罚金；后果特别严重的，处三年以上七年以下有期徒刑，并处罚金。

第二十五条　共同犯罪是指二人以上共同故意犯罪。

第二十六条　组织、领导犯罪集团进行犯罪活动的或者在共同犯罪中起主要作用的，是主犯。

对于第三款规定以外的主犯，应当按照其所参与的或者组织、指挥的全部犯罪处罚。

第二十七条　在共同犯罪中起次要或者辅助作用的，是从犯。

对于从犯，应当从轻、减轻处罚或者免除处罚。

第六十七条　犯罪以后自动投案，如实供述自己的罪行的，是自首。对于自首的犯罪分子，可以从轻或者减轻处罚。其中，犯罪较轻的，可以免除处罚。

犯罪嫌疑人虽不具有前两款规定的自首情节，但是如实供述自己罪行的，可以从轻处罚。

第七十二条 对于被判处拘役、三年以下有期徒刑的犯罪分子，同时符合下列条件的，可以宣告缓刑，对其中不满十八周岁的人、怀孕的妇女和已满七十五周岁的人，应当宣告缓刑：

（1）犯罪情节较轻。

（2）有悔罪表现。

（3）没有再犯罪的危险。

（4）宣告缓刑对所居住社区没有重大不良影响。

宣告缓刑，可以根据犯罪情况，同时禁止犯罪分子在缓刑考验期限内从事特定活动，进入特定区域、场所，接触特定的人。

被宣告缓刑的犯罪分子，如果被判处附加刑，附加刑仍须执行。

第七十三条 有期徒刑的缓刑考验期限为原判刑期以上五年以下，但是不能少于一年。

缓刑考验期限，从判决确定之日起计算。

第五十二条 判处罚金，应当根据犯罪情节决定罚金数额。

第五十三条 罚金在判决指定的期限内一次或者分期缴纳。期满不缴纳的，强制缴纳。对于不能全部缴纳罚金的，人民法院在任何时候发现被执行人有可以执行的财产，应当随时追缴。

由于遭遇不能抗拒的灾祸等原因缴纳确实有困难的，经人民法院裁定，可以延期缴纳、酌情减少或者免除。

第六十四条 犯罪分子违法所得的一切财物，应当予以追缴或者责令退赔；对被害人的合法财产，应当及时返还；违禁品和供犯罪所用的本人财物，应当予以没收。没收的财物和罚金，一律上缴国库，不得挪用和自行处理。

（二）最高人民法院《关于处理自首和立功具体应用法律若干问题的解释》

第一条 根据刑法第六十七条第一款的规定，犯罪以后自动投案，如实供述自己的罪行的，是自首。

（1）自动投案，是指犯罪事实或者犯罪嫌疑人未被司法机关发觉，或者虽被发觉，但犯罪嫌疑人尚未受到讯问、未被采取强制措施时，主动、直接向公安机关、人民检察院或者人民法院投案。

（2）如实供述自己的罪行，是指犯罪嫌疑人自动投案后，如实交代自己的主要犯罪事实。

共同犯罪案件中的犯罪嫌疑人，除如实供述自己的罪行，还应当供述所知的同案犯，主犯则应当供述所知其他同案犯的共同犯罪事实，才能认定为自首。

案例四　单位暨附带民事公益诉讼被告单位上海某有限公司、王某等污染环境①

一、基本案情

2017 年 5 月至 11 月底期间，被告单位上海某有限公司（以下简称 G 公司）在生产经营中违反国家规定，在未通过环境影响评估及设置相关污水处置设备的情况下，于公司生产车间（位于上海市嘉定区某某镇春意路××号××幢）内，擅自进行仿古工艺（金属表面处理）作业。被告人王某、周某某默许被告人韩某某将生产过程中产生的含有重金属的污水直接倾倒于车间地面上，利用地面高低落差、地面明沟及墙面孔洞直接排入车间外雨水窨井，经由雨水管道排入外环境河道。吴某某（另案处理）在金属工件清洗擦拭中产生的含重金属的污水亦排入车间外雨水窨井。

2017 年 8 月 30 日，环保部门对久杏公司进行检查。经检测流入雨水窨井的污水中铜含量为 59.1mg/L，超过《污水综合排放标准》的 10 倍以上，严重污染环境。据此环保部门对 G 公司发出责令改正违法行为决定书，责令该单位生产项目停止生产、改正违法排污行为。但 G 公司又私自恢复生产直至当年 11 月底。

2017 年 12 月 26 日，环保部门对 G 公司仿古车间内仿古工艺药水原液进行取样。经检测原液中铜含量为 4.48E+3mg/L，车间外雨水窨井中均有重金属铜检出。

2017 年 12 月 26 日、2018 年 1 月 9 日、17 日，被告人王某、周某某、韩某某分别主动向公安机关投案，并如实供述了相关犯罪事实。

经鉴定评估，G 公司非法排污行为造成的环境损害数额为 32964 元（单位：人民币，下同）。此外，鉴定评估费用为 20000 元。

二、判决结果

（1）被告单位上海某某有限公司犯污染环境罪，判处罚金人民币十万元。

（罚金于本判决生效后十日内向法院缴纳。）

（2）被告人王某犯污染环境罪，判处有期徒刑七个月又十五日，并处罚金人民币五千元。

（刑期从判决执行之日起计算。判决执行以前先行羁押的，羁押一日折抵刑期一日，即自 2017 年 12 月 26 日起至 2018 年 8 月 9 日止。）

（罚金于本判决生效后十日内向法院缴纳。）

（3）被告人周某某犯污染环境罪，判处有期徒刑七个月，并处罚金人民币二千元。

---

① 案例来源：中国裁判文书网，https：//wenshu. court. gov. cn/website/wenshu/181107ANFZ0BXSK4/index. html？docId = EmoQ6ORmLEc + MetZD8ANGHYdMXkWKyn0qNmGPgwre43lP7qn34L5iJO3qNaLMqsJU0BkaeoOZN3IuGohxMg/BQQCtjm93nWQHNw+u3rzb/0s4uR06iQQa3ouEkh+S60A，2022 年 10 月 24 日访问。

（刑期从判决执行之日起计算。判决执行以前先行羁押的，羁押一日折抵刑期一日，即自 2018 年 1 月 9 日起至 2018 年 8 月 8 日止。）

（罚金于本判决生效后十日内向法院缴纳。）

（4）被告人韩某某犯污染环境罪，判处有期徒刑六个月又十五日，并处罚金人民币二千元。

（刑期从判决执行之日起计算。判决执行以前先行羁押的，羁押一日折抵刑期一日，即自 2018 年 1 月 17 日起至 2018 年 7 月 31 日止。）

（罚金于本判决生效后十日内向法院缴纳。）

（5）被告单位上海某某有限公司赔偿环境损害数额人民币三万二千九百六十四元、鉴定评估费用人民币二万元（已预缴）。

（6）被告单位上海某有限公司就污染环境行为向社会公众公开赔礼道歉（已当庭宣读道歉信）。

三、判决焦点及理由

被告单位 G 公司违反国家规定，排放有毒物质，严重污染环境，被告人王某、周某某、韩某某系被告单位直接负责的主管人员和其他直接责任人员，被告单位及各被告人的行为均已构成污染环境罪。被告人王某、周某某在共同犯罪中起主要作用，系主犯，应当按照其所参与的全部犯罪处罚；被告人韩某某在共同犯罪中起次要作用，系从犯，依法应当从轻处罚。被告人王某、周某某、韩某某犯罪以后自动投案，如实供述单位的犯罪事实，系自首，依法可以对被告单位和三被告人从轻处罚。G 公司的非法排污行为造成环境污染，损害社会公共利益，依法应当承担民事侵权责任。附带民事公益诉讼起诉人要求被告单位赔偿损失、承担鉴定评估费用，并公开向社会公众赔礼道歉的诉讼请求于法有据，法院予以支持。

四、相关法律条文

（一）《中华人民共和国刑法》

第三百三十八条　违反国家规定，排放、倾倒或者处置有放射性的废物、含传染病病原体的废物、有毒物质或者其他有害物质，严重污染环境的，处三年以下有期徒刑或者拘役，并处或者单处罚金；后果特别严重的，处三年以上七年以下有期徒刑，并处罚金。

第三百四十六条　单位犯本节第三百三十八条至第三百四十五条规定之罪的，对单位判处罚金，并对其直接负责的主管人员和其他直接责任人员，依照本节各该条的规定处罚。

第三十条　公司、企业、事业单位、机关、团体实施的危害社会的行为，法律规定为单位犯罪的，应当负刑事责任。

第三十一条　单位犯罪的，对单位判处罚金，并对其直接负责的主管人员和其他直接责任人员判处刑罚。本法分则和其他法律另有规定的，依照规定。

第二十五条　共同犯罪是指二人以上共同故意犯罪。

（2）被告人杨某某退出的违法所得人民币五千元，予以没收，上缴国库。

三、判决焦点及理由

被告人杨某某违反保护水产资源法规，伙同他人多次在长江禁渔期对应的禁渔区域内使用禁用工具捕捞水产品，情节严重，其行为已触犯《中华人民共和国刑法》第三百四十条的规定，构成非法捕捞水产品罪。被告人杨某某伙同他人共同故意实施犯罪，系共同犯罪。被告人杨某某在共同犯罪中起次要作用，系从犯，应当从轻处罚。被告人杨某某如实供述自己的主要犯罪事实，可以从轻处罚。被告人杨某某当庭自愿认罪认罚，可以依法从宽处理。

四、相关法律依据

（一）《中华人民共和国刑法》

第三百四十条　违反保护水产资源法规，在禁渔区、禁渔期或者使用禁用的工具、方法捕捞水产品，情节严重的，处三年以下有期徒刑、拘役、管制或者罚金。

第六十七条第三款　犯罪嫌疑人虽不具有前两款规定的自首情节，但是如实供述自己罪行的，可以从轻处罚；因其如实供述自己罪行，避免特别严重后果发生的，可以减轻处罚。

第七十二条第一款　对于被判处拘役、三年以下有期徒刑的犯罪分子，根据犯罪分子的犯罪情节和悔罪表现，适用缓刑确实不致再危害社会的，可以宣告缓刑。

第七十三条第二、三款　有期徒刑的缓刑考验期限为原判刑期以上五年以下，但是不能少于一年。缓刑考验期限，从判决确定之日起计算。

第六十四条　犯罪分子违法所得的一切财物，应当予以追缴或者责令退赔；对被害人的合法财产，应当及时返还；违禁品和供犯罪所用的本人财物，应当予以没收。没收的财物和罚金，一律上缴国库，不得挪用和自行处理。

（二）《中华人民共和国刑事诉讼法》

第十五条　犯罪嫌疑人、被告人自愿如实供述自己的罪行，承认指控的犯罪事实，愿意接受处罚的，可以依法从宽处理。

案例六　陈某某、陈某非法捕捞水产品罪①

一、基本案情

2021 年 8 月 16 日中午 12 时许，被告人陈某某驾驶"琼临渔 00065"机动渔船从三亚

---

① 案例来源：中国裁判文书网，https：//wenshu. court. gov. cn/website/wenshu/181107ANFZ0 BXSK4/index. html？docId=0Trwnmdfj4uZe4pc1944K39sECtFamLAGIByX/gPSitq0XPRIEXhQJO3qNaLMqsJU0 BkaeoOZN3Iu GohxMg/BQQCtjm93nWQHNw+u3rzb/0b7IiHdkZrXIq03zKi3T8，2022 年 10 月 24 日访问。

市崖州中心渔港出发前往陵水、三亚附近海域进行底拖网捕鱼作业，作业期间陈某某与其儿子陈某交替驾驶"琼临渔00065"渔船，并共同管理"琼临渔00065"渔船日常事务，陈某某指挥撒网收网并决定去哪个海域进行捕捞作业，陈某管理船舱，被雇佣的船员黄某、苏某、刘某根据陈某某、陈某的指挥负责撒网、收网、拣鱼等工作。2021 年 8 月 19 日 10 时 13 分，陈某某驾驶"琼临渔00065"渔船行驶至坐标东经 109°43′，北纬 18°03′的附近海域（属机动渔船底拖网禁渔区线内）进行机动渔船底拖网捕鱼作业时，三亚海警局当场予以查获，扣押了其渔获物 5115.4 斤，经依法变卖价值人民币 1298 元；扣押了其非法捕捞所使用的渔网 2 张，经鉴定最小网目尺寸均为 22mm，均不符合农业农村部最小网目尺寸（40mm）的规定。

二、判决结果

（1）被告人陈某某犯非法捕捞水产品罪，判处有期徒刑六个月，缓刑一年。

（缓刑考验期自判决确定之日起计算。）

（2）被告人陈某犯非法捕捞水产品罪，判处有期徒刑六个月，缓刑一年。

（缓刑考验期自判决确定之日起计算。）

（3）作案工具渔网 2 张、随案移送的非法所得人民币 1298 元，予以没收，上缴国库。

三、判决焦点和理由

被告人陈某某、陈某违反保护水产资源法规，在禁渔区内使用禁用的工具捕捞水产品，情节严重，其行为触犯了《中华人民共和国刑法》第三百四十条之规定。

被告人陈某某、陈某在本案中的地位和作用大小相当，不区分主从犯。被告人陈某某、陈某到案后均能够如实供述自己的罪行，可以从轻处罚。被告人陈某某、陈某自愿如实供述自己的罪行，承认指控的犯罪事实，愿意接受处罚，并自愿签署了认罪认罚具结书，可以从宽处理。综上，决定对被告人陈某某、陈某从轻处罚，并适用缓刑。

四、相关法律依据

（一）《中华人民共和国刑法》

第三百四十条 违反保护水产资源法规，在禁渔区、禁渔期或者使用禁用的工具、方法捕捞水产品，情节严重的，处三年以下有期徒刑、拘役、管制或者罚金。

第六十一条 对于犯罪分子决定刑罚的时候，应当根据犯罪的事实、犯罪的性质、情节和对于社会的危害程度，依照本法的有关规定判处。

第七十二条 对于被判处拘役、三年以下有期徒刑的犯罪分子，同时符合下列条件的，可以宣告缓刑，对其中不满十八周岁的人、怀孕的妇女和已满七十五周岁的人，应当宣告缓刑：

（1）犯罪情节较轻。

（2）有悔罪表现。

（3）没有再犯罪的危险。

（4）宣告缓刑对所居住社区没有重大不良影响。

宣告缓刑，可以根据犯罪情况，同时禁止犯罪分子在缓刑考验期限内从事特定活动，进入特定区域、场所，接触特定的人。

被宣告缓刑的犯罪分子，如果被判处附加刑，附加刑仍须执行。

第七十三条　拘役的缓刑考验期限为原判刑期以上一年以下，但是不能少于二个月。

有期徒刑的缓刑考验期限为原判刑期以上五年以下，但是不能少于一年。

缓刑考验期限，从判决确定之日起计算。

第六十七条　犯罪以后自动投案，如实供述自己的罪行的，是自首。对于自首的犯罪分子，可以从轻或者减轻处罚。其中，犯罪较轻的，可以免除处罚。

被采取强制措施的犯罪嫌疑人、被告人和正在服刑的罪犯，如实供述司法机关还未掌握的本人其他罪行的，以自首论。

犯罪嫌疑人虽不具有前两款规定的自首情节，但是如实供述自己罪行的，可以从轻处罚；因其如实供述自己罪行，避免特别严重后果发生的，可以减轻处罚。

第六十四条　犯罪分子违法所得的一切财物，应当予以追缴或者责令退赔；对被害人的合法财产，应当及时返还；违禁品和供犯罪所用的本人财物，应当予以没收。没收的财物和罚金，一律上缴国库，不得挪用和自行处理。

（二）最高人民法院《关于审理发生在我国管辖海域相关案件若干问题的规定（二）》

第四条　违反保护水产资源法规，在海洋水域，在禁渔区、禁渔期或者使用禁用的工具、方法捕捞水产品，具有下列情形之一的，应当认定为刑法第三百四十条规定的"情节严重"：

（1）非法捕捞水产品一万公斤以上或者价值十万元以上的。

（2）非法捕捞有重要经济价值的水生动物苗种、怀卵亲体二千公斤以上或者价值二万元以上的。

（3）在水产种质资源保护区内捕捞水产品二千公斤以上或者价值二万元以上的。

（4）在禁渔区内使用禁用的工具或者方法捕捞的。

（5）在禁渔期内使用禁用的工具或者方法捕捞的。

（6）在公海使用禁用渔具从事捕捞作业，造成严重影响的。

（7）其他情节严重的情形。

（三）《中华人民共和国刑事诉讼法》

第十五条　犯罪嫌疑人、被告人自愿如实供述自己的罪行，承认指控的犯罪事实，愿意接受处罚的，可以依法从宽处理。

案例七 杜某、郑某某非法捕捞水产品①

一、基本案情

2021年3月至4月间,在上海市内陆水域禁渔期内,被告人杜某与郑某某商议由杜某至上海市崇明区上实22区大堤外转河及崇明东滩自然保护区内的河道,使用地笼捕捞水产品。而后,由杜某或郑某某联系宋某某、罗某某等人收鱼,并由郑某某收取卖鱼款项共计人民币11400元(以下币种均为人民币)。2021年3月7日,杜某还与孟某某夫妇(另案处理)一同前往上实22区大堤外转河附近非法捕捞水产品,并分得部分卖鱼款项。同年4月8日,杜某再次窜至上述地点非法捕捞,在离开捕捞现场途中,民警对其进行拦截盘查。杜某驾车逃逸,在逃离过程中,翻车受伤。民警赶至事故地点将其送至医院救治,并在现场查获捕鱼工具及渔获物51.45公斤。同日,民警在对杜某家中搜查时查获地笼、丝网等捕鱼工具。同年5月19日,杜某现场指认其在崇明东滩自然保护区内河道设置的地笼。民警从中查获渔获物,经称重鱼类重量为9435克,蟹类重量为3670克。经中国水产科学研究院东海水产研究所认定,被查获的渔获物为鲫鱼、天津厚蟹和中华绒螯蟹。经上海价格认证中心认定,上述渔获物市场批发价为359元。经民警电话通知,被告人郑某某于2021年4月19日主动到侦查机关接受调查,并如实供述犯罪事实。

二、判决结果

(1) 被告人杜某犯非法捕捞水产品罪,判处有期徒刑六个月。

(刑期从判决执行之日起计算。判决执行以前先行羁押的,羁押一日折抵刑期一日,即自2021年4月8日起至2021年10月7日止。)

(2) 被告人郑某某犯非法捕捞水产品罪,判处拘役二个月,缓刑二个月。

(缓刑考验期限自判决确定之日起计算。)

(3) 扣押在案的作案工具、渔获物等予以没收。

郑某某回到社区后,应当遵守法律、法规,服从监督管理,接受教育,完成公益劳动,做一名有益社会的公民。

三、判决焦点及理由

被告人杜某、郑某某违反保护水产资源法规,在禁渔区、禁渔期捕捞水产品价值1万余元,其行为均已构成非法捕捞水产品罪,情节严重,依法应予惩处。在共同犯罪中,被告人杜某起主要作用,系主犯,应当按照其所参与的全部犯罪处罚;被告人郑某某起次要作用,系从犯,应当从轻或者减轻处罚。被告人杜某到案后如实供述自己的罪行,系坦

---

① 案例来源:中国裁判文书网, https://wenshu.court.gov.cn/website/wenshu/181107ANFZ0BXSK4/index.html?docId=uABmGlTV+LDKdMpiK35X76NzgQ2pTc3lETqatFGKarmCsz7UstYp7pO3qNaLMqsJU0BkaeoOZN3IuGohxMg/BQQCtjm93nWQHNw+u3rzb/3wSszPfOlssjOy2qBtoAUH, 2022年10月24日访问。

白，可以从轻处罚。被告人郑某某犯罪以后自动投案并如实供述自己的罪行，系自首，可以从轻或减轻处罚。被告人杜某、郑某某当庭认罪悔罪，愿意接受处罚，可依法从宽处理。

四、相关法律依据

（一）《中华人民共和国刑法》

第三百四十条　违反保护水产资源法规，在禁渔区、禁渔期或者使用禁用的工具、方法捕捞水产品，情节严重的，处三年以下有期徒刑、拘役、管制或者罚金。

第二十五条　共同犯罪是指二人以上共同故意犯罪。

第二十六条　组织、领导犯罪集团进行犯罪活动的或者在共同犯罪中起主要作用的，是主犯……对于第三款规定以外的主犯，应当按照其所参与的或者组织、指挥的全部犯罪处罚。

第二十七条　在共同犯罪中起次要或者辅助作用的，是从犯。对于从犯，应当从轻、减轻处罚或者免除处罚。

第六十七条　犯罪以后自动投案，如实供述自己的罪行的，是自首。对于自首的犯罪分子，可以从轻或者减轻处罚。其中，犯罪较轻的，可以免除处罚……犯罪嫌疑人虽不具有前两款规定的自首情节，但是如实供述自己罪行的，可以从轻处罚；因其如实供述自己罪行，避免特别严重后果发生的，可以减轻处罚。

第七十二条　对于被判处拘役、三年以下有期徒刑的犯罪分子，同时符合下列条件的，可以宣告缓刑，对其中不满十八周岁的人、怀孕的妇女和已满七十五周岁的人，应当宣告缓刑：

（1）犯罪情节较轻。

（2）有悔罪表现。

（3）没有再犯罪的危险。

（4）宣告缓刑对所居住社区没有重大不良影响。

第七十三条　拘役的缓刑考验期限为原判刑期以上一年以下，但是不能少于二个月……缓刑考验期限，从判决确定之日起计算。

第六十四条　犯罪分子违法所得的一切财物，应当予以追缴或者责令退赔；对被害人的合法财产，应当及时返还；违禁品和供犯罪所用的本人财物，应当予以没收。没收的财物和罚金，一律上缴国库，不得挪用和自行处理。

（二）《中华人民共和国刑事诉讼法》

第十五条　犯罪嫌疑人、被告人自愿如实供述自己的罪行，承认指控的犯罪事实，愿意接受处罚的，可以依法从宽处理。第二百零一条对于认罪认罚案件，人民法院依法作出判决时，一般应当采纳人民检察院指控的罪名和量刑建议，但有下列情形的除外：

（1）被告人的行为不构成犯罪或者不应当追究其刑事责任的。

（2）被告人违背意愿认罪认罚的。

（3）被告人否认指控的犯罪事实的。

（4）起诉指控的罪名与审理认定的罪名不一致的。

（5）其他可能影响公正审判的情形。人民法院经审理认为量刑建议明显不当，或者被告人、辩护人对量刑建议提出异议的，人民检察院可以调整量刑建议。人民检察院不调整量刑建议或者调整量刑建议后仍然明显不当的，人民法院应当依法作出判决。

案例八　蒋某某、周某某等非法捕捞水产品罪①

一、基本案情

2021 年 5 月 8 日，被告人蒋某某、周某某明知处于禁渔期，仍在东台市巴斗梁垛河闸上游条子泥景区 20 米闸下游中间海域，使用双桩有翼单囊张网捕捞鳗鱼苗，后被东台市农业农村局执法人员查获，现场查扣鳗鱼苗 251 条、浮子筏 1 艘，并没收张网 1 口。2021 年 5 月 14 日，东台市农业农村局决定解除查扣的浮子筏。经江苏省海洋渔具渔法鉴定中心鉴定，涉案渔具为双桩有翼单囊张网，网囊网衣最小网目尺寸为 1.55mm，属于禁用工具。涉案鳗鱼苗已被东台市农业农村局依法没收后予以变卖，得款人民币 2058 元。被告人蒋某某、周某某归案后均如实供述了上述犯罪事实。

经专家评估，蒋某某、周某某非法捕捞行为不仅对渔业资源造成直接损害，而且会威胁到水生生物的多样性，破坏海洋和长江生态系统的平衡与稳定，危害海洋及长江生态系统安全，该非法捕捞行为造成的水生生物资源损害价值人民币 8232 元。审理中，附带民事公益诉讼被告蒋某某缴纳了渔业资源损失人民币 8232 元。

二、判决结果

（1）被告人蒋某某犯非法捕捞水产品罪，判处拘役二个月，宣告缓刑三个月。（缓刑考验期限，从判决确定之日起计算。）

（2）被告人周某某犯非法捕捞水产品罪，判处拘役二个月，宣告缓刑三个月。（缓刑考验期限，从判决确定之日起计算。）

（3）禁止被告人蒋某某、周某某在缓刑考验期内从事与海洋捕捞有关的活动。

（4）附带民事公益诉讼被告蒋某某、周某某赔偿渔业资源损失人民币 8232 元（已全部履行完毕）。

（5）附带民事公益诉讼被告蒋某某、周某某于本判决生效之日起三十日内在市级以上媒体刊登公开赔礼道歉声明。

---

① 案例来源：中国裁判文书网，https：//wenshu. court. gov. cn/website/wenshu/181107ANFZ0BXSK 4/index. html？ docId ＝ szTkjP ＋ JEGbm2hV9E8hwUsytAexvnRyKpihwq6I/FbOTecvXM4K3 ＋ pO3qNaLMqsJU0 BkaeoOZN3IuGohxMg/BQQCtjm93nWQHNw+u3rzb/3wSszPfOlsspNqTamGd/T6，2022 年 10 月 24 日访问。

三、判决焦点及理由

被告人蒋某某、周某某违反保护水产资源法规，在禁渔期使用禁用的工具非法捕捞水产品，情节严重，其行为已触犯我国刑法，均构成非法捕捞水产品罪，且系共同犯罪，应予刑罚处罚。被告人蒋某某、周某某归案后均如实供述了犯罪事实，依法对其从轻处罚。被告人蒋某某、周某某自愿认罪认罚，依法对其从宽处理。鉴于被告人蒋某某缴纳了全部渔业资源损失费用，对其可酌情从轻处罚。附带民事公益诉讼被告蒋某某、周某某的犯罪行为侵害了国家渔业资源和水域生态环境，损害了国家和社会公共利益，除应当受到刑事惩罚外，还应当承担相应的民事侵权责任，附带民事公益诉讼起诉人的诉讼请求合法有据。

四、相关法律依据

（一）《中华人民共和国刑法》

第三百四十条　违反保护水产资源法规，在禁渔区、禁渔期或者使用禁用的工具、方法捕捞水产品，情节严重的，处三年以下有期徒刑、拘役、管制或者罚金。

第二十五条　共同犯罪是指二人以上共同故意犯罪。

二人以上共同过失犯罪，不以共同犯罪论处；应当负刑事责任的，按照他们所犯的罪分别处罚。

第六十七条　犯罪以后自动投案，如实供述自己的罪行的，是自首。对于自首的犯罪分子，可以从轻或者减轻处罚。其中，犯罪较轻的，可以免除处罚。

被采取强制措施的犯罪嫌疑人、被告人和正在服刑的罪犯，如实供述司法机关还未掌握的本人其他罪行的，以自首论。

犯罪嫌疑人虽不具有前两款规定的自首情节，但是如实供述自己罪行的，可以从轻处罚；因其如实供述自己罪行，避免特别严重后果发生的，可以减轻处罚。

第七十二条　对于被判处拘役、三年以下有期徒刑的犯罪分子，同时符合下列条件的，可以宣告缓刑，对其中不满十八周岁的人、怀孕的妇女和已满七十五周岁的人，应当宣告缓刑：

（1）犯罪情节较轻。

（2）有悔罪表现。

（3）没有再犯罪的危险。

（4）宣告缓刑对所居住社区没有重大不良影响。

宣告缓刑，可以根据犯罪情况，同时禁止犯罪分子在缓刑考验期限内从事特定活动，进入特定区域、场所，接触特定的人。

被宣告缓刑的犯罪分子，如果被判处附加刑，附加刑仍须执行。

第七十三条　拘役的缓刑考验期限为原判刑期以上一年以下，但是不能少于二个月。

有期徒刑的缓刑考验期限为原判刑期以上五年以下，但是不能少于一年。

缓刑考验期限，从判决确定之日起计算。

（二）《最高人民法院关于审理发生在我国管辖海域相关案件若干问题的规定（二）》

第四条　违反保护水产资源法规，在海洋水域，在禁渔区、禁渔期或者使用禁用的工具、方法捕捞水产品，具有下列情形之一的，应当认定为刑法第三百四十条规定的"情节严重"：

（1）非法捕捞水产品一万公斤以上或者价值十万元以上的。

（2）非法捕捞有重要经济价值的水生动物苗种、怀卵亲体二千公斤以上或者价值二万元以上的。

（3）在水产种质资源保护区内捕捞水产品二千公斤以上或者价值二万元以上的。

（4）在禁渔区内使用禁用的工具或者方法捕捞的。

（5）在禁渔期内使用禁用的工具或者方法捕捞的。

（6）在公海使用禁用渔具从事捕捞作业，造成严重影响的。

（7）其他情节严重的情形。

（三）《中华人民共和国渔业法》

第三十条　禁止使用炸鱼、毒鱼、电鱼等破坏渔业资源的方法进行捕捞。禁止制造、销售、使用禁用的渔具。禁止在禁渔区、禁渔期进行捕捞。禁止使用小于最小网目尺寸的网具进行捕捞。捕捞的渔获物中幼鱼不得超过规定的比例。在禁渔区或者禁渔期内禁止销售非法捕捞的渔获物。

重点保护的渔业资源品种及其可捕捞标准，禁渔区和禁渔期，禁止使用或者限制使用的渔具和捕捞方法，最小网目尺寸以及其他保护渔业资源的措施，由国务院渔业行政主管部门或者省、自治区、直辖市人民政府渔业行政主管部门规定。

（四）《中华人民共和国民法典》

第一百七十九条　承担民事责任的方式主要有：

（1）停止侵害。

（2）排除妨碍。

（3）消除危险。

（4）返还财物。

（5）恢复原状。

（6）修理、重作、更换。

（7）继续履行。

（8）赔偿损失。

（9）支付违约金。

（10）消除影响、恢复名誉。

（11）赔礼道歉。

法律规定惩罚性赔偿的，依照其规定。

本条规定的承担侵权责任的方式，可以单独适用，也可以合并适用。

第一百八十七条　民事主体因同一行为应当承担民事责任、行政责任和刑事责任的，承担行政责任或者刑事责任不影响承担民事责任；民事主体的财产不足以支付的，优先用于承担民事责任。

第一千一百六十七条　侵权行为危及他人人身、财产安全的，被侵权人有权请求侵权人承担停止侵害、排除妨碍、消除危险等侵权责任。

第一千一百六十八条　二人以上共同实施侵权行为，造成他人损害的，应当承担连带责任。

第一千一百八十四条　侵害他人财产的，财产损失按照损失发生时的市场价格或者其他合理方式计算。

（五）《中华人民共和国刑事诉讼法》

第十五条　犯罪嫌疑人、被告人自愿如实供述自己的罪行，承认指控的犯罪事实，愿意接受处罚的，可以依法从宽处理。

第一百零一条　被害人由于被告人的犯罪行为而遭受物质损失的，在刑事诉讼过程中，有权提起附带民事诉讼。被害人死亡或者丧失行为能力的，被害人的法定代理人、近亲属有权提起附带民事诉讼。

如果是国家财产、集体财产遭受损失的，人民检察院在提起公诉的时候，可以提起附带民事诉讼。

（六）《中华人民共和国民事诉讼法》

第五十八条　对污染环境、侵害众多消费者合法权益等损害社会公共利益的行为，法律规定的机关和有关组织可以向人民法院提起诉讼。

人民检察院在履行职责中发现破坏生态环境和资源保护、食品药品安全领域侵害众多消费者合法权益等损害社会公共利益的行为，在没有前款规定的机关和组织或者前款规定的机关和组织不提起诉讼的情况下，可以向人民法院提起诉讼。前款规定的机关或者组织提起诉讼的，人民检察院可以支持起诉。

（七）《最高人民法院、最高人民检察院关于检察公益诉讼案件适用法律若干问题的解释》

第二十条　人民检察院对破坏生态环境和资源保护、食品药品安全领域侵害众多消费者合法权益，侵害英雄烈士等的姓名、肖像、名誉、荣誉等损害社会公共利益的犯罪行为提起刑事公诉时，可以向人民法院一并提起附带民事公益诉讼，由人民法院同一审判组织审理。

案例九 王某某、孙某某等非法捕捞水产品罪①

一、基本案情

2020年4月，被告人王某某向缪某某租赁苏如渔养08506号渔船。被告人王某某明知被告人王某某需招聘工人在禁捕期进行捕捞作业，为被告人王某某介绍被告人相某亭、相某庆、周某某出海捕鱼，被告人王路军获利人民币1500元，被告人周某、相某亭、相某庆分别获利人民币4000元；后被告人王某某又雇佣被告人孙某某、陈某兵1、陈某权、陈某兵出海捕鱼。2020年5月18日，被告人相某亭、相某庆、周某某、孙某某、陈某兵1、陈某权、陈某兵2驾乘苏如渔养08506号渔船出海，并在如东县海域利用流刺网（鲳鱼网）从事捕捞作业。2020年5月20日凌晨，被告人孙某某联系被告人张某某运送渔获物，后被告人张某某驾驶拖拉机从如东县长沙镇卡口将非法捕捞的渔获物运输上岸，被如东县渔政监督大队查获，累计查得鲳鱼208.7千克、鲥鱼28.2千克、杂鱼6.85千克。经江苏省海洋渔具渔法鉴定中心鉴定，孙某某、陈某兵1等人使用的渔具为漂流三重刺网，内网网衣最小网目106mm，小于黄渤海海域漂流三重刺网捕捞鲳鱼最小网目尺寸110mm的标准，属于禁用渔具。孙某某、陈某兵1等人作案海域的休渔时间为每年5月1日12时至9月16日12时，珩杆拖虾、笼壶类、刺网、灯光围（敷）网休渔时间为5月1日12时至8月1日12时。被告人王某某、陈某权、陈某兵1、周某某、相某庆、王某军均主动投案，如实供述自己的罪行。被告人孙某某、陈某兵、张某某、相某亭归案后均如实供述自己的罪行。涉案渔获物已先期拍卖处置，所得款项人民币14507元已上缴国库；公安机关已依法扣押被告人王某军违法所得人民币1500元、被告人周某某违法所得人民币4000元、被告人相某庆违法所得人民币4000元、被告人相某亭违法所得人民币4000元。根据江苏省海洋水产研究所出具的《王某某等伏休期非法捕捞对海洋生态损害评估报告》，王某某等人的非法捕捞行为影响海洋生物休养繁殖，破坏海洋生态环境，应当采用人工增殖放流的手段进行生态补偿，对照涉案品种的放流替代品种以及数量和单价确定总的赔偿金额为人民币21402元，合计放流大黄鱼苗种49773尾，评估费用人民币8000元。

二、判决结果

（1）被告人王某某犯非法捕捞水产品罪，判处拘役三个月，宣告缓刑四个月。（缓刑考验期限，从判决确定之日起计算。）

（2）被告人孙某某犯非法捕捞水产品罪，判处拘役二个月，宣告缓刑三个月。（缓刑考验期限，从判决确定之日起计算。）

（3）被告人陈某权犯非法捕捞水产品罪，判处拘役一个月，宣告缓刑二个月。

---

① 案例来源：中国裁判文书网，https://wenshu.court.gov.cn/website/wenshu/181107ANFZ0BXSK4/index.html? docId = r05t/O + YDgY0wwiFt3lrPbjBab + oEJ74zSNGPVpPLVLDf2tsq5Hf1ZO3qNaLMqsJU0BkaeoOZN3IuGohxMg/BQQCtjm93nWQHNw+u3rzb/325xMbybcREQtkEktj2USP，2022年10月24日访问。

（缓刑考验期限，从判决确定之日起计算。）

（4）被告人陈某兵1犯非法捕捞水产品罪，判处拘役一个月，宣告缓刑二个月。

（缓刑考验期限，从判决确定之日起计算。）

（5）被告人陈某兵2犯非法捕捞水产品罪，判处拘役一个月，宣告缓刑二个月。

（缓刑考验期限，从判决确定之日起计算。）

（6）被告人周某某犯非法捕捞水产品罪，判处拘役一个月，宣告缓刑二个月。

（缓刑考验期限，从判决确定之日起计算。）

（7）被告人相某亭犯非法捕捞水产品罪，判处拘役一个月，宣告缓刑二个月。

（缓刑考验期限，从判决确定之日起计算。）

（8）被告人相某庆犯非法捕捞水产品罪，判处拘役一个月，宣告缓刑二个月。

（缓刑考验期限，从判决确定之日起计算。）

（9）被告人王某军犯非法捕捞水产品罪，判处罚金人民币三千元。

（罚金已预缴。）

（10）被告人张某某犯非法捕捞水产品罪，判处罚金人民币二千元。

（罚金已预缴。）

（11）禁止被告人王某某、孙某某、陈某权、陈某兵1、陈某兵2、相某庆、相某亭、周某某在缓刑考验期内从事与海洋捕捞有关的活动。

（12）扣押在案的被告人周某某违法所得人民币4000元、被告人相某亭违法所得人民币4000元、被告人相某庆违法所得人民币4000元、被告人王某军违法所得人民币1500元，予以没收，由扣押机关如东县公安局依法处理。

（13）附带民事公益诉讼被告王某某、孙某某、陈某权、陈某兵1、陈某兵2、相某庆、相某亭、周某某、王某军、张某军于本判决生效之日起三十日内连带赔偿海洋生态环境修复费用人民币21402元以及评估费用人民币8000元。（已履行完毕）

（14）附带民事公益诉讼被告王某某、孙某某、陈某权、陈某兵1、陈某兵2、相某庆、相某亭、周某某、王某军、张某军于本判决生效之日起三十日内向社会公开赔礼道歉。

三、判决焦点及理由

被告人王某某、孙某某、陈某权、陈某兵1、陈某兵2、周某莎、相某亭、相某庆、王某军、张某军违反保护水产资源法规，在禁渔期使用禁用的工具捕捞水产品，情节严重，其行为已触犯我国刑法，均构成非法捕捞水产品罪，且系共同犯罪，应予刑罚处罚。被告人王某某在共同犯罪中起主要作用，系主犯，应当按照其参与的全部犯罪处罚。被告人孙某某、陈某权、陈某兵1、陈某兵2、周某某、相某亭、相某庆、王某军、张某某在共同犯罪中起次要作用，系从犯，依法予以从轻处罚。被告人王某某、陈某权、陈某兵1、周某某、相某庆、王某军自动投案，如实供述自己的罪行，系自首，依法对其从轻处罚。被告人孙某某、陈某兵1、相某亭、张某某如实供述自己的罪行，依法对其从轻处罚。各被告人均认罪认罚，依法对其从宽处理。附带民事公益诉讼被告王某某、孙某某、陈某权、陈某兵、陈某兵2、周某某、相某亭、相某庆、王某军、张某某的犯罪行为侵害了国家渔业资源和水域生态环境，损害了国家和社会公共利益，除应当受到刑事惩罚外，还应当承担相应的民事侵权责任。

四、相关法条

（一）《中华人民共和国刑法》

第三百四十条　违反保护水产资源法规，在禁渔区、禁渔期或者使用禁用的工具、方法捕捞水产品，情节严重的，处三年以下有期徒刑、拘役、管制或者罚金。

第二十五条　共同犯罪是指二人以上共同故意犯罪。

二人以上共同过失犯罪，不以共同犯罪论处；应当负刑事责任的，按照他们所犯的罪分别处罚。

第二十六条　组织、领导犯罪集团进行犯罪活动的或者在共同犯罪中起主要作用的，是主犯。

三人以上为共同实施犯罪而组成的较为固定的犯罪组织，是犯罪集团。

对组织、领导犯罪集团的首要分子，按照集团所犯的全部罪行处罚。

对于第三款规定以外的主犯，应当按照其所参与的或者组织、指挥的全部犯罪处罚。

第二十七条　在共同犯罪中起次要或者辅助作用的，是从犯。

对于从犯，应当从轻、减轻处罚或者免除处罚。

第六十七条　犯罪以后自动投案，如实供述自己的罪行的，是自首。对于自首的犯罪分子，可以从轻或者减轻处罚。其中，犯罪较轻的，可以免除处罚。

被采取强制措施的犯罪嫌疑人、被告人和正在服刑的罪犯，如实供述司法机关还未掌握的本人其他罪行的，以自首论。

犯罪嫌疑人虽不具有前两款规定的自首情节，但是如实供述自己罪行的，可以从轻处罚；因其如实供述自己罪行，避免

特别严重后果发生的，可以减轻处罚。

第七十二条　对于被判处拘役、三年以下有期徒刑的犯罪分子，同时符合下列条件的，可以宣告缓刑，对其中不满十八周岁的人、怀孕的妇女和已满七十五周岁的人，应当宣告缓刑：

（1）犯罪情节较轻。

（2）有悔罪表现。

（3）没有再犯罪的危险。

（4）宣告缓刑对所居住社区没有重大不良影响。

宣告缓刑，可以根据犯罪情况，同时禁止犯罪分子在缓刑考验期限内从事特定活动，进入特定区域、场所，接触特定的人。

被宣告缓刑的犯罪分子，如果被判处附加刑，附加刑仍须执行。

第七十三条　拘役的缓刑考验期限为原判刑期以上一年以下，但是不能少于二个月。

有期徒刑的缓刑考验期限为原判刑期以上五年以下，但是不能少于一年。

缓刑考验期限，从判决确定之日起计算。

第五十二条 判处罚金，应当根据犯罪情节决定罚金数额。

第五十三条 罚金在判决指定的期限内一次或者分期缴纳。期满不缴纳的，强制缴纳。对于不能全部缴纳罚金的，人民法院在任何时候发现被执行人有可以执行的财产，应当随时追缴。

由于遭遇不能抗拒的灾祸等原因缴纳确实有困难的，经人民法院裁定，可以延期缴纳、酌情减少或者免除。

第六十四条 犯罪分子违法所得的一切财物，应当予以追缴或者责令退赔；对被害人的合法财产，应当及时返还；违禁品和供犯罪所用的本人财物，应当予以没收。没收的财物和罚金，一律上缴国库，不得挪用和自行处理。

（二）《最高人民法院关于审理发生在我国管辖海域相关案件若干问题的规定（二）》

第四条 违反保护水产资源法规，在海洋水域，在禁渔区、禁渔期或者使用禁用的工具、方法捕捞水产品，具有下列情形之一的，应当认定为刑法第三百四十条规定的"情节严重"：

（1）非法捕捞水产品一万公斤以上或者价值十万元以上的。

（2）非法捕捞有重要经济价值的水生动物苗种、怀卵亲体二千公斤以上或者价值二万元以上的。

（3）在水产种质资源保护区内捕捞水产品二千公斤以上或者价值二万元以上的。

（4）在禁渔区内使用禁用的工具或者方法捕捞的。

（5）在禁渔期内使用禁用的工具或者方法捕捞的。

（6）在公海使用禁用渔具从事捕捞作业，造成严重影响的。

（7）其他情节严重的情形。

（三）《中华人民共和国渔业法》

第三十条 禁止使用炸鱼、毒鱼、电鱼等破坏渔业资源的方法进行捕捞。禁止制造、销售、使用禁用的渔具。禁止在禁渔区、禁渔期进行捕捞。禁止使用小于最小网目尺寸的网具进行捕捞。捕捞的渔获物中幼鱼不得超过规定的比例。在禁渔区或者禁渔期内禁止销售非法捕捞的渔获物。

重点保护的渔业资源品种及其可捕捞标准，禁渔区和禁渔期，禁止使用或者限制使用的渔具和捕捞方法，最小网目尺寸以及其他保护渔业资源的措施，由国务院渔业行政主管部门或者省、自治区、直辖市人民政府渔业行政主管部门规定。

（四）《中华人民共和国侵权责任法》（现已废止）

第四条 侵权人因同一行为应当承担行政责任或者刑事责任的，不影响依法承担侵权责任。

因同一行为应当承担侵权责任和行政责任、刑事责任，侵权人的财产不足以支付的，先承担侵权责任。

第八条　二人以上共同实施侵权行为，造成他人损害的，应当承担连带责任。

第九条　教唆、帮助他人实施侵权行为的，应当与行为人承担连带责任。

教唆、帮助无民事行为能力人、限制民事行为能力人实施侵权行为的，应当承担侵权责任；该无民事行为能力人、限制民事行为能力人的监护人未尽到监护责任的，应当承担相应的责任。

第十五条　承担侵权责任的方式主要有：

（1）停止侵害。

（2）排除妨碍。

（3）消除危险。

（4）返还财物。

（5）恢复原状。

（6）赔偿损失。

（7）赔礼道歉。

（8）消除影响、恢复名誉。

以上承担侵权责任的方式，可以单独适用，也可以合并适用。

（五）《中华人民共和国刑事诉讼法》

第十五条　犯罪嫌疑人、被告人自愿如实供述自己的罪行，承认指控的犯罪事实，愿意接受处罚的，可以依法从宽处理。

第一百零一条　被害人由于被告人的犯罪行为而遭受物质损失的，在刑事诉讼过程中，有权提起附带民事诉讼。被害人死亡或者丧失行为能力的，被害人的法定代理人、近亲属有权提起附带民事诉讼。

如果是国家财产、集体财产遭受损失的，人民检察院在提起公诉的时候，可以提起附带民事诉讼。

（六）《中华人民共和国民事诉讼法》

第五十五条　对污染环境、侵害众多消费者合法权益等损害社会公共利益的行为，法律规定的机关和有关组织可以向人民法院提起诉讼。

人民检察院在履行职责中发现破坏生态环境和资源保护、食品药品安全领域侵害众多消费者合法权益等损害社会公共利益的行为，在没有前款规定的机关和组织或者前款规定的机关和组织不提起诉讼的情况下，可以向人民法院提起诉讼。前款规定的机关或者组织提起诉讼的，人民检察院可以支持起诉。

（七）《最高人民法院、最高人民检察院关于检察公益诉讼案件适用法律若干问题的解释》

第二十条　人民检察院对破坏生态环境和资源保护、食品药品安全领域侵害众多消费者合法权益等损害社会公共利益的犯罪行为提起刑事公诉时，可以向人民法院一并提起附带民事公益诉讼，由人民法院同一审判组织审理。

案例十　王某某非法捕捞水产品罪①

一、基本案情

2020 年 9 月 12 日 17 时许，被告人王某某驾驶船舶同其雇佣的王某 1、王某 2、邓某等人在万宁洲仔岛海岸线附近海域（18°35′380″N，110°22′370″E）进行底拖网捕捞作业时，被琼海海警局万宁第一工作站执法人员当场查获。现场查获渔获物 54.5 公斤，变卖得款人民币 127 元（以下币种均为人民币），该变卖款及渔网被琼海海警局万宁第一工作站扣押。经认定，非法捕捞的地点位于底拖网禁渔区线内。经鉴定，该船使用的渔网为单船有翼单囊拖网，所使用的渔网最小网目尺寸为 19mm，不符合农业农村部关于南海区单船有翼单囊拖网最小网目尺寸（40mm）的规定。

二、判决结果

（1）被告人王某某犯非法捕捞水产品罪，判处罚金人民币 4000 元。
（2）渔获物变卖款人民币 127 元依法予以没收，上缴国库。
（3）扣押在案的渔网 1 张予以没收，由扣押机关依法处理。

三、判决焦点及理由

被告人王某某违反保护水产资源法规，在海洋水域雇佣他人在禁渔区内使用禁用的捕捞工具捕捞水产品，情节严重，已构成非法捕捞水产品罪。被告人王某某到案后能如实供述犯罪事实，认罪认罚，确有悔罪表现，依法可以从轻处罚。涉案渔网为禁用渔具，应予销毁。渔获物变卖款 127 元为违法所得，应予没收，上缴国库。

四、相关法律条文

（一）《中华人民共和国刑法》

第三百四十条　违反保护水产资源法规，在禁渔区、禁渔期或者使用禁用的工具、方法捕捞水产品，情节严重的，处三年以下有期徒刑、拘役、管制或者罚金。

第六十四条　犯罪分子违法所得的一切财物，应当予以追缴或者责令退赔；对被害人的合法财产，应当及时返还；违禁品和供犯罪所用的本人财物，应当予以没收。没收的财物和罚金，一律上缴国库，不得挪用和自行处理。

第六十七条　犯罪以后自动投案，如实供述自己的罪行的，是自首。对于自首的犯罪分子，可以从轻或者减轻处罚。其中，犯罪较轻的，可以免除处罚。

被采取强制措施的犯罪嫌疑人、被告人和正在服刑的罪犯，如实供述司法机关还未掌

---

① 案例来源：中国裁判文书网，https://wenshu.court.gov.cn/website/wenshu/181107ANFZ0 BXSK4/index.html? docId = 7vKE4vsMMe + SgT9kWpgQOZvKVZ5zQVK8xbSGCZmpnQRr5TVV80hlFZO3qNaLM qsJU0 BkaeoOZN3IuGohxMg/BQQCtjm93nWQHNw+u3rzb/0YrE3cnNrkbe1AM8uKiSuE，2022 年 10 月 24 日访问。

握的本人其他罪行的，以自首论。

犯罪嫌疑人虽不具有前两款规定的自首情节，但是如实供述自己罪行的，可以从轻处罚；因其如实供述自己罪行，避免特别严重后果发生的，可以减轻处罚。

（二）《最高人民法院关于审理发生在我国管辖海域相关案件若干问题的规定（二）》

第四条 违反保护水产资源法规，在海洋水域，在禁渔区、禁渔期或者使用禁用的工具、方法捕捞水产品，具有下列情形之一的，应当认定为刑法第三百四十条规定的"情节严重"：

（1）非法捕捞水产品一万公斤以上或者价值十万元以上的。

（2）非法捕捞有重要经济价值的水生动物苗种、怀卵亲体二千公斤以上或者价值二万元以上的。

（3）在水产种质资源保护区内捕捞水产品二千公斤以上或者价值二万元以上的。

（4）在禁渔区内使用禁用的工具或者方法捕捞的。

（5）在禁渔期内使用禁用的工具或者方法捕捞的。

（6）在公海使用禁用渔具从事捕捞作业，造成严重影响的。

（7）其他情节严重的情形。

（三）《中华人民共和国刑事诉讼法》

第十五条 犯罪嫌疑人、被告人自愿如实供述自己的罪行，承认指控的犯罪事实，愿意接受处罚的，可以依法从宽处理。

第二百零一条 对于认罪认罚案件，人民法院依法作出判决时，一般应当采纳人民检察院指控的罪名和量刑建议，但有下列情形的除外：

（1）被告人的行为不构成犯罪或者不应当追究其刑事责任的。

（2）被告人违背意愿认罪认罚的。

（3）被告人否认指控的犯罪事实的。

（4）起诉指控的罪名与审理认定的罪名不一致的。

（5）其他可能影响公正审判的情形。

第三节 非法采矿罪

案例十一 张某某、魏某非法采矿罪案[①]

一、基本案情

2019 年 6 月，被告人张某某购买"三无"采砂船一艘，在未取得河道采砂许可证的

---

① 案例来源：中国裁判文书网，https：//wenshu. court. gov. cn/website/wenshu/181107ANFZ0BXSK4/index. html？docId＝r05t/O＋YDgYOwwiFt3lrPbjBab＋oEJ74zSNGPVpPLVLDf2tsq5Hf1ZO3qNaLMqsJU0BkaeoOZN3IuGohxMg/BQQCtjm93nWQHNw+u3rzb/325xMbybcREQtkEktj2USP，2022 年 10 月 24 日访问。

情况下，其与被告人魏某 2 商议，由被告人魏某 2 与刘某（另案处理）利用该采砂船在长江非法采砂，除支付刘某工资等费用后，所获收益由被告人张某某、魏某 2 分配。2019 年 7 月至 9 月期间，被告人魏某 2 事先联系胡某甲、徐某乙、徐某甲、谷某等货运船船主后（均另案处理），驾驶上述"三无"采砂船，刘某发动打砂机器、带缆绳，在长江南通海门段 B7 浮附近禁采水域（以下简称 B7 水域）伙同上述货运船船主盗采江砂 9 次，共 26880.2 吨。被告人张某某、魏某 2 至少非法获利人民币 522000 元。其间，被告人张某某亦安排其子张某甲（另案处理）至上海市崇明区绿华镇接送被告人魏某 2 及刘某进行非法采砂，由张某甲负责记录被告人魏某 2 及刘某采砂的情况，并向其收取采砂所获款项，后将款项交给被告人张某某。经南通市价格认定中心认定，涉案的 26880.2 吨江砂价值人民币 1545345 元。

二、判决结果

（1）被告人张某某犯非法采矿罪，判处有期徒刑五年，并处罚金人民币五十万元（刑期从判决执行之日起计算）。被告人魏某 2 犯非法采矿罪，判处有期徒刑四年六个月，并处罚金人民币二十万元（刑期从判决执行之日起计算）。

（2）自被告人魏某 1 扣押的违法所得人民币四万二千八百元，予以没收，上缴国库。

（3）继续追缴被告人张某某、魏某 2 的共同违法所得人民币四十七万九千二百元，予以没收，上缴国库。

（4）长江航运公安局南通分局自被告人魏某 1 扣押的三无采砂船一艘、OPPO Reno 手机一部，均予以没收，上缴国库。长江航运公安局南通分局自被告人魏某 1 扣押的黑色 OPPO 手机二部，由该局依法处理。长江航运公安局南通分局自被告人张某某处扣押的蓝色 OPPO 手机一部，依法发还被告人张某某。

三、判案焦点及理由

本案裁判中的焦点：一是关于涉案江砂认定价格是否过高及是否应以江砂销售价格认定；二是被告人张某某是否构成自首。

（一）关于涉案江砂认定价格是否过高及是否应以江砂销售价格认定

矿产资源的市场价值随市场供需的浮动而不断变动，而长江南通段的江砂系种类物，南通市价格认定中心作为有资质的价格认证机构，依法受公安机关委托，根据侦查查明的采砂地点、江砂规格，以采砂日期作为基准日，参照最相近江砂市场交易价格，依据相关规定对涉案江砂进行价格认证并出具价格认定结论书，该结论书认证程序合法，依据客观、真实。被告人张某某的辩护人虽提供了张某某的工程承包合同，但其真实性无法认定，且距案发时间较远，不具有参考价值。根据最高人民法院、最高人民检察院的规定，涉案矿产品的价值可以依据价格认证机构出具的报告作出认定，因此公诉机关根据价格认定结论书指控涉案矿产品的价值，依法有据，并无不当。

（二）被告人张某某是否构成自首

构成自首，应同时具备主动性和自愿性，根据被告人张某某的到案情况可知，在被告人魏某2已于2019年9月6日被抓获后，被告人张某某经公安机关电话通知后仍推脱未到案配合调查，直至公安机关于2019年10月12日至南京市将其带回询问。张某某虽辩称其答应公安机关次日中午到公安机关接受询问，但无相关证据证实其具有投案的主动性和自愿性。综上，被告人张某某不构成自首，其到案后如实供述自己的罪行，构成坦白。

四、裁判要点的理解与说明

该案例的裁判要点确认：非法采矿罪的认定。现针对裁判要点涉及的相关问题进行说明：

关于第一个裁判要点的说明【关于非法采矿罪认定的说明】

非法采矿罪指违反规定，未取得采矿许可证擅自采矿，进入国家规划矿区、对具有重要价值的矿区和他人矿区范围采矿的，擅自开采实行保护性开采的特定矿种，经责令停止开采后拒不停止，造成矿产资源破坏的行为。本罪指违反规定，未取得采矿许可证擅自采矿，进入国家规划矿区、对具有重要价值的矿区和他人矿区范围采矿的，擅自开采实行保护性开采的特定矿种，经责令停止开采后拒不停止，造成矿产资源破坏的行为。

客体要件：

本罪侵犯的客体是国家对矿产资源和矿业生产的管理制度以及国家对矿产资源的所有权。根据我国《宪法》和《矿产资源管理法》的规定，矿产资源属于国家所有，国家保障矿产资源的合理开发利用，禁止任何组织或个人用任何手段破坏矿产资源。但是，国家可在不改变对矿产资源的所有权性质的前提下，按照所有权和采矿权适当分离的原则，将矿产资源的开采权依法授予特定的组织或个人，并有权对任何组织或者个人的采矿活动实施监督管理。因而，所谓国家对矿产资源的管理制度，主要是指国家依法对采矿单位或者个人所制定的一系列行政管理制度的总称。国家对矿产资源的开发实行严格的管理，禁止无证开采和超越批准的矿区范围采矿。近几年来，非法采矿活动十分严重，因此必须将其规定为犯罪行为，予以严厉打击。

本罪的对象是矿产资源，是指在地质运动过程中形成的，蕴于地壳之中的，能为人们用于生产和生活和各种矿物质的总称。其中包括各种呈固态、液态或气态的金属、非金属矿产、燃料矿产和地下热能等。

客观要件：

本罪在客观上表现为违反矿产资源保护法的规定，非法采矿，造成矿产资源破坏的行为。

非法采矿，即无证开采，是指未取得采矿许可证擅自采矿的，进入国家规划矿区、对国民经济具有重要价值的矿区和他人矿区范围采矿的，擅自开采国家规定实行保护性开采的特定矿种，或者虽有采矿许可证，但不按采矿许可证上采矿范围等要求的，造成矿产资源破坏的行为。根据本条规定，非法采矿包括四种情形：

1. 无证采矿的行为

　　无证采矿的行为，即没有经过法定程序取得采矿许可证而擅自采矿的。根据矿产资源保护法的规定，不论是国营矿山企业，还是乡镇集体矿山企业和个体采矿，都必须经审查批准和颁发采矿许可证。根据《矿产资源法》第十六条的规定："开采下列矿产资源的，由国务院地质矿产主管部门审批，并颁发采矿许可证：（一）国家规划矿区和对国民经济具有重要价值的矿区内的矿产资源；（二）前项规定矿区以外可供开采的矿产储量在大型以上的矿产资源；（三）国家规定实行保护性开采的特定矿种；（四）领海及中国管辖的其他海域的矿产资源；（五）国务院规定的其他矿产资源。开采石油、天然气、放射性矿产等特定矿种的，可以由国务院授权的有关主管部门审批，并颁发采矿许可证。开采第一款、第二款规定以外的矿产资源，其可供开采的矿产储量规划为中型的，由省、自治区、直辖市人民政府地质矿产主管部门审批和颁发采矿许可证。开采第一款、第二款、第三款规定以外的矿产资源的管理办法，由省、自治区、直辖市人民代表大会常务委员会依法制定。依照第三款、第四款的规定审批和颁发采矿许可证的，由省、自治区、直辖市人民政府地质矿产主管部门汇总向国务院地质矿产主管部门备案。矿产储量规模的大型、中型的划分标准，由国务院矿产储量审批机构规定。"同时，《矿产资源法》规定，国家鼓励集体矿山企业开采国家指定范围内的矿产资源，允许个人采挖零星分散资源和只能用作普通建筑材料的砂、石、黏土以及生活自用采挖少量矿产。对开办乡镇集体矿山企业的审查批准、颁发采矿许可证的办法，个体采矿的管理办法，由省级权力机关制定。凡未经过上述合法程序取得采矿许可证的，均视为无证采矿行为。

　　2. 擅自在未批准矿区采矿的行为

　　擅自进入国家规划区、对国民经济具有重要价值的矿区、他人矿区采矿的行为。根据法律规定，国家对国有规划区、对国民经济具有重要价值的矿区，实行有计划开采，未经国务院有关主管部门批准，任何单位和个人不得开采；任何单位和个人不得进入他人已取得采矿权的矿山、企业矿区内采矿。

　　如《矿产资源法》第二十条规定："非经国务院授权的有关主管部门的同意，不得在下列地区开采矿产资源：（一）港口、机场、国防工程设施圈定地区以内；（二）重要工业区、大型水利工程设施、城镇市政工程设施附近一定距离以内；（三）铁路、重要公路两侧一定距离以内；（四）重要河流、堤坝两侧一定距离以内；（五）国家划定的自然保护区、重要风景区，国家重点保护的不能移动的历史文物和名胜古迹所在地；（六）国家规定不得开采矿产资源的其他地区。"凡违反上述规定擅自采矿的，即为非法采矿。所谓"国家规划区"，是指在一定时期内，根据国民经济建设长期的需要和资源分布情况，经国务院或国务院有关主管部门依法定程序审查、批准，确定列入国家矿产资源开发长期或中期规划的矿区以及作为老矿区后备资源基地的矿区。所谓"对国民经济具有重要价值的矿区"，是指以国民经济来说，经济价值重大或经济效益很高，对国家经济建设的全局性、战略性有重要影响的矿区。所谓"矿区范围"，是指矿井（露天采场）设计部门确定并依照法律程序批准的矿井四周边界的范围。

　　3. 擅自开采保护矿种

　　擅自开采国家规定实行保护性开采的特定矿种的行为。根据法律规定，国家对保护性开采的特定矿种实行有计划的开采，未经国务院有关部门批准，任何单位和个人不得开采。

所谓"保护性开采的特定矿种"，是指对国民经济建设、高科技发展具有特殊重要价值，资源严重稀缺，矿产品贵重或者在国际市场上占有明显优势等，在一定时期内由国家依法定程序确定的矿种，如1988年《国务院关于对黄金矿产实行保护性开采的通知》中指出，国务院决定将黄金矿产列为实施保护性开采的特定矿种，实行有计划的开采，未经国家黄金管理局批准，任何单位和个人不得开采。除黄金之外，我国还将钨、锡、锑、离子型稀土矿等等矿种列为保护性开采的特定矿种。

4. "越界采矿"的行为

所谓"越界采矿"，是指虽持有采矿许可证，但违反采矿许可证上所规定的采矿地点、范围和其他要求，擅自进入他人矿区，进行非法采矿的行为。根据《矿产资源法》规定，任何单位和个人不得进入他人依法设立的国有矿山企业和其他矿山企业矿区范围采矿。超越批准的矿区范围采矿的，责令退回本矿区范围内开采、赔偿损失，没收越界开采的矿产品和违法所得，可以并处罚款；拒不退回本矿区范围内开采，造成矿产资源严重破坏的，吊销采矿许可证，依照刑法（1979年）第一百五十六条的规定对直接责任人员追究刑事责任。

所谓"造成矿产资源破坏"，是指在矿区乱采滥挖，使整个矿床及依据矿床设计的采矿方法受到破坏，造成矿产不能充分开采；在储存有共生、伴生有矿产的矿区采取采主矿弃副矿的采矿方法，对应综合开采、综合利用的矿产不采，使矿产不能充分合理利用；对暂不能综合开采或必须同时采出而暂时还不能综合利用的矿产以及含有有用成分的尾矿，不采取有效的保护措施，造成损失破坏；不按合理的顺序采矿，采富矿弃贫矿、采厚层矿弃薄层矿、采易采矿弃难采矿、采林矿体弃小矿体而失去大量矿产资源；不按合理的开采方法采矿，造成开采回采率低、采矿贫化率高，与设计指标相差甚多，造成资源浪费；不按合理的选矿工艺，造成选矿回收率低，与设计指标相差甚多，造成资源浪费；对一些特殊矿产，不按有关部门颁发的技术规范中规定的方法采矿，造成资源破坏、浪费等情况。

主体要件：

本罪的主体为一般主体，但一般限于直接责任人员，具体包括国营、集体或乡镇矿山企业中作出非法采矿决策的领导人员和主要执行人员以及聚众非法采矿的煽动、组织、指挥人员和个体采矿人员。

主观要件：

本罪主观上出于故意。其主观目的是为获取矿产品以牟利。

五、相关法律依据

《中华人民共和国刑法》

第三百四十三条　违反矿产资源法的规定，未取得采矿许可证擅自采矿，擅自进入国家规划矿区、对国民经济具有重要价值的矿区和他人矿区范围采矿，或者擅自开采国家规定实行保护性开采的特定矿种，情节严重的，处三年以下有期徒刑、拘役或者管制，并处或者单处罚金；情节特别严重的，处三年以上七年以下有期徒刑，并处罚金。

违反矿产资源法的规定，采取破坏性的开采方法开采矿产资源，造成矿产资源严重破坏的，处五年以下有期徒刑或者拘役，并处罚金。

第二十五条　共同犯罪是指二人以上共同故意犯罪。

二人以上共同过失犯罪，不以共同犯罪论处；应当负刑事责任的，按照他们所犯的罪分别处罚。

六、选择该案件的原因

长江自古以来就是哺育中华儿女的母亲河，滋养着五千年的中华文明，其独特的生物多样性资源、矿产资源和空间资源，是我国重要的生态宝库。保护好这条母亲河、生命河，是事关中华民族伟大复兴和永续发展的千秋大计。非法采砂不仅严重侵害国有矿产资源，还会造成河床下切、深槽扩大，破坏长江河床结构、改变水流方向，影响防洪、桥梁和通航安全。

第四节　环境监管失职罪

案例十二　林某某等三人环境监管失职案①

一、基本案情

2012年7月起，福建省三明市某化工有限公司（以下简称A公司）在生产硫酸锌的过程中，违反环境保护的相关规定，未经环保部门环评审批，非法建设铟生产线并组织工人进行铟生产，将铟生产过程中产生一部分的有毒萃余液通过硫酸锌生产环节进行循环使用，无法循环使用的部分萃余液则在中和处理后，通过A公司下水道排放至渔塘溪内。2013年11月至2014年1月期间，由于A公司硫酸锌生产线停产，提炼铟产生的大量萃余液无法通过硫酸锌生产线再循环使用。在此情况下，A公司法人代表罗某甲及管理人员罗某乙、许某某（均另案处理）仍组织工人进行铟生产，并将大量未经任何处理的有毒萃余液通过A公司雨水管直接排放至渔塘溪内。

A公司在2013年被省、市环保部门设定为危险废物重点污染源监控单位，三元区环境保护局（以下简称区环保局）对其定性为敏感企业，要求对A公司的日常环保监察每月不少于一次。在A公司非法提炼铟期间，被告人林某某、郑某某、倪某某作为负有环境保护监管职责的工作人员，在多次对A公司进行日常环境监察、环境应急预案检查等环境安全监管过程中，未能严格执行法律、法规及操作规程的规定，认真履行工作职责，

---

① 案例来源：中国裁判文书网，https：//wenshu.court.gov.cn/website/wenshu/181107ANFZ0BXSK4/index.html？docId＝szTkjP＋JEGbm2hV9E8hwUsytAexvnRyKpihwq6I/FbOTecvXM4K3＋pO3qNaLMqsJU0BkaeoOZN3IuGohxMg/BQQCtjm93nWQHNw+u3rzb/3wSszPfOlsspNqTamGd/T6，2022年10月24日访问。

及时发现 A 公司非法提炼铟的生产设施、设备、存放的大量与生产硫酸锌无关的原辅料，以及有毒萃余液非法排放问题，致使 A 公司非法生产铟和产生的有毒萃余液违法排放行为长期得不到纠正，导致镉、砷等重金属严重超标的萃余液直接排放至渔塘溪内，造成经渔塘溪流经沙溪、南平西溪汇入闽江的水体发生严重污染。

2014 年 1 月 15 日至 16 日，三明市环境监测站对渔塘溪水质抽样检测时，发现水中镉、砷含量异常。根据河段水质的抽验检测结果进行逐一排查，最终确定 A 公司系渔塘溪河流中镉、砷超标的污染源。2014 年 1 月 16 日，执法人员对 A 公司生产铟车间及污水排放情况进行现场检查后，对 A 公司铟提炼车间废液池的萃余液、A 公司大门口水道、B 公司（与 A 公司相邻）污水沉淀池进水口、B 公司排污口、园区排水入河口采样监测，监测结果为 A 公司铟提炼车间三个废液池的萃余液中镉含量为 24.7mg/L、20.8mg/L、18.7mg/L，砷含量为 22.2mg/L、18.6mg/L、16.8mg/L；A 公司大门口水道镉含量为 0.296mg/L、砷含量为 15.6mg/L；B 公司沉淀池进水口镉含量为 0.857mg/L、砷含量为 1.97mg/L；B 公司排污口镉含量为 99.52mg/L、砷含量为 5.18mg/L；园区排水入河口镉含量为 37.43mg/L、砷含量为 218mg/L。根据国家颁布的污水综合排放标准（GB8978-1996），污水排放中总镉最高允许排放浓度为 0.1mg/L、总砷最高允许排放浓度为 0.5mg/L，而 A 公司排放的铟萃余液中镉含量最低超 2 倍，最高超 994 倍；砷含量最低超 2.94 倍，最高超 435 倍。

A 公司非法排放含镉、砷等有害物质造成自渔塘溪流经的水体发生严重污染后，三明市三元区人民政府、沙县人民政府根据污染河段的相关情况，紧急调拨有关物资对污染河段进行应急处置。2014 年 4 月 17 日，经××人民检察院司法会计鉴定，因调拨物资及发生其他直接抢险费用金额共计人民币 4551144 元（以下币种相同）。

二、判决结果

（1）被告人林某某犯环境监管失职罪，判处有期徒刑八个月，缓刑一年；被告人郑某某犯环境监管失职罪，判处有期徒刑六个月，缓刑一年。

（2）被告人倪某某犯环境监管失职罪，免予刑事处罚。

三、判案焦点及理由

本案裁判中的焦点：一是能否认定林某某环境监管失职致发生严重环境污染事故；二是环境监管失职罪的适格主体的范围。

（一）能否认定林某某环境监管失职致发生严重环境污染事故

根据区环保局提供的《环境保护现场监察记录表》来看，在 2013 年 6 月至 12 月间上诉人林某某作为区环保局环境监察大队大队长，先后七次对辖区内的 A 公司进行环境保护现场检查，均未发现非法提炼铟的生产设备及有毒萃余液非法排放问题。再根据证人罗某乙、许某某等 A 公司涉案人员的证言来看，林某某等环保监察人员到 A 公司后，并未仔细查看生产车间、管网布设，未认真履行监管职责。因此，上诉人林某某在明知 A 公司系重点监控企业的情形下，虽依照监管规定每月对该公司进行环境监察，但在监管过程中不认真履行职责，未尽必要注意，工作存在严重疏漏，致 A 公司非法生产及排放问题长期得不到纠正，导致重大环境污染事故的发生，以环境监管失职罪追究其刑事责任依法有据，并无不当。

（二）环境监管失职罪的适格主体的范围

虽郑某某未取得《中国环境监察执法证》，但其有福建省人民政府颁发的《行政执法证》，执法类别为环境保护。①根据《环境监察办法》第十三条第二款之规定"实施现场检查时，从事现场执法工作的环境监察人员不得少于两人，并出示《中国环境监察执法证》等行政执法证件……"来看，并未排除其他行政执法证件，故郑某某具备环境监察的资格。②根据区环保局提供的《干部职工岗位职责》及《环境监察大队成员职责分工》来看，明确将上诉人郑某某列为环境监察员，负责辖区企业日常环境监管工作。③根据证人刘某、肖某某、方某等人证言及《环境保护现场监察记录表》来看，郑某某长期以监察大队执法人员身份到 A 公司进行日常监察，并以监察人员身份在《环境保护现场监察记录表》上签字确认。综上所述，上诉人郑某某具备环境监管的资质及职责，且其也实际以环境监察员的身份从事监察工作，符合环境监管失职罪的主体构成要件。

四、裁判要点的理解与说明

该案例的裁判要点确认：环境监管失职罪的认定。现针对裁判要点涉及的相关问题进行说明：

关于第一个裁判要点的说明【关于环境监管失职罪认定的说明】

根据《中华人民共和国刑法》第四百零八条的规定，环境监管失职罪是指负有环境保护监督管理职责的国家机关工作人员严重不负责任、导致发生重大环境污染事故，致使公私财产遭受重大损失或者造成人身伤亡的严重后果的行为。

客体要件：

本罪侵犯的客体是国家环境保护机关的监督管理活动和国家对保护环境防治污染的管理制度。或者是负有环境监管职责的国家执法人员的勤政性及权力行为的正当性。

客观要件：

本罪在客观方面表现为严重不负责任，导致发生重大环境污染事故，致使公私财产遭受重大损失或者造成人身伤亡的严重后果的行为。

1. 必须有严重不负责任的行为

严重不负责任是指行为人有我国《环境保护法》《水污染防治法》《大气污染防治法》《海洋环境保护法》《固体废物污染防治法》等法律及其他有关法规所规定的关于环境保护部门监管工作人员不履行职责，工作极不负责的行为。实践中严重不负责任的表现多种多样，如对建设项目任务书中的环境影响报告不作认真审查，或者防治污染的设施不进行审查验收即批准投入生产、使用；对不符合环境保护条件的企业、事业单位，发现污染隐患，不采取预防措施，不依法责令其整顿，以防止污染事故发生；对造成环境严重污染的企业、事业单位应当提出限期治理意见而不提出治理意见；或者虽然提出意见，令其整顿,但不认真检查、监督是否整顿治理以及是否符合条件;应当现场检查排污单位的排污情况而不做现场检查,发现环境受到严重污染应当报告当地政府的却不报告或者虽作报告但不及时等。

2. 严重不负责任的行为必须导致重大环境污染事故的发生致使公私财产遭受重大损失或者造成人身伤亡的严重后果

所谓环境污染是指由于有关单位违反法律、法规规定,肆意、擅自向土地、水体、大气排放、倾倒或者处置有放射性的废物、含传染病病原体的废物、有毒物质或其他危险废物,致使土地、水体、大气等环境的物理、化学、生物或者放射性等方面特性的改变,致使影响环境的有效利用、危害人体健康或者破坏生态环境,造成环境恶化的现象。所谓环境污染事故,则是因为环境污染致使在利用这些环境的过程中造成人身伤亡、公私财产遭受损失后果。根据 1999 年 9 月 16 日最高人民检察院发布施行的《关于人民检察院直接受理立案侦查案件立案标准的规定(试行)》的规定,涉嫌下列情形之一的应予立案:

(1) 造成直接经济损失 30 万元以上的。

(2) 造成人员死亡 1 人以上,或者重伤 3 人以上,或者轻伤 10 人以上的。

(3) 使一定区域内的居民的身心健康受到严重危害的。

(4) 其他致使公私财产遭受重大损失或者造成人员伤亡严重后果的情形。

3. 严重不负责任行为与造成的重大损失结果之间,必须具有刑法上的因果关系

这是确定刑事责任的客观基础,严重不负责任行为与造成的严重危害结果之间的因果关系错综复杂,构成本罪。应当追究刑事责任的则是指严重不负责任行为与造成的严重危害后果之间有必然因果联系的行为。

主体要件:

本罪主体为特殊主体,即是负有环境保护监督管理职责的国家机关工作人员,具体是指在国务院环境保护行政主管部门、县级以上地方人民政府环境保护行政主管部门从事环境保护工作的人员,以及在国家海洋行政主管部门、港务监督、渔政渔港监督、军队环境保护部门和各级公安、交通、铁路、民航管理部门中,依照有关法律的规定对环境污染防治实施监督管理的人员。此外,县级以上人民政府的土地、矿产、林业、农业、水利行政主管部门中依照有关法律的规定对资源的保护实施监督管理的人员,也可以构成本罪的主体。负有环境保护监督管理职责的国家机关,既包括对环境保护工作实施统一监督管理工作的各级环境行政主管部门,也包括环境保护的协管部门,即依照有关法律规定对环境污染防治实施监督管理的其他部门。例如,国家海洋行政主管部门负责组织海洋环境的调查、监测、监视、开展科学研究,并主管海洋石油勘探开发和防止海洋倾倒废物污染损害的环保工作;港务监督部门负责船舶排污的监督及调查处理、港区水域的监视;军队环保部门负责军用船舶排污的监督和军港水域的监视;各级交通部门的航政机关负责对船舶污染实行监督管理;各级公安、交通、铁道、渔业管理部门根据各自的职责对机动车、船舶污染大气实施监督管理;县级以上地方人民政府的土地、矿产、林业、农业、水利行政主管部门,分别依照《土地管理法》《矿产资源法》《森林法》《野生动物保护法》《草原法》《渔业法》《水法》的规

定以有关资源的保护实施监督管理。

主观要件：

本罪的主观上是过失，也不能排除放任的间接故意的存在。如明知有关单位排放污水、废气或固体废料的行为违反环境保护法，可能造成重大环境污染事故，危及公私财产或人身安全，但严重不负责任，不采取任何措施予以制止，而是采取放任的态度，以致产生严重后果。行为人主观上显然属于放任的间接故意，而非过失。

五、相关法律依据

（一）《中华人民共和国刑法》

第六十七条　第一款犯罪以后自动投案，如实供述自己的罪行的，是自首。对于自首的犯罪分子，可以从轻或者减轻处罚。其中，犯罪较轻的，可以免除处罚。

第四百零八条　负有环境保护监督管理职责的国家机关工作人员严重不负责任，导致发生重大环境污染事故，致使公私财产遭受重大损失或者造成人身伤亡的严重后果的处三年以下有期徒刑或者拘役。

第六十七条　犯罪以后自动投案，如实供述自己的罪行的，是自首。对于自首的犯罪分子，可以从轻或者减轻处罚。其中，犯罪较轻的，可以免除处罚。

（二）《中华人民共和国刑事诉讼法》

第二百二十五条　第二审人民法院对不服第一审判决的上诉、抗诉案件，经过审理后，应当按照下列情形分别处理：

（1）原判决认定事实和适用法律正确、量刑适当的，应当裁定驳回上诉或者抗诉，维持原判。

（2）原判决认定事实没有错误，但适用法律有错误，或者量刑不当的，应当改判。

（3）原判决事实不清楚或者证据不足的，可以在查清事实后改判；也可以裁定撤销原判，发回原审人民法院重新审判。

六、选择该案件的原因

该案中被告人将重金属严重超标的萃余液直接排放至渔塘溪内，渔塘溪流经沙溪、南平西溪汇入闽江的水体发生严重污染。该危险废物所含有毒有害酸类物质和难以降解的有机物质，具有持久性、潜伏性、不可消除性，不仅给内河水体造成了难以修复性的损害，而且严重损害了内河水资源环境的生态平衡，修复被污染的内河水资源环境时间长、难度大。国家工作人员对其在法律规定的幅度内，对水污染防治具有一定的监管职责，不认真履行国家法律、行政法规所赋予的水污染防治行政监管职责，对于群众反映强烈的水污染问题迟迟不予处理，导致发生严重污染环境事件，致使公私财产遭受重大损失，严重侵害了国家对水污染防治的监督管理活动。保护水上环境需要社会各方面的共同努力，国家监管人员一定要认真履行职责，才能保护好水上环境。

第二章 水上环境典型民事案件

第一节 环境保护公益诉讼

案例一 某基金会与某水电开发有限公司环境民事公益诉讼案①

一、基本案情

原告诉称：①依法判令被告立即采取适当措施，确保不因某水电梯级开发计划的实施而破坏珍贵濒危野生植物五小叶槭的生存。②依法判令被告在采取的措施不足以消除对五小叶槭的生存威胁之前，暂停牙根水电站及其辅助设施（含配套道路）的一切建设工程。③依法判令被告承担原告为本次诉讼而支出的差旅费、调查费等一切必要的费用106938.20元、必须支出的律师费30万元和案件受理费50元。事实和理由：五小叶槭为我国四川省特有物种，该植物由于独特的叶形和绚丽的色彩，是世界上最具观赏价值的槭树种类之一。按照世界自然保护联盟濒危等级标准，该物种已属极危物种。目前为止，已知五小叶槭仅残存分布于四川省的九龙县、康定市、雅江县和木里县的某江河谷地带的部分区域内，野外现仅存500余株，分属4个种群。某县某村附近的五小叶槭种群是当今世界上残存的最大的五小叶槭种群，现存五小叶槭大树262株，该种群分布区海拔范围介于2520～3000m，是唯一还有自然繁衍能力的种群。某县某江上的牙根电站即将修建。根据《四川省某江两河口-牙根段水电开发方案研究报告》，该段梯级电站中两座电站建成后，两河口电站正常蓄水位是2860m，牙根一级电站正常蓄水位是2602m，牙根二级电站正常蓄水位是2560m。根据五小叶槭雅江种群的分布区海拔高度和水电站水位高度对比数值，电站水库正常蓄水后，将淹没某县五小叶槭的绝大部分分布区，对五小叶槭的生存构成严重威胁，急需进行抢救性保护。为了修建水电站而修建的道路，即某江牙根二级水电站准备工程"对外交通专用公路"，位于某县境内，起点高程2535.53m，经过五小叶槭的生长区域，也会对五小叶槭种群的生存构成严重影响，实际上已经因为修路毁坏了一些五小叶槭。原告提起本案诉讼的目的，不仅仅是保护几棵五小叶槭，而是要保护现存的，也是

① 案例来源：中国裁判文书网，https：//wenshu. court. gov. cn/website/wenshu/181107ANFZ0BXSK4/index. html？docId＝cVyxAV2KtXReIpCdYbImYQUDYUWkPdREnsXKi5OP14O813ANvXmAzJ/dgBYosE2gr0ZPqNAgXLnOu6ZV0ksUCqti2H4c2hjgKIdP/6Vj75YKfiSRf+Jjnugfi35Awp4n，2022 年 10 月 24 日访问。

仅存的野外野生的最大的一个五小叶槭种群，以及其原始生境。即使五小叶槭在人为繁殖的情形下可以大量存活，也不能因此忽略原生境的保护。近年来科学家对五小叶槭的科研才逐步开始，因此，并不是简单地种植存活几棵五小叶槭就算完成了对一个物种的研究。我国是《生物多样性公约》的签约国，各签约国在该公约中确认意识到生物多样性的内在价值和生物多样性及其组成部分的生态、遗传、社会、经济、科学、教育、文化、娱乐、美学价值，还意识到生物多样性对进化和保持生物圈的生命维持系统的重要性，确认生物多样性的保护是全人类的共同关切事项，这已充分表明，保护生物多样性就是保护社会公共利益。保护生物多样性是我们的国际义务。《生物多样性公约》规定，我们在注意到生物多样性遭受严重减少或损失的威胁时，不应以缺乏充分的科学定论为理由，而推迟采取旨在避免或尽量减轻此种威胁的措施；各国有责任保护它自己的生物多样性并以可持久的方式使用它自己的生物资源；每一缔约国应尽可能并酌情采取适当程序，要求就其可能对生物多样性产生严重不利影响的拟议项目进行环境影响评估，以期避免或尽量减轻这种影响。根据《中华人民共和国野生植物保护条例》的规定，被告有义务消除因为其项目建设而对五小叶槭生存构成的直接威胁。综上所述，被告建设牙根水电站以及配套的公路建设将直接威胁到五小叶槭这种珍贵濒危野生植物的生存，对社会公共利益构成直接威胁。原告作为适格的环境公益诉讼主体，根据相关法律规定，提起诉讼。

被告辩称：牙根水电站目前仅系研究、论证阶段，尚未批准建设，牙根水电站建设是否可行、是否报批、相关政府部门（包括环保部门）是否审批通过都不确定，原告针对被告的内部论证行为提起诉讼缺乏诉的前提和基础，也不符合民事公益诉讼司法解释的相应规定；水电站工程前期设计及审批核准手续需较长时间，牙根水电站工程短期内不会开工建设，目前现场寸土未动，被告无任何违法行为，也没有破坏生态环境。不存在暂停，也没有什么损害需要预防；即使开始建设，被告的所有建设程序也将在符合国家法律法规要求，并取得国家的一切许可下进行，特别是在建设中被告将继续坚持"生态某江""开发与保护并重"的理念，相关工作也将按法律要求进行。故，原告的起诉在基本证据、诉讼请求方面没有事实和法律依据，依法应当驳回起诉。

法院经审理查明：2013年9月2日发布的中国生物多样性红色名录中五小叶槭被评定为"极危"。2016年2月9日，五小叶槭列入《四川省重点保护植物名录》。2018年8月10日国际自然保护联盟（又称世界自然保护联盟，简称IUCN）在其红色名录中将五小叶槭评估为"极度濒危"。我国《国家重点保护野生植物名录》中无五小叶槭。

2016年9月26日四川省质量技术监督局发布《五小叶槭播种育苗技术规程》。

案涉五小叶槭种群位于四川省某县某村当地林业部门已在就近的通乡公路堡坎上设立保护牌。

2006年6月，中国某勘测设计研究院（以下简称某勘院）完成《四川省某江中游（两河口至卡拉河段）水电规划报告》，报告中将牙根梯级电站列入规划，该规划报告于2006年8月通过了水电水利规划设计总院会同四川省发展和改革委员会组织的审查。2008年12月四川省人民政府以川府函〔2008〕368号文批复同意该规划。2010年3月，某勘院根据牙根梯级水库淹没区最新情况将原规划的牙根梯级调整为牙根一级（正常蓄水位2602m）、牙根二级（正常蓄水位2560m）两级开发，形成《四川省某江两河口至牙根河段水电开发方案研究报告》，该报告于 2010 年 8 月，经水电水利规划设计总院会同四川省发展和改革委员会审查通过。

某勘院编制完成《四川省某江中游（两河口至卡拉河段）水电规划环境影响报告书》于 2006 年 11 月 29 日通过了四川省环境保护局会同四川省发展和改革委员会的审查，并形成《〈四川省某江中游（两河口至卡拉河段）水电规划环境影响报告书〉审查意见》。

2011 年 4 月 27 日水电水利规划设计总院向四川省发展和改革委员会、四川省能源局报送《四川省某江牙根二级水电站预可行性研究报告审查意见》。

2013 年 1 月 6 日水电水利规划设计总院向国家发展和改革委员会、国家能源局报送《四川省某江牙根一级水电站预可行性研究报告审查意见》。

2013 年 1 月 6 日、4 月 13 日国家发展和改革委员会办公厅批文：同意牙根二级水电站、牙根一级水电站开展前期工作。由被告负责建设和管理，按照项目核准的有关规定，组织开展电站的各项前期工作。待有关前期工作落实、具备核准条件后，在分别将牙根电站项目申请报告上报我委。对项目建设的意见，以我委对项目申请报告的核准意见为准。未经核准不得开工建设。

2011 年 7 月 26 日，四川省某咨询研究院对某勘院编制完成的《四川省某江牙根二级水电站施工准备工程（对外交通专用公路）可行性研究报告》进行了技术评估，并形成《四川省某江牙根二级水电站施工准备工程（对外交通专用公路）可行性研究工程技术方案评估意见》。

2014 年 8 月 1 日四川省环境保护厅对被告报送的《四川省某江牙根二级水电站施工准备工程（对外交通专用公路）环境影响报告书》进行了批复。

2015 年 5 月 12 日被告规划发展部向某勘院牙根二级项目部出具《关于牙根二级水电站对外交通专用公路纳入主体工程核准的函》：根据牙根二级水电站及其对外交通专用公路前期准备工作进展，经研究，牙根二级水电站对外交通专用公路纳入电站主体工程一并核准，不再单独核准，请将相关设计内容及核准所需要件纳入牙根二级水电站主体工程一并进行。2015 年 5 月 13 日某勘院牙根二级项目部向被告规划发展部出具《文件接收回执单》，表示项目部将严格按照要求落实相关工作。

另查明，牙根水电站及其辅助工程（公路等）未开工建设，原告提交的照片地址为四川省某县历史形成的通乡（村）公路。

二、判决结果

四川省甘孜藏族自治州中级人民法院于 2020 年 12 月 17 日作出〔2015〕甘民初字第 45 号民事判决：①被告应当将五小叶槭的生存作为牙根梯级水电站项目可研阶段环境评价工作的重要内容，环境影响报告书经环境保护行政主管部门审批通过后，才能继续开展下一步的工作。②原告为本案诉讼产生的必要费用 4 万元、合理的律师费 1 万元，合计 5 万元，上述款项在法院其他环境民事公益诉讼案件中判决被告承担的生态环境修复费用、生态环境受到损害至恢复原状期间服务功能损失费用等费用（环境公益诉讼资金）中支付（待本院有其他环境公益诉讼资金后执行）。③驳回原告的其他诉讼请求。一审宣判后当事人未上诉，判决已发生法律效力。

三、判案焦点及理由

法院生效裁判认为：原告主要根据 2010 年 12 月的《四川林业科技》、2014 年 9 月的《四川林堪设计》等论文中"据资料记载，五小叶槭野外现仅存 500 余株，分属 4 个种群，且种群之间相隔遥远，雅江种群是世上残存的最大的一个种群，调查统计，雅江种群现存五小叶槭大树 262 株，分布于某江河谷两岸的滑坡带上"的内容，即提出请求人民法院认定"五小叶槭野生种群仅有 4 个、500 余株，分布区介于海拔 2520～3000m，雅江种群为最大种群"等诉求，鉴于目前没有资料或者证据显示有任何单位或者机构对我国五小叶槭的野生种群及数量、分布区海拔高度等进行过全面普查，故将原告所诉上述内容认定为本案案件事实的证据不足。

具体到本案中，鉴于五小叶槭在生物多样性红色名录中的等级及案涉牙根梯级电站建成后可能存在对案涉地五小叶槭原生存环境造成破坏、影响其生存的潜在风险，从而可能损害社会公共利益。根据我国水电项目核准流程的规定，水电项目分为项目规划、项目预可研、项目可研、项目核准四个阶段，考虑到案涉牙根梯级电站现处在项目预可研阶段，因此责令被告在项目可研阶段，加强对案涉五小叶槭的环境影响评价并履行法定审批手续后才能进行下一步的工作，尽可能避免出现危及野生五小叶槭生存的风险是必要和合理的。故，原告作为符合条件的社会组织在牙根梯级电站建设可能存在损害环境公共利益重大风险的情况下，提出"依法判令被告立即采取适当措施，确保不因某江水电梯级开发计划的实施而破坏珍贵濒危野生植物五小叶槭的生存"的诉讼请求，于法有据，法院予以支持。

鉴于案涉水电站尚未开工建设，故原告提出"依法判令被告在采取的措施不足以消除对五小叶槭的生存威胁之前，暂停牙根水电站及其辅助设施（含配套道路）的一切建设工程"的诉讼请求，无事实基础，法院不予支持。

本案中由于被告工程还处于预可研阶段，被告并没有破坏生态环境、损害社会公共利益的实际行为。但原告系为保护生物多样性而非为自身利益提起的预防性环境民事公益诉讼，原告确为本案诉讼支出了差旅费、调查取证费等，并且聘请律师参加了诉讼，参照《最高人民法院关于审理环境民事公益诉讼案件适用法律若干问题的解释》第二十四条"人民法院判决被告承担的生态环境修复费用、生态环境受到损害至恢复原状期间服务功能损失等款项，应当用于修复被损害的生态环境。其他环境民事公益诉讼中败诉原告所需承担的调查取证、专家咨询、检验、鉴定等必要费用，可以酌情从上述款项中支付"的规定和《关于规范律师法律服务收费管理有关问题的通知》（川发改委〔2018〕93 号）办理不涉及财产关系的公共利益的群体性案件每件不高于 1 万元的精神，酌情认定原告为本案诉讼产生必要费用 4 万元，合理的律师费 1 万元。此款项在法院其他环境民事公益诉讼案件中判决的被告承担的生态环境修复费用、生态环境受到损害至恢复原状期间服务功能损失费用等费用（环境公益诉讼资金）中支付。故对原告提出"依法判令被告承担原告为本次诉讼而支出的差旅费、调查费等一切必要的费用 106938.20 元、必须支出的律师费 30 万元和案件受理费 50 元"的诉讼请求，法院予以部分支持。

四、裁判要点的理解与说明

我国是联合国《生物多样性公约》缔约国，应该遵守其约定。《生物多样性公约》中规定"我们在注意到生物多样性遭受严重减少或损失的威胁时，不应以缺乏充分的科学定论为理由，而推迟采取旨在避免或尽量减轻此种威胁的措施；各国有责任保护它自己的生物多样性并以可持久的方式使用它自己的生物资源；每一缔约国应尽可能并酌情采取适当程序，要求就其可能对生物多样性产生严重不利影响的拟议项目进行环境影响评估，以期避免或尽量减轻这种影响"。因此，我们有保护生物多样性的义务。

同时，《生物多样性公约》规定"认识到经济和社会发展以及根除贫困是发展中国家第一和压倒一切的优先事物"。按照《中华人民共和国节约能源法》第四条"节约资源是我国的基本国策。国家实施节约与开发并举、把节约放在首位的能源发展战略"的规定和《中华人民共和国可再生能源法》第二条第一款"本法所称可再生能源，是指风能、太阳能、水能、生物质能、地热能、海洋能等非化石能源"的规定，可再生能源是我国重要的能源资源，在满足能源要求，改善能源结构，减少环境污染，促进经济发展等方面具有重要作用。而水能资源是最具规模开发效益、技术最成熟的可再生能源。因此开发建设水电站，将水能资源优势转化为经济优势，在国家有关部门的监管下，利用丰富的水能资源，合理开发水电符合我国国情。但是，我国水能资源蕴藏丰富的地区，往往也是自然环境良好、生态功能重要、生物物种丰富和地质条件脆弱的地区。根据《中华人民共和国环境保护法》和《最高人民法院关于审理环境民事公益诉讼案件适用法律若干问题的解释》的相关规定，环境保护是我国的基本国策，并且环境保护应当坚持保护优先、预防为主的原则。预防原则要求在环境资源利用行为实施之前和实施之中，采取政治、法律、经济和行政等手段，防止环境利用行为导致环境污染或者生态破坏现象发生。它包括两层含义：一是运用已有的知识和经验，对开发和利用环境行为带来的可能的环境危害采取措施以避免危害的发生；二是在科学技术水平不确实的条件下，基于现实的科学知识评价风险，即对开发和利用环境的行为可能带来的尚未明确或者无法具体确定的环境危害进行事前预测、分析和评价，以促使开发决策避免可能造成的环境危害及其风险出现。因此，环境保护与经济发展的关系并不是完全对立的，而是相辅相成的，正确处理好保护与发展的关系，将生态优先的原则贯穿到水电规划开发的全过程，二者可以相互促进，达到经济和环境的协调发展。利用环境资源的行为如果造成环境污染、生态资源破坏往往具有不可逆性，被污染的环境、破坏的生态资源很多时候难以恢复，单纯事后的经济补偿不足以弥补对生态环境造成的损失，故对环境污染、生态破坏行为应注重防患于未然，才能真正实现环境保护的目的。

五、相关法律依据

《最高人民法院关于审理环境民事公益诉讼案件适用法律若干问题的解释》

第十八条　对污染环境、破坏生态，已经损害社会公共利益或者具有损害社会公共利益重大风险的行为，原告可以请求被告承担停止侵害、排除妨碍、消除危险、恢复原状、赔偿损失、赔礼道歉等民事责任。

第十九条　原告为防止生态环境损害的发生和扩大，请求被告停止侵害、排除妨碍、消除危险的，人民法院可以依法予以支持。

原告为停止侵害、排除妨碍、消除危险采取合理预防、处置措施而发生的费用，请求被告承担的，人民法院可以依法予以支持。

第二十四条　人民法院判决被告承担的生态环境修复费用、生态环境受到损害至恢复原状期间服务功能损失等款项，应当用于修复被损害的生态环境。

其他环境民事公益诉讼中败诉原告所需承担的调查取证、专家咨询、检验、鉴定等必要费用，可以酌情从上述款项中支付。

六、选择该案件的原因

本案作为全国首例针对珍稀野生植物的预防性公益诉讼，为后续的预防性公益诉讼提供了重要的参考。生态环境和生物多样性遭到破坏后，后续的弥补和救济可能需要极高的成本甚至出现无法修复的可能。因此，对生态环境和生物多样性进行预防性的保护可以避免损害的扩大，及时保护生态环境。本案中的五小叶槭虽未列入我国《国家重点保护野生植物名录》，但世界自然保护联盟已将其评估为"极度濒危"且列入红色名录，该判决既充分体现了我国作为《生物多样性公约》缔约国的责任和担当，又体现了我国保护生态环境的原则和决心。

案例二　某市人民政府诉某化工有限公司生态环境损害赔偿纠纷案①

一、基本案情

原告诉称：被告作为化工生产企业，采用补贴销售的方法，将危险废物交给无处置资质的人员非法运输和处置，造成回木沟及金堤河严重污染，生态环境遭受严重损害。诉请判令被告赔偿应急处置费用1389000元、环境损害赔偿费用4047394元、评估费用80000元，共计5516394元。

被告辩称：本案原告不具备原告及赔偿权利人主体资格；本案磋商程序违反规定系无效行为；其销售盐酸系正常市场行为，根据市场行情"补贴销售"符合市场经济规律。请求驳回原告的诉讼请求。

法院经审理查明：①被告成立于2010年4月27日，经营范围中包含盐酸的生产与销售，领取有《安全生产许可证》《危险化学品登记证》《非药品类易制毒化学品生产备案证明》。②被告提交的生态环境损害磋商建议书回复意见载明，被告一直向具备购销资格的如某祥公司等开展正常购销业务。原告提交的被告于2019年3月29日出具的《情况说

---

① 案例来源：中国裁判文书网，https://wenshu.court.gov.cn/website/wenshu/181107ANFZ0BXSK4/index.html? docId = M1kKoTaFpa0LTp1IlSdJRf238b6aAZQKmH6e + FBASO498iOhaKgLDJ/dgBYosE2gr0ZPqNAgXLnOu6ZV0ksUCqti2H4c2hjgKIdP/6Vj75bM1iuGcD8I1elhzET/zG9W，2022年10月24日访问。

明》显示，祥某公司（徐某华、徐某超）处置被告的盐酸。③濮阳县人民法院〔2019〕豫 0928 刑初 254 号刑事判决书及濮阳市中级人民法院〔2019〕豫 09 刑终 254 号刑事裁定书认定：2017 年 12 月至 2018 年 3 月间，吴某某、翟某某预谋后，租用白立廷的搅拌站，由吴某某与徐某华、徐某超（均另案处理）联系，让李某某驾驶豫 N××× 危险品罐车，从被告运输废酸液到濮阳县 ×× 桑树村白立廷搅拌站共 27 车，每车装载约 13 吨。吴某某、翟某某、白某某、李某某将 4 车废酸液直接排放到濮阳县回木沟，又将 23 车废酸液存放到白立廷搅拌站内的玻璃钢罐内，白某某将其中 6 车废酸液与石沫进行搅拌中和后作为修路材料出售，吴某某、翟某某、白某某、李某某将剩余 17 车废酸液排放到回木沟，致使回木沟及金堤河岳辛庄段严重污染。经鉴定，非法排放的酸液系具有强酸腐蚀性的危险废物。吴某某供述称，其通过徐某华和徐某超联系，从被告拉废酸，徐某华和徐某超每吨给其 200 元到 230 元、240 元不等，豫 N××× 罐车属于三类车。时任被告总经理沈某某证言称，被告正常生产一天会产生 30 吨盐酸，盐酸是其公司副产品，副产品行情好时可以卖钱，50～100 元/吨，行情不好时，需要补贴 200～300 元/吨才能拉出去，处置盐酸只有八类罐车才能拉，从被告装盐酸，要提供危险品驾驶证、行驶证、车辆营运证、押运证。④原告先后于 2020 年 1 月 8 日、1 月 15 日两次召开会议，与被告就生态环境损害进行磋商，未达成一致意见。⑤某环保科技股份有限公司于 2018 年 5 月 26 日出具《濮阳市金堤河子岸段河水污染应急处置决算报告书》，载明应急处置费用 1389000 元。2018 年 12 月 18 日，某环保科技股份有限公司向濮阳县环境保护局开具 1389000 元的河南增值税普通发票。2019 年 11 月 9 日，原告与河南乾坤检测技术有限公司（以下简称乾坤公司）签订《技术咨询合同》，委托乾坤公司对"关于被告人吴茂勋等四人污染环境一案"涉及的回木沟和金堤河损害进行价值评估，支付评估费 80000 元。乾坤公司于 2019 年 11 月出具《涉"关于被告人吴茂勋等四人污染环境一案"回木沟和金堤河损害价值评估报告》。该评估报告载明：本次环境污染事件中废液间断性地倾倒入地表河流中，地表水环境不能通过修复或恢复工程完全恢复。根据《生态环境损害鉴定评估技术指南总纲》《环境损害鉴定评估推荐方法（第Ⅱ版）》《突发环境事件应急处置阶段环境损害评估推荐方法》等相关规定，结合现场实际情况和环境价值评估方法的适用情形，确定采用环境价值评估方法中的虚拟治理成本法评估环境的永久性损害，不包含应急处置费用。本次环境污染事件中倾倒废酸液的处理价格为每吨 7412.81 元，因此倾倒进入回木沟和金堤河地表水环境的废酸液（273 吨）的总处理费用即虚拟治理成本为 2023697 元。本次环境污染事件中涉事地表水体回木沟和金堤河为 V 类水体，环境功能区敏感系数为 2。本次环境污染事件中污染物为具有腐蚀性特征的危险废物。依据濮阳县环境监测站提供的分析（测量）结果报告单，本次环境污染事件造成回木沟地表水体 PH 值最低达 2.19，金堤河地表水体 PH 值最低达 2.77，均呈强酸性，地表水体严重超标。本次环境污染事件中废酸液排放行为致使回木沟及回木沟流向的金堤河岳辛庄段严重污染，后果特别严重，故环境功能区敏感系数不进行调整，取原值 2，则采用虚拟治理成本的 2 倍作为环境损害数额，即回木沟和金堤河环境损害价值量化数额为 4047394 元。⑥原告在开庭前，放弃律师费 200000 元及专家费用 60000 元，将诉讼请求数额变更为 5516394 元，本案受理费按照 5516394 元计算为 50414 元。

二、判决结果

河南省濮阳市中级人民法院于 2020 年 10 月 13 日作出〔2020〕豫 09 民初 9 号民事判决：①被告于判决生效后三十日内赔偿某人民政府应急处置费 1389000 元、评估费 80000 元。②被告赔偿某人民政府环境损害赔偿费 4047394 元，于判决生效后三十日内支付该项费用的 50%，即 2023697 元。③判决生效之日起一年内，被告为回木沟及金堤河流域生态环境污染预防之目的，征得某人民政府同意后，积极参与相关水域生态环境治理工程，其支出的费用经第三方机构审计后报濮阳市中级人民法院核准，可申请抵扣本判决第二项剩余的环境损害赔偿费 2023697 元，最高抵扣不超过该额度的 50%。④判决生效之日起一年内，被告通过技术改造对生产过程中产生的副产酸进行降产、无害化处理，经第三方评估明显降低环境风险，且一年内没有因环境违法行为受到处罚的，其用于技术改造的费用可以凭山东省聊城市环保行政主管部门出具的企业环境守法情况证明、项目竣工环保验收意见和具有法定资质的中介机构出具的技术改造投入资金审计报告，可向濮阳市中级人民法院申请抵扣本判决第二项剩余的环境损害赔偿费 2023697 元，最高抵扣不超过该额度的 40%。⑤判决生效之日起一年内，被告用于购买环境污染责任险的保险费可向濮阳市中级人民法院申请抵扣本判决第二项剩余的环境损害赔偿费 2023697 元，最高抵扣不超过该额度的 10%。⑥判决生效届满一年时，上述第三项至第五项未能抵扣的环境损害赔偿费，被告仍需履行，于届满之日起三十日内支付。⑦责令被告在判决生效后，建章立制，规范副产品销售及无害化处置，判决生效之日起一年内，每 6 个月向山东省聊城市环保行政主管部门报告其上述事项，并将报告事项报濮阳市中级人民法院备案审查，如不报告、备案，上述第三项至第五项费用将不予抵扣。如果未按本判决指定的期间履行给付金钱的义务，应当按照《中华人民共和国民事诉讼法》第二百五十三条规定，加倍支付迟延履行期间的债务利息。

一审宣判后，被告不服该判决提起上诉，河南省高级人民法院于 2020 年 12 月 31 日作出〔2020〕豫民终 1217 号民事判决：驳回上诉，维持原判。

三、判案焦点及理由

本案有以下五个争议焦点：①原告是否为本案的适格原告。②原告提起本案诉讼前进行的磋商程序是否合法。③被告是否应当承担生态环境损害责任。④原审判决确定的数额是否适当。⑤原审法院的审理程序是否合法。对于上述争议焦点，评判如下：

1. 关于原告是否为本案适格原告的问题

被告主张案涉污染环境事件为典型的跨省域污染，原告没有资格启动磋商程序以及提起生态环境损害诉讼，有资格进行磋商、提起诉讼的主体应当是河南省人民政府。判断原告是否为本案适格原告，关键在于本案所涉污染事件是否跨省域。案涉污染行为实施地是在濮阳县××桑树村回木沟，吴某某、翟某某等人将酸液倾倒于此，酸液经回木沟流进金堤河，对一定区域内的回木沟和金堤河地表水环境造成严重污染。因金堤河系跨省域河流，从濮阳市流经山东省汇入黄河，被告因此主张案涉污染为跨省域污染。认定是否为跨省域污染，不能仅考虑河流是否跨省域，更重要的是考虑污染行为是否跨省域，即污染行为实施地和损害结果发生地是否跨省域。尽管金堤河流经山东省后汇入黄河，但是由于水体本身对酸液具有稀释功能，濮阳县环境保护局在污染事件发生后又紧急进行了处置，案涉污染事件造成的损害结果并未在山东省显现，被告也未提供相应的证据证明山东省因案涉污染事件发生了生态环境损害的结果，可以认定案涉污染事件发生在濮阳市地域内，损害结果也仅在濮阳市地域内出现，属于濮阳市区域内的生态环境损害，被告主张本案是跨省域污染的理由不能成立。根据中共中央办公厅、国务院办公厅印发的《生态环境损害制度改革方案》关于"国务院授权省级、市地级政府作为本行政区域内生态环境损害权利人"的规定，《最高人民法院关于审理生态环境损害案件的若干规定（试行）》第一条的规定，以及中共河南省委办公厅、省人民政府办公厅印发的《河南省生态环境损害制度改革实施方案》关于"省政府、省辖市政府是本行政区域内生态度环境损害权利人"的规定，原告是案涉污染事件引发的其行政区域内生态环境损害的权利人，有权启动磋商程序及在磋商不成的情况下提起本案诉讼，是本案适格的原告。

2. 关于原告提起本案诉讼前进行的磋商程序是否合法的问题

《最高人民法院关于审理生态环境损害案件的若干规定（试行）》第一条规定，省级、市地级人民政府及其指定的相关部门、机构，或者受国务院委托行使全民所有自然资源所有权的部门，因与造成生态环境损害的自然人、法人或者其他组织经磋商未达成一致或者无法进行磋商的，可以作为原告提起生态环境损害诉讼；第五条规定，原告提起生态环境损害诉讼，应当提交与被告进行磋商但未达成一致或者因客观原因无法与被告进行磋商的说明。根据上述规定，开展生态环境损害磋商是提起诉讼的前置程序。对于磋商的相关要求以及程序，中共中央办公厅、国务院办公厅印发的《生态环境损害制度改革方案》规定"经调查发现生态环境损害需要修复或的，权利人根据生态环境损害鉴定评估报告，就损害事实和程度、修复启动时间和期限、责任承担方式和期限等具体问题与义务人进行磋商"，中共河南省委办公厅、省人民政府办公厅印发的《河南省生态环境损害制度改革实施方案》规定"经调查发现属于依法应当追究生态环境损害责任的情形，权利人及其指定的部门或机构在完成生态环境损害调查、鉴定评估、制定初步修复方案工作后，向义务人送达生态环境损害磋商建议书"，"磋商应当在生态环境损害鉴定评估专家、律师以及检察院派出人员参与下进行"，"权利人及其指定的部门或机构与义务人就损害的事实和程度，修复采用方案、启动时间和期限，责任承担方式和期限等具体问题进行磋商。义务人对损害的事实和程度提出异议的，权利人及其指定部门或机构会同生态环境损害鉴定评估专家、律师以及检察院派出人员研究决定，并书面告知义务人决定的具体理由"。本案中，原告在磋商前完成了损害价值评估，成立了由市政府及组成部门的工作人员、检察院工作人员、律师、专家等参加的磋商小组，向被告发出了磋商建议，磋商小组先后与被告的有关人员进行磋商，明确告知被告污染事件发生的情况，以及被告应当承担的责任，被告在磋商中不认可其应当承担责任，双方没有达成一致意见，经被告同意，磋商小组终结磋商程序。上述磋商程序符合中共中央、国务院和河南省委、省政府的规定，被告主张原告在提起本案诉讼前开展的磋商程序违法，应当依法驳回原告的起诉，缺乏事实依据。

3. 关于被告是否应当承担生态环境损害责任的问题

被告主张其是依法成立的具备生产、销售盐酸资质的法人，某祥公司、某泰公司具有购买、销售盐酸的资格，被告向某祥公司、某泰公司合法销售盐酸，并且经过公安机关备案，至于某祥公司、某泰公司将盐酸交由吴某某、翟某某等人处置，吴某某、翟某某等人向河流中非法倾倒并造成污染，与被告没有关系，被告对于吴某某、翟某某等人的污染行为不承担相应的法律责任。确定被告是否应当对吴某某、翟某某等人的污染行为承担责任，关键在于被告的行为与案涉环境污染损害结果是否具有因果关系。本案所涉盐酸系被告生产三氯乙酰氯的副产酸，符合化学工业品标准的可以销售，同时，由于副产酸具有强烈的腐蚀性，如果被非法倾倒就属于国家规定的危险废物。当时施行的《中华人民共和国固体废物污染环境防治法》第八十九条规定，液态废物的污染防治，适用本法；第五十七条第三款规定，禁止将危险废物提供或委托给无经营许可证的单位从事收集、贮存、利用、处置的经营活动。被告 2019 年 3 月 29 日出具《情况说明》载明："兹有某泰公司（徐某华、徐某超）处置我公司的盐酸，由于华祥盐化欠我公司货款，徐某超能销售华祥盐化的产品烧碱，因此我公司就将华祥盐化的烧碱购回销售于某泰公司，这样三公司的往来款项能付平。"该说明能够证明被告将盐酸提供给某泰公司、某祥公司，实质是将盐酸交由某泰公司、某祥公司进行处置，并向其支付相应的费用。被告提供的盐酸销售备案证明以及公证书等证据，不足以证明被告与某泰公司、某祥公司之间是正常的盐酸购销关系，并且，被告将盐酸交付给某泰公司、某祥公司，不仅不收货款，还要向对方支付一定数额的补贴款，不符合常理。某祥公司、某泰公司的经营范围均不包含处置危险废物，也没有证据证明某祥公司、某泰公司有处置危险废物的资质，被告将副产盐酸提供给某祥公司、某泰公司处置，违反法律规定，存在污染环境的重大风险。吴某某、翟某某等人按徐某华、徐某超的指示到被告那里运输副产盐酸，被告明知徐某华、徐某超和吴某某、翟某某等人没有处置危险废物的资质，仍然将副产盐酸提供给吴某某、翟某某等人，这是放任副产盐酸被非法处置污染环境，属于在防范副产盐酸对环境污染损害方面的不作为。吴某某、翟某某等人将副产盐酸非法倾倒入回木沟造成环境污染，被告的行为与案涉环境污染损害结果之间具有因果关系。被告未能提供充分的证据证明其存在法律规定的不承担责任或者减轻责任的情形，也未能证明其行为与案涉污染损害结果之间不存在因果关系，根据当时施行的《中华人民共和国固体废物污染环境防治法》第八十五条规定关于"造成固体废物污染环境的，应当排除危害，依法损失，并采取措施恢复环境原状"的规定，被告对案涉环境污染应当承担相应的法律责任。被告主张其是合法销售盐酸，对案涉环境污染不应当承担责任的理由不能成立。

4. 关于原审判决确定的数额是否适当的问题

《中华人民共和国水污染防治法》第三十三条第一款规定："禁止向水体排放油类、酸液、碱液或者剧毒废液。"吴某某、翟某某等人将 273 吨副产盐酸倒入回木沟，必然导致环境污染。濮阳县环境监测站《分析（测量）结果报告单》显示，2018 年 2 月 10 日回木沟金堤河口 PH 值 2.19，2 月 11 日 PH 值 2.28，呈强酸性，环境污染严重。濮阳县环境保护局为减轻污染损害，委托某环保科技股份有限公司进行应急处置，花费 1389000 元，该费用系环境保护部门为消除危险采取合理处置措施而发生的费用，根据《最高人民法院关于审理生态环境损害案件的若干规定（试行）》第十四条第一项关于"原告请求被告承担实施应急方案以及为防止生态环境损害的发生和扩大采取合理预防、处置措施发生的应急处置费用，人民法院根据具体案情予以判决"的规定，以及《最高人民法院关于审理环境民事公益诉讼案件适用法律若干问题的解释》第十九条第二款关于"原告为停止侵害、排除妨碍、消除危险采取合理预防、处置措施而发生的费用，请求被告承担的，人民法院可以依法予以支持"的规定，原审判决支持原告的该项诉求正确。

为确定案涉污染造成的回木沟和金堤河损害价值，原告与乾坤公司签订《技术咨询合同》，技术服务目标是对回木沟和金堤河环境污染损害价值进行评估，技术服务方式是出具技术咨询报告，技术咨询服务费80000元。乾坤公司后作出《涉"关于被告人吴茂勋等四人污染环境一案"回木沟和金堤河损害价值评估报告》，为原告确定回木沟和金堤河环境污染损害价值提供参考咨询意见。该报告认为本次环境污染事件中酸液间断性地倾倒入地表河流内，造成地表水体污染，由于地表径流及水流稀释作用，出现水体超标并采取应急措施时，已有部分废液流入下游河道，地表水环境不能通过修复或恢复工程完全恢复，应采用虚拟治理成本法来评估环境的永久性损害，即根据突发环境事件发生地的工业企业或污水处理厂处置污染物的平均成本，乘以受污染区域的环境功能敏感系数作为环境损害价值。本次环境污染事件中，倾倒入水体的污染物273吨，处置酸液的成本为每吨7412.81元，虚拟治理273吨酸液的总成本为202.3697万元。回木沟和金堤河为Ⅴ类水体，环境功能区敏感系数为2，本次环境污染事件中废酸液排放行为致使回木沟及回木沟流向的金堤河岳辛庄段严重污染，后果特别严重，故环境功能区敏感系数不进行调整，取原值2，采用虚拟治理成本的2倍作为环境损害价值，即回木沟和金堤河环境损害价值量化数额为4047394元。该评估报告依据客观真实，评估方法和评估结论科学可靠，被告没有提供相应的证据否定该评估报告的依据和结论，故该评估报告可以作为确定数额的参考。根据《最高人民法院关于审理生态环境损害案件的若干规定（试行）》第十三条关于"受损生态环境无法修复或者无法完全修复，原告请求被告生态环境功能永久性损害造成的损失的，人民法院可以根据具体情况予以判决"的规定，以及第十四条第二项关于"原告请求被告承担为生态环境损害磋商和诉讼支出的调查、检验、鉴定、评估等费用，人民法院根据具体案情予以判决"的规定，原审法院判决被告支付环境损害4047394元，承担评估费80000元，并无不当。被告主张原审认定的数额违法的理由不能成立，依法不予支持。

5. 关于原审法院的审理程序是否合法的问题

被告主张原审法院程序违法，其在二审庭审中提出的理由是：原审法院没有向上诉人释明申请鉴定；原审卷宗编号4册，被告仅看到2册正卷；原审法院收到起诉状的时间和受理时间均是2020年3月23日，向原告发出的交费通知书的签收时间是3月24日，通知书要求7日内交费，原告交费时间是4月15日；被告在原审时仅申请审判长回避，未申请其他人员回避，原审法院告知错误；原审法院未向被告送达合议庭组成人员告知书，并且判决中增加了一名庭审中不存在的书记员。对于上诉人在庭审中主张程序违法的理由，法院认为，关于是否应向上诉人释明申请鉴定的问题，原告委托乾坤公司作出损害价值评估报告，该报告系咨询意见，是否就案涉环境污染损害价值申请鉴定属于被告行使诉讼权利的事项，人民法院没有释明义务；关于卷宗编册问题，经核实，原审卷宗共3册，被告上诉后电脑自动生成的上诉卷1册，系统自动生成原审卷宗编号4-1、4-2、4-3，上诉卷宗编号 4-4，原审卷宗装订不存在错误；关于原告交纳诉讼费问题，根据卷宗材料，原告确实存在没有按通知要求交纳诉讼费的问题，考虑到本案的公益性质，原审法院继续审理本案并无不当；关于回避问题，被告先后申请原审法院整体回避和原审审判长回避，原审法院经过审判委员会研究，决定不同意被告的回避申请，并明确进行了告知，不存在错误告知的问题；关于判决书上增加书记员问题，2020 年 5 月 30 日的庭前会议已经明确告知增加一名书记员，被告也明确陈述不申请回避，该书记员在庭审中担任法庭记录，原审判决显示该书记员名字符合法律规定；关于未送达合议庭组成人员告知书问题，2020 年 5 月 24 日的庭前会议已经明确告知合议庭组成人员，符合《中华人民共和国民事诉讼法》第一百二十八条关于"合议庭组成人员确定后，应当在三日内告知当事人"的规定。被告主张原审程序违法的理由不能成立。

综上，原审判决认定事实清楚，适用法律正确，依法应予维持。被告的上诉理由不能成立，依法予以驳回。

四、裁判要点的理解与说明

（一）企业造成生态环境污染的，应当承担生态环境损害责任

《中华人民共和国环境保护法》第五条规定了保护优先、预防为主、综合治理、公众参与、损害担责的环境保护原则。生态环境损害纠纷应当注重采取有利于防治污染的司法政策，实现修复环境、预防污染的立法意图，使环境保护同经济建设、社会发展相协调，促进经济社会的可持续发展，满足人民群众对美好生态环境的需求。目前，化工企业产生大量副产危险化学品，这些副产危险化学品无序流转，造成了极高的环境污染风险，需要采取预防措施以避免污染再次发生。鉴于本案损害价值评估采用虚拟治理成本法，若被告能够积极参与濮阳市域内生态环境治理，并吸取教训实施副产酸的循环利用、无害化处理，加大科技投入和技术改造，实现副产酸碱量化、再利用和资源化，从源头预防副产酸污染环境，亦符合生态文明建设的最终要求，酌定该公司参与生态环境治理、技术改造、购买环境责任保险等事项的投入费用，可在本案环境损害费一定额度内按比例折抵。

黄河流域的生态保护和高质量发展，必须坚持绿水青山就是金山银山的理念，不断强化生态优先、绿色发展的意识，抓好大保护，加强生态保护治理。生态环境损害制度以"环境有价、损害担责"为逻辑起点，做到"应赔尽赔"，致力破解"企业污染、群众受害、政府买单"的困局，强化生产者环境保护法律责任，大幅度提高环保违法成本，人民法院必须夯实司法责任，保障黄河流域生态保护和高质量发展这一重大国家战略。

（二）公益诉讼中的适格原告

《最高人民法院关于审理生态环境损害案件的若干规定（试行）》第一条规定：具有下列情形之一，省级、市地级人民政府及其指定的相关部门、机构，或者受国务院委托行使全民所有自然资源资产所有权的部门，因与造成生态环境损害的自然人、法人或者其他组织经磋商未达成一致或者无法进行磋商的，可以作为原告提起生态环境损害诉讼：①发

生较大、重大、特别重大突发环境事件的。②在国家和省级主体功能区规划中划定的重点生态功能区、禁止开发区发生环境污染、生态破坏事件的。③发生其他严重影响生态环境后果的。同时，中共中央办公厅、国务院办公厅印发的《生态环境损害制度改革方案》以及中共河南省委办公厅、省人民政府办公厅印发的《河南省生态环境损害制度改革实施方案》等均规定"发生较大及以上突发环境事件的""发生其他严重影响生态环境后果的"相关行政区域的人民政府可以作为权利人。

《河南省生态环境损害磋商办法》第三条亦明确："省政府、省辖市政府是本行政区域内生态环境损害权利人。跨省辖市的生态环境损害，由省政府管辖。跨省域的生态环境损害，由省政府协商相关省政府开展生态环境损害工作。"生态环境是否"跨省域"应以该生态环境损害发生地跨越两个及以上省份为标准，与行为人住所地或注册地无关，故被告提出本案生态环境损害发生地为河南省，其注册地为山东省莘县，本案属于跨省域生态环境损害案件的理由不能成立。

(三) 磋商程序的问题

首先，磋商制度在我国生态环境损害制度改革中发挥了巨大优势，绝大多数生态环境损害事件均通过磋商予以解决，高效、快捷地保障了生态环境最大限度并及时修复。《最高人民法院关于审理生态环境损害案件的若干规定（试行）》第一条明确了磋商是提起生态环境损害诉讼的必经程序，磋商未达成一致或无法磋商的，权利人即可作为原告向人民法院起诉。

其次，《最高人民法院关于审理生态环境损害案件的若干规定（试行）》第五条规定，原告提起生态环境损害诉讼，符合民事诉讼法和本规定并提交下列材料的，人民法院应当登记立案：①证明具备提起生态环境损害诉讼原告资格的材料。②符合本规定第一条规定情形之一的证明材料。③与被告进行磋商但未达成一致或者因客观原因无法与被告进行磋商的说明。④符合法律规定的起诉状，并按照被告人数提出副本。该条明确"与被告进行磋商但未达成一致或者因客观原因无法与被告进行磋商的说明"作为原告起诉要提交的材料之一，原告仅需提交未达成一致或者客观原因无法磋商的相关材料，即完成了磋商这一程序的举证责任。

综上，快速、高效处置生态环境损害事故并修复生态环境是磋商程序的价值所在，一旦磋商失败或无法磋商就应当及时通过诉讼程序解决纠纷，这是我国生态环境损害制度改革的初衷。人民法院对磋商程序审查仅限于双方是否进行了磋商，对磋商的实体性内容不予审查。

五、相关法律依据

《中华人民共和国民法典》

第一千二百二十九条 因污染环境、破坏生态造成他人损害的，侵权人应当承担侵权责任。

六、选择该案件的原因

本案系河南省首例由市地级人民政府作为原告提起的生态环境损害案件，受污染的金堤河更是黄河下游重要的支流。濮阳因位于古黄河重要支流之一濮水之北而得名，母亲河黄河孕育了灿烂的濮阳文化，素有"中华龙乡""颛顼之都"之美称，黄河流经濮阳167.5公里后，在台前县进入被告的注册地山东省。原告对业已确定的损失提起诉讼，依法应予支持；对于未提起诉讼的其他本案审理时未发现的生态环境损失，有权提起民事公益诉讼的机关或社会组织、有权提起生态环境损害诉讼的主体可依据《最高人民法院关于审理生态环境损害案件的若干规定（试行）》第十八条的规定另行起诉。某人民政府虽未诉请被告赔礼道歉，但被告负有污染防治的义务和社会责任，应主动赔礼道歉，以警示其他企业，提升全社会生态环境保护意识。

案例三　某市人民检察院与张某某、邝某某水污染责任纠纷案[①]

一、基本案情

公益诉讼人向广州市中级人民法院提交书面起诉状，请求：依法判决被告张某某、邝某某二人连带承担自判决生效之日起三个月内将涉案水塘水质恢复至符合农业使用用途，并赔偿水塘受污染期间环境功能损失费用人民币120万元的法律责任。庭审过程中，公益诉讼人诉讼请求中的"涉案水塘水质恢复至农业使用用途"明确为"涉案水塘水质恢复至地表水质量标准第Ⅴ类水标准"，将"赔偿水塘受污染期间环境功能损失费用人民币120万元"变更为"赔偿水塘受污染期间环境功能损失费用人民币1050万元"。事实和理由：从A镇B村某古水塘（以下简称某古水塘）面积约50020平方米，经向从化区国土资源和房屋管理局查询，现状为坑塘水面，属于农用地性质。自2012年5月开始，被告张某某、邝某某在没有办理建筑废弃物处置证的情况下，非法收取费用允许他人向涉案水塘填埋建筑垃圾和生活垃圾。水塘水面被生活垃圾覆盖，臭气熏天，严重影响了周边村民的生活。2015年9月17日，从化区环境保护局对该水塘的水体和周边的空气质量进行应急采样监测。经检测，水塘中水体的化学需氧量超过农田灌溉水质标准，水塘围场内及周边空气中臭气浓度严重超标。广州市从化区人民检察院于2015年11月5日督促A镇政府依法履行职责，镇政府曾责成被告进行垃圾清理工作。经现场查看，被告仅清理水塘表面漂浮垃圾，未清理沉底垃圾，且大量垃圾没有清理即被当场填上泥土，塘水呈乌黑色，至今仍散发恶臭。经评估，造成地表水生态环境损害人民币120万元，涉案水体恢复至Ⅴ类地表水标准需要费用1250万元以上，严重影响当地生态环境的可持续发展。2016年7月，环境保护部（现为生态环境部）某环境科学研究所、广东省某研究所出具《从化区

---

① 案例来源：中国裁判文书网，https：//wenshu. court. gov. cn/website/wenshu/181107ANFZ0BXSK4/index. html？docId＝HhxJUUuixFAzZDrsY0L0O4＋81lOJuoNt/4ZcPNnmnx9yUrHL572RU5/dgBYosE2gr0ZPqNAgXLnOu6ZV0ksUCqti2H4c2hjgKIdP/6Vj75aKOIcSL/dICulhzET/zG9W，2022年10月24日访问。

A 镇 B 村某古社牌坊水塘倾倒垃圾污染事件环境损害鉴定评估报告》（以下简称《环境损害鉴定评估报告》），根据《环境损害鉴定评估报告》，涉案水塘生态环境损害费用为1050 万元。以上事实有协议书、委托书、从化区 A 镇政府出具的证明、B 村收据凭证、城管部门执法记录、环保部门调查情况说明、监测结果、现场勘查笔录、评估报告等证实，足以证明：①本案侵权行为是由被告张某某、邝某某二人共同所为。②被告张某某、邝某某的行为致使生态环境遭受了严重的破坏。③被告张某某、邝某某的侵权行为与损害后果之间存在民事法律上的因果关系。《中华人民共和国水污染防治法》第三十三条第一款明确规定，禁止向水体排放、倾倒工业废渣、城镇垃圾和其他废弃物。工业废渣、城镇垃圾和其他废弃物必须严格按照有关法律、法规和标准的规定进行处置，禁止向水体排放。被告张某某、邝某某在没有取得建筑废弃物处置证和其他相关证照的情况下，收取费用，长期允许他人向涉案水体大量倾倒建筑垃圾和其他废弃物，造成涉案水体严重污染及周边空气中臭气浓度严重超标。《中华人民共和国侵权责任法》（现已废止）第六十五条规定："因污染环境造成损害的，污染者应承担侵权责任。"张某某、邝某某作为涉案水体的实际承包者和经营管理者，应共同承担侵权责任。为维护国家和社会公共利益不受损害，根据全国人民代表大会常务委员会《关于授权最高人民检察院在部分地区开展公益诉讼试点工作的决定》《中华人民共和国民事诉讼法》、最高人民法院《人民法院审理人民检察院提起公益诉讼案件试点工作实施办法》、最高人民检察院《检察机关提起公益诉讼试点方案》《人民检察院提起公益诉讼试点工作实施办法》第二条的规定，公益诉讼人特提起本案环境民事公益诉讼。

被告张某某辩称：①被告张某某不是某古水塘的实际承包人和管理者，不应作为水污染责任纠纷案的责任主体，不是本案的适格被告。2012 年，A 镇政府和 B 村某古经济社经研究，决定将某古水塘用于明珠工业园 A 镇龙某片区首期用地土方石工程及龙某三路首期工程弃土的堆放，于是找到邝某某，双方协商同意签订协议。邝某某因为在其他诉讼中败诉使其权利受限，才借用张某某和陈某某的名义分别与从化区 A 镇 B 村某古社、陈某签订了《协议书》，与 A 镇人民政府 B 村民委员会签订了《明珠工业园 A 工业基地龙某片区首期用地土石方工程及龙某三路首期工程弃土堆放合同》（以下简称《弃土堆放合同》）。邝某某因其银行账户被法院在其他案件的强制执行程序中查封，遂借用张某某的账号接收 A 镇政府的弃土堆放款。明珠工业园建筑废物运来水塘，也是邝某某及其工人负责倾倒和管理，张某某没有参与也没有从中获利。某古社的社长、财务等人员，以及相关治理水塘合同、协议等证据均能证明张某某并非某古水塘的承包者，且从化区环保局、当地政府也确认邝某某才是某古水塘的实际承包经营者。②现有证据能够证明某古水塘受到污染的原因是因为有人在深夜偷倒垃圾，某古水塘受到污染与被告张某某不存在因果关系。邝某某承包水塘后，有权自主对水塘经营管理，没有义务向张某某汇报，张某某并不了解邝某某向水塘倾倒垃圾的具体情况，邝某某接受倾倒建筑垃圾是按照《协议书》和《弃土堆放合同》的约定及村民同意所为的。至于生活垃圾的倾倒，从邝某某的陈述、从化区纪委的调查笔录及从化区环保局的调查复函中，均能证实水塘中的生活垃圾是被人在夜间偷偷倾倒的。张某某并不是污染者，不应承担相关责任。③邝某某已经按照从化区环保部门要求，主动采取多种措施清除垃圾，消除污染，水质已经达到农业用水的标准，公益诉讼人提起公益诉讼的目的已经达到，社会公共利益也已经得到了有效的救济，公益诉讼人依法可以撤回起诉。按照与当地政府签署的治污协议，邝某某对水塘采取了多项治理措施。邝某某与广东路通交通服务有限公司就某古水塘水面垃圾清理工程签订了《工程承包合同》和《工程补充协议》，后又与东莞市红树林环保科技有限公司签订了《广州市从化区某古社旁废矿场黑臭治理与维护合同》。2016 年 3 月 23 日，广州安某测技术有限公司在某古水塘采取黑臭治理前，针对水塘的地表水、地下水、空气和土壤等环境进行抽样检测，得出的指数大部分已经达标。2016 年 5 月，从化区环保局委托广州环发环保工程有限公司对某古水塘进行检测，形成的报告中显示水体多项指数总体发生较大改善。2016 年 7 月，从化区环保局也通过情况通报明确涉案水塘水质已经符合农业使用用途。经过有效的治理，某古水塘的环境污染已经得到有效修复，公益诉讼人的诉讼目的已经实现。

被告邝某某辩称：①虽然水塘发生了污染事故，但不是被告邝某某故意为之，而是因为邝某某在经营管理水塘时的疏忽导致他人向水塘倾倒垃圾。②在水塘发生污染事故后，被告邝某某已经实际采取措施治理，包括聘请专业的公司采取专业的方法进行治理，根据相应的监测，水塘的水质已经达到农田灌溉水质标准，基本恢复原状。③在水塘受污染期间造成的影响，被告邝某某表示歉意，但污染期间，水塘没有溢漏，邝某某也采取了相应的措施进行治理，造成的影响和损害相对较轻，故认为公益诉讼人提出的应赔偿水塘受污染期间环境功能损失费用过高。④公益诉讼人出示的证据和陈述过分夸大了事实。

法院经审理查明，2012 年，张某某作为甲方、"A 镇 B 村某古社 155 份股份"作为乙方、陈某作为丙方签订《协议书》约定：①甲方和乙方提供某古水塘给陈某倾倒废渣、余泥，场地的一切管理责任、事务由张某某处理。②合同期间为 4 年，自 2012 年 11 月 10 日起至 2016 年 11 月 9 日止。③乙方共 155 份股份，每股每年人民币 2000 元正，共 31 万元；先交租后使用，若到期未交租合同自动作废。④陈某倒入塘中的废渣、余泥如导致塘中的鱼死亡或发病，与乙方及陈某无关。张某某在"甲方签名"处签名，某古社在"乙方签名"处加盖了印章，张某在"乙方签名"处签名。张某 1、张某 2、张某 3 等 20 多名村民在上述协议书签名。

2013 年 10 月，广东省环境保护工程研究设计院接受广东从化经济开发区明珠工业园管理委员会委托，对明珠工业园 A 工业基地龙星三路首期工程项目进行环境影响评价，并编制《明珠工业园 A 工业基地龙星三路首期工程环境影响报告书》报从化区环保局。从化区环保局于 2013 年 12 月 5 日批复同意上述报告书的结论和意见。

2013 年 11 月 28 日，某古社出具《委托书》称："根据 A 镇 B 村某古社 155 份股份与 A 镇 B 村某古社张某某签订的《协议书》，我社将 A 镇 B 村某古社原 A 石矿场石塘租给张某某管理并使用，在签订的期限内，石塘的一切管理责任、事务和所产生的收益由张某某处理。我某古经济社现委托 B 村所收明珠工业园 A 工业基地龙星片区首期用地土石方工程及龙星三路首期工程的弃土堆放工程款约人民币 618 万元，分期转交张某某收。"《委托书》上有张某 1、张某 2、张某 3、张某 4 等 20 多名村民的签名。一审期间，张某某、邝某某对该《委托书》的真实性、合法性不予确认，认为没有张某某签名，张某某对此不知情。二审期间，张某某明确对《委托书》上的签名不申请笔迹鉴定。2013 年 12 月 3

日，A镇政府（甲方）与B村委会（乙方）、B村委会（甲方）与陈某（乙方）分别签订了内容一致的两份《弃土堆放合同》约定，为解决明珠工业园A工业基地龙星片区首期用地土石方工程及龙星三路首期工程弃土的堆放问题，乙方提供位于A镇B村某古水塘（即原A水泥厂采矿场）的地块用作该工程土石方弃土堆放点。工程弃土数量约106.4万立方米，弃土受纳费标准为5.8元/立方米，合同总价约618万元，弃土数量最终以市财政投资评审中心核定为准。上述合同签订后，B村委会通过中国农业银行于2014年3月5日分六次合计转账汇款1589386.30元、于2014年7月11日分四次合计转账汇款1059590.86元至收款方户名为张某某、账号为×××的账户，用途均为弃土堆放工程款；A镇政府经济发展办公室于2015年3月5日以支票形式向B村委会转账汇款1589400元，用途为弃土堆放费；中国农业银行户名为张某某、账号为×××的账户于2015年3月5日收到1589400元，注明为劳务费。张某某于2014年3月4日、2014年7月11日、2015年3月5日出具分别收到B村委会交来的明珠工业园弃土工程款1589386.30元、1059590.86元、1589400元的收据。B村委会副主任张某于2016年5月17日接受从化区检察院谈话时称"《弃土堆放合同》是我和陈某签订的，当时在场的还有张某某、村财务汤某。陈某是张某某的员工。该份合同是由张某某、陈某提供，之前谈好的这个钱是A镇政府打到B村，再由B村转到张某某的账户，但张某某不放心，怕钱被村里扣住，所以签了这份合同"。B村委会财务汤某于2015年10月12日接受从化区纪委监委谈话时称："目前鱼塘承包者是B村村民且是股份代表之一的张某某。A镇与B村签订填土合同，然后B村再与陈某签订合同，本应该将镇转来的款项代支付给乙方陈某，但实际上我应A镇经济办的要求转给了张某某。而且当时村主任张某也是这样说。第一次我是在2014年3月一次性转了约158万，第二次是在2014年7月转了约105万，第三次是在2015年3月3日一次性转了约158万，其中前两次是我通过村的农行账户网上转到张某某的农行账户，第三次是我开了支票去农行办理转给张某某的。我只是见过她（陈某）几次，她是张某某公司（嘉东房地产公司）的员工。在支付上，我主要跟陈某对接。"

2014年3月17日，从化区环保局工作人员在某古水塘现场拍摄的若干张照片显示，在水塘入口处的楼房外墙壁上有"大量招倒余泥电话：139××"的字样，该联系电话号码是邝某某的电话号码。2015年9月9日，从化区城管局A中队到现场进行检查时，现场工人提供的当事人为张某某，A中队根据工人的指认向张某某发出整改通知书。广州市从化区A镇城乡清洁办主任利某于2015年10月14日接受从化区检察院谈话时称"（污染事件曝光后），张某某有给我电话。我一直不认识张某某，但B村大古石鱼塘事件被曝光后，他不知从哪里知道我的手机号码，打电话给我好几次。第一次是问我是否发出《整改通知书》，由于我知道鱼塘是填埋余泥的，所以叫他问一问城监中队；第二次是媒体曝光后，要我协调处理从水塘清运的垃圾；第三次是建议取水检测时把龙角水泥厂旁的水取样检测作对比"。

嘉东公司的商事登记信息显示，公司于1999年3月31日由张某某独资设立。陈某2013年7月至2014年11月、邝某某2009年9月至2015年9月的社保历史明细表均显示缴费单位为嘉东公司。

对于某古水塘的承包情况及用途，B村委会副主任张某于2015年10月12日接受从化区纪委监委谈话时称："目前鱼塘承包者是 B 村村民且是股份代表之一的张某某。当时由张某某作为甲方与我们乙方 155 份股份的代表于 2012 年 11 月（应该是在 11 月 10 日前天）签订了《协议书》，协议约定期限为 4 年，从 2012 年 11 月 10 日起至 2016 年 11 月 9 日止，每股每年人民币 2000 元，共每年 31 万。""自 2012 年 11 月签订《协议书》后，该鱼塘就开始接收建筑余泥。""我们共 155 份股份，收益按每股每年人民币 2000 元，到目前为止大家分 4 次，拿了三年半的钱，每股代表 7000 元。每次都是张某某带现金到社里，逐个派钱，然后签收的。""我们村有一个天河农业发展公司，种了大约 800 亩菜，就是抽此水塘的水进行农田灌溉，听说去年他们自己化验过水质没有问题，还抽水灌溉了，今年他们就改抽其他水塘的水进行灌溉。"某古社财务张某于 2015 年 10 月 13 日接受从化区纪委监委谈话时称："目前鱼塘承包者是邝老板（邝某某）。当时张某某作为甲方与我们乙方 155 份股份的代表于 2012 年 11 月（应该是 11 月 10 日前天）签订了《协议书》，协议约定期限为 4 年，从 2012 年 11 月 10 日起至 2016 年 11 月 9 日止，每股每年人民币 2000 元，共每年 31 万。但由邝某某拿协议书给大家签名，我见大家都签名，自己没看清楚内容就跟着签名……自 2012 年 11 月签订《协议书》后，该鱼塘就开始接收建筑余泥和建筑瓷片、废料了。"时任某古社社长张某于 2015 年 9 月 22 日接受从化区城管局调查时称："（某古水塘）用来倾倒淤泥。前几年租给一个广州人养鱼，后来村民嫌收益少，后来就租给张某某倒淤泥。"张某于 2015 年 9 月 23 日接受从化区城管局调查时称，水塘 2008 年承包给一个姓刘的人养鱼，2012 年姓刘的人又将水塘转包给姓邝的人，开始用于倾倒余泥，工业、生活垃圾是从 2015 年 9 月初开始倾倒在水塘。某古社村民张某和何某于 2015 年 10 月 19 日接受从化区城管局调查时，张某称"涉案水塘是由其某古经济社村民 33 名，以 155 股，股份制购买所得，三、四年前承包给张某某，现承包人不知道"。何某称"涉案水塘从 2012 年承包出去，租期是 5 年，承包者是张某某"。某古社村民张某于 2015 年 9 月 30 日接受从化区城管局调查称："我是从 2013 年 1 月开始在那里做工的，直到现在，老板是邝某某，是他雇请我的……该场地是属于从化 A 镇 B 村某古社的，承包租给了我的老板邝某某。"邝某某于 2015 年 12 月 30 日接受从化区城管局调查时称："某古石塘的产权是属于 A 镇 B 村某古经济社的，现在由我承包。张某某是我的老板，他是广州嘉东房地产有限公司董事长（老板），自 2009 年到 2014 年 6 月左右是他的司机，之后我就不帮他专门开车，而是管理某古水塘，承包某古水塘也是张某某介绍我承包的。"（问："你承包的那个地方是从什么时候开始受纳余泥的？有没有办理《广州市建筑废弃物处置证》？"答："是从 2012 年 5 月开始受纳余泥的，没有办《广州市建筑废弃物处置证》。"问："在这个承包、消纳建筑垃圾的 618 万的合同中，张某某有没有获利？"答："没有，钱全部是我收了，一共有四百多万元。"问："这些钱你是怎么收的？"答："是用张某某的账户代收，然后我提现金出来自己用的。"问："经查询，张某某的账户在收到弃土工程款后，部分金额转账到嘉东房地产的账户，怎么解释？"答："张某某要用就拿去先用，然后他全部还给我了。"）张某某于 2016 年 3 月 11 日接受从化区检察院调查时则声称转到嘉东公司的部分弃土工程款是邝某某归还给张某某的借款。邝某某于 2015 年 9 月 19 日、2015 年 10 月 28 日、2016 年 1 月 25 日接受从化区环保局执法监察大队调查询问时均称其是某古水塘的承包管理人员，大概从 2012 年 5 月开始承包水塘，承包年限至 2016 年 5 月 24 日。张某某于 2016 年 3 月 11 日接受公益诉讼人调查时称："某古水塘最早是姓陈的人承包,用于养鱼,他借了我的钱没还,人就走掉了,他口头说把这些养在某古的鱼抵给我了。后来由邝某某承包,因为我是某古社的人,邝某某是我的司机,跟了我很多年,我出面帮邝协调承包水塘的事……"

2016 年 5 月 16 日,从化区环保局向从化区检察院发出从环函〔2016〕71 号《广州市从化区环境保护局关于对〈关于对 A 镇 B 村某古社水塘堆放垃圾相关情况的调查函〉的复函》称:"我局根据对有关人员调查询问中了解到水塘承包人为邝某某,水塘内的生活垃圾是夜间被人偷偷倾倒的。认定上述事实的依据是来源于有关人员调查询问笔录的陈述,没有其他书证材料。"

对于某古水塘的污染情况,时任广州市从化区 A 镇龙角村大一社社长邱某家距离某古水塘约 1 公里,其于 2015 年 10 月 10 日接受从化区检察院调查时称:"(某古水塘)是 A 水泥厂以前挖矿的矿坑……2006 年左右,水泥厂关闭,该坑废弃,该水塘开始积水,过了两年不到的时间塘里的水就满了,当时水很清,是天蓝色的,有人在那里养鱼。从某古水塘流出来的一条小河流经我们厂附近,去年大约 10 月份的时候就闻到臭味了,我家两年没有吃井水了,感觉有异味。"时任广州市从化区 A 镇龙角村书记邱某在接受从化区纪委监委调查时称:"在今年 9 月 7 日,有我村村民向我反映在灌溉农田时候,农田的水都是黑色并且发臭,我去现场看了确实如此。然后通过查找源头才发现,原来某古社的鱼塘已经勾穿了塘基,而我们的灌溉水就紧挨在他们鱼塘边,由于我们的村处于下游,因此某古社的鱼塘污水就顺着我们的水渠注入我们村民的农田里。"(问:"某古社鱼塘注入的水对你们有什么影响?"答:"影响非常大,严重的时候,整条村基本都闻到恶臭味……苍蝇又多……甚至有村民不敢在家中住了。")

对于某古水塘面积、水深等情况,原从化市国土资源和房屋管理局产权地籍科于 2015 年 10 月 22 日出具的《关于 A 镇中心石灰石矿厂地块权属和地类情况的说明》载明:原 A 镇中心石灰石矿厂地块面积约为 50020 平方米,该地块 1998 年现状为独立工矿用地,2005 年至 2008 年现状为独立工矿用地,2009 年至 2014 年现状为坑塘水面。从化区国土局于 2016 年 11 月 23 日向广州市公安局从化分局出具《涉嫌土地犯罪案件移送函》,称某古水塘水面面积为 48456.3 平方米。2000 年 9 月 28 日,从化矿产资源管理委员会办公室出具《从化市 A 镇中心石灰石矿简测计算占用矿产储量说明书》载明:"矿体顶界以野外调查第四覆盖层厚度为准,储量计算底界为地表下 50 米为准,本次计算至 -10m 标高。本次简测计算 A 镇中心石灰石矿场探明 D 级石灰石矿储量计算结果为 9030871 吨(903.1 万吨)。标高 -10~-30m 远景石灰石矿储量为 6344900 吨(634.5 万吨)。"红树林公司于 2016 年 6 月 27 日出具的《广州从化区某古社牌坊旁废矿场黑臭治理项目》报告对当时的某古水塘的概况作出以下说明:某古水塘面积约 45125.9 平方米,平均水深约 34.3 米,其下淤泥厚度约 80 米,预计总水量 154.6 万吨,总淤泥量 360 万立方米;该池塘是开矿取石而形成的,后来又堆填了许多垃圾和渣土,其主要污染源是沉积在池塘底部的垃圾和渣土,形成了污染非常严重的淤泥层,导致水体发黑发臭,严重影响了周边人们正常的工作和生活,包括引起安全事故;与常规的浅淤泥层和水深小的项目不同,水塘水深达 50 米左右、底泥深度 80 米左右,会形成很高的治理难度。二审期间,张某某确认某古水塘沉底垃圾尚未清除。

另查，许某、孙某均为《环境损害鉴定评估报告》的鉴定人。《环境损害鉴定评估报告》载明，根据委托方提供的资料及现场调研，事发地 5km 内除水塘垃圾污染源外，无其他重要的集中类污染源。报告根据上述《关于 A 镇中心石灰石矿厂地块权属和地类情况的说明》，估算该水塘的面积约为 50000 平方米；根据上述《从化市 A 镇中心石灰石矿简测计算占用矿产储量说明书》中的"储量计算底界为地表下 50 米为准"，同时结合从化区检察院调查时村民的描述，估算水深约 50 米，由此计算得出某水塘的水量约为 250 万吨，即受污染水量约 250 万吨。一审期间，许某确认其考察过三次某古水塘的现场，与《环境损害鉴定评估报告》撰写人进行过技术上的交流，但未参与报告撰写工作。一审庭审过程中，许某确认《环境损害鉴定评估报告》系采用虚拟治理成本法计算环境功能损失；孙某明确上述评估报告中生态环境损害额 1050 万元与生态恢复费用 1250 万元是两个不同概念。

张某某提交的广东省从化市人民法院〔2011〕穗从法民二初字第 309 号民事判决书、〔2012〕穗从法执字第 67 号财产申报令及执行通知书显示，原广东省从化市人民法院于 2011 年 11 月 2 日作判决，判令邝某某对温某的借款 15 万元及利息承担连带清偿责任，并于同年 12 月 29 日向温某、邝某某发出执行通知书及财产申报令。

2017 年 9 月 15 日，国家生态环境部发出环办政法函〔2017〕1488 号《关于生态环境损害鉴定评估虚拟治理成本法运用有关问题的复函》，复函所附《关于虚拟治理成本法适用情形与计算方法的说明》载明：Ⅲ、Ⅳ、Ⅴ类地表水所对应的环境功能区敏感系数推荐值分别为 5、4、2；鉴于敏感系数区间值在实际操作中存在一定不确定性的问题，不再设区间值，技术规定不对排放、倾倒、泄漏等主观恶意、故意性因素进行判断。

2017 年至 2019 年间，广州市从化区环境监理二所及中国广州分析测试中心对某古水塘水质及周边地下井水进行了多次跟踪监测。2018 年 7 月 9 日，从化区城管局召开某古水塘综合整治利用专家咨询意见会，邀请专家、区环保部门、水务部门、镇政府相关人员参加会议，与会人员经过现场调查及研讨，形成专家意见如下：①根据某古水塘治理项目实施单位，即红树林公司提供的项目介绍资料以及从化区环保局提供的跟踪监测情况报告，某古水塘水质前期治理达到预期效果，主要水质指标（CODcr、氨氮、总磷）达到地表水Ⅴ类水标准。②基于水塘中以往倾倒的废弃物种类与数量的不确定性，后续需跟综监测水质的变化，建议待废水塘水质稳定一段时间后再进行开发利用。③废水塘再次开发利用前，建议委托专业公司进行专业咨询。

法院于 2019 年 8 月 29 日分别向广州市生态环境局从化区分局、广东从化经济开发区明珠工业园管理委员会发出律师调查令，调取 2013 年至 2015 年期间，某古水塘在收纳明珠工业园的建筑弃土期间的环评报告。广州市生态环境局从化区分局在律师调查令回执上注明："2013 年至 2015 年期间，某古矿坑在收纳明珠工业园的建筑弃土期间，我局未收到某古矿坑环评报批材料。"广东从化经济开发区明珠工业园管理委员会在律师调查令回执上注明："不能提供律师调查令所列证据材料，原因是：明珠工业园共两个工程弃土堆放到某古矿坑，一个工程是明珠工业园 A 工业基地龙星三路首期工程（环境影响报告书我方已提供），另一个工程是明珠工业园 A 工业基地龙星片区土石方工程，该工程因不需要环评，没有环境报告书。"

再查，2015 年 12 月 2 日，广州市民政局向公益诉讼人发出复函称，截至 2015 年 11 月 30 日，市一级登记的环保组织不存在登记满 5 年且宗旨、业务范围是维护社会公共利益并从事环境保护公益活动的社会组织。一审法院受理公益诉讼人提起的本案诉讼后，在《广州日报》上对案件的受理情况进行了公告，公告期为三十日。公告期满，没有任何符合提起环境民事公益诉讼条件的组织申请参与本案诉讼。

二、判决结果

广州市中级人民法院判决如下：

（1）自本判决生效之日起三个月内，被告张某某、邝某某共同修复广州市从化区 A 镇 B 村某古经济合作社水塘（原 A 镇中心石灰石矿厂地块）水质到地表水第 V 类水标准；逾期未修复的，由人民法院选定具有专业资质的机构代为修复，修复费用由被告张某某、邝某某共同承担。

（2）自本判决生效之日起十日内，被告张某某、邝某某共同赔偿生态环境受到损害至恢复原状期间服务功能损失费用 1050 万元（以上款项上缴国库，用于修复被损害的生态环境）。

如果未按本判决指定的期间履行给付金钱义务，应当依照《中华人民共和国民事诉讼法》第二百五十三条规定，加倍支付迟延履行期间的债务利息。

后被告张某某、邝某某不服判决，向广东省高级人民法院上诉，广东省高级人民法院判决如下：

驳回上诉，维持原判。

三、判案焦点及理由

法院认为，本案系水污染责任纠纷环境民事公益诉讼。根据《中华人民共和国民事诉讼法》第一百六十八条的规定，本院对张某某、邝某某上诉请求的有关事实和适用法律进行审查。根据张某某、邝某某的上诉请求和理由，本案的争议焦点是：①公益诉讼人是否本案适格主体。②一审判决是否违反法定程序。③张某某是否为某古水塘承包人。④张某某、邝某某应否对某古水塘污染损害承担责任。⑤《环境损害鉴定评估报告》能否作为认定案件事实的依据。⑥某古水塘受污染期间的环境功能损失费用应否赔偿及金额如何认定。⑦某古水塘的污染是否已有效修复。

（一）关于第一个争议焦点，即本案公益诉讼人是否本案适格主体的问题

《中华人民共和国民事诉讼法》第五十五条第二款规定，人民检察院在履行职责中发现破坏生态环境和资源保护、食品药品安全领域侵害众多消费者合法权益等损害社会公共利益的行为，在没有前款规定的机关和组织或者前款规定的机关和组织不提起诉讼的情况下，可以向人民法院提起诉讼。广州市民政局向公益诉讼人发出的复函表明，截至 2015 年 11 月 30 日，市一级登记的环保组织不存在登记满 5 年且宗旨、业务范围是维护社会公共利益并从事环境保护公益活动的社会组织。一审法院受理本案后，对案件受理情况进行

了公告。公告期满，没有任何符合法定条件的其他机关和社会组织申请参与本案诉讼。在没有适格主体提起诉讼的情况下，公益诉讼人向一审法院提起环境民事公益诉讼，符合《中华人民共和国民事诉讼法》第五十五条第二款的规定，系本案适格主体。某古社并非《中华人民共和国民事诉讼法》第五十五条第一款规定的可以提起环境民事公益诉讼的适格主体。《中华人民共和国民事诉讼法》第五十五条第一款明确只有在法律授权的情况下，国家机关才有权提起民事公益诉讼。而《中华人民共和国环境保护法》并未明确环境保护行政机关提起环境民事公益诉讼的原告资格。根据《最高人民法院关于审理环境民事公益诉讼案件适用法律若干问题的解释》第十一条"检察机关、负有环境保护监督管理职责的部门及其他机关、社会组织、企业事业单位依据民事诉讼法第十五条的规定，可以通过提供法律咨询、提交书面意见、协助调查取证等方式支持社会组织依法提起环境民事公益诉讼"的规定，负有环境保护监督管理职责的部门及其他机关可以依法支持社会组织提起环境民事公益诉讼，其本身并非环境民事公益诉讼的适格原告。张某某主张公益诉讼人未依法定程序督促某古社和环保部门起诉，而是直接提起本案环境民事公益诉讼属主体不适格，缺乏法律依据，法院不予支持。

（二）关于第二个争议焦点，即一审判决是否违反法定程序的问题

根据《中华人民共和国民事诉讼法》第一百二十七条的规定，当事人对管辖权有异议的，应当在提交答辩状期间提出。张某某于二审期间提出管辖权异议，本院不作审查。一审法院受理本案后，已对案件受理情况进行了公告。张某某主张一审法院未公告案件受理情况，与事实不符，法院不予采信。根据《最高人民法院关于人民法院办理财产保全案件若干问题的规定》第九条第一款第（三）项、《人民法院审理人民检察院提起公益诉讼案件试点工作实施办法》第二十二条的规定，人民法院审理人民检察院提起的公益诉讼案件，人民检察院免交《诉讼费用交纳办法》第六条规定的诉讼费用；人民检察院在提起涉及损害赔偿的公益诉讼中，申请财产保全的，人民法院可以不要求提供担保。因此，张某某主张一审法院未要求公益诉讼人缴纳案件受理费、财产保全申请费以及为财产保全提供担保属程序违法，缺乏法律依据，法院不予支持。

（三）关于第三个争议焦点，即张某某是否为某古水塘承包人的问题

对于某古社于2013年11月28日出具的《委托书》，张某某认为大部分村民的签名为假冒、伪造，但未能提出相反证据予以推翻且明确表示对上述《委托书》的签名不申请笔迹鉴定。因此，对于该《委托书》的真实性、合法性和关联性，法院予确认。某古水塘为某古社集体所有，张某某作为甲方、"A镇B村某古社155份股份"作为乙方、陈某作为丙方签订的《协议书》虽无陈某签名，但张某某作为甲方、张某1、张某2、张某3、张某4、张某5等近30名村民均有签名，某古社在"乙方签名"处加盖了印章，时任社长张某在"乙方签名"处签名，可以认定上述《协议书》是张某某与某古社的真实意思表示。《协议书》约定：张某某和"A镇B村某古社155份股份"提供某古水塘给陈某倾倒废渣、余泥，场地的一切管理责任、事务由张某某处理；陈某倒入塘中的废渣、余泥如

导致塘中的鱼死亡或发病，与"A 镇 B 村某古社 155 份股份"、陈某无关；合同期自 2012 年 11 月 10 日起至 2016 年 11 月 9 日止。某古社出具的《委托书》也再次确认已通过签订上述《协议书》将某古水塘出租给张某某管理使用，结合张某某、张某、邝某某在接受调查时的陈述，可以认定上述《协议书》已实际履行，张某某、邝某某最迟于 2012 年 11 月已经开始承包经营某古水塘，是某古水塘的承包人。

B 村委会于 2013 年 12 月 3 日分别与 A 镇政府、陈某签订两份内容基本相同的《弃土堆放合同》，约定某古水塘用作明珠工业园工程弃土堆放点，张某作为 B 村委会法定代表人在上述两份合同上签名。虽然《弃土堆放合同》是陈某签订，但陈某是嘉东公司的员工，而嘉东公司是张某某独资设立的公司。据张某陈述，上述合同文本系由张某某、陈某提供，张某某安排陈某签订合同，合同签订时张某某也在现场。某古社出具的《委托书》明确委托 B 村委会将收到的明珠工业园弃土堆放工程款转交张某某。B 村委会根据《委托书》的要求将弃土堆放工程款 400 多万元分多笔转付至张某某的银行账户。2015 年 9 月 9 日，从化区城管局 A 中队到现场进行检查时，现场工人提供的当事人为张某某。某古水塘污染事件曝光后，张某某多次致电从化区 A 镇城乡清洁办主任利某，了解整改要求、协调垃圾清理和取水检测。根据以上事实，可以认定张某某作为某古水塘的承包人，实际主导并深度参与承包经营管理事务，通过利用某古水塘受纳固体废物获利。

张某某主张，某古水塘的承包人是邝某某而非张某某；邝某某在其他民事纠纷案件中败诉，被申请强制执行，其银行账户在 2011 年被人民法院冻结，所以邝某某要求张某某代为收取弃土堆放工程款。张某某提交多份证据以证明其主张，法院逐项分析如下：

（1）张某 1 于 2015 年 10 月 13 日接受从化区纪委监委调查的谈话笔录、张某 2 于 2015 年 9 月 30 日接受从化区城管局调查的笔录、张某 3 于 2015 年 9 月 23 日接受从化区城管局调查的笔录。张某某主张在上述调查笔录中，张某 1、张某 2、张某 3 均确认邝某某是某古水塘的承包人。法院认为，张某 1、张某 2、张某 3 在《协议书》《委托书》上均有签名，表明其三人知悉并确认《协议书》《委托书》的内容，即认可张某某是某古水塘的承包人。在某古水塘污染事件发生后，张某 1、张某 2、张某 3 在接受相关部门调查时却声称某古水塘的承包人为邝某某。其中，张某 3 的陈述多次反复，其于 2015 年 9 月 22 日接受从化区城管局调查时称某古水塘承包人为张某某，而在次日即 9 月 23 日接受同一部门调查时却称水塘的承包人为邝某某，二审期间作为证人出庭作证时又再次声称承包人为张某某。上述三人在污染事故发生后的陈述与之前在《协议书》《委托书》中签名确认行为自相矛盾，且未作出合理解释，不足为信。

（2）关于邝某某在有关调查笔录中的陈述。邝某某于 2015 年 9 月 23 日接受从化区城管局调查时称，某古水塘是其 2012 年自某古社承包过来并签订了合同，但未能提供合同文本。邝某某于 2015 年 12 月 30 日接受从化区城管局调查时称"张某某是我的老板，他是广州嘉东房地产有限公司董事长（老板），自 2009 年到 2014 年 6 月左右是他的司机，之后我就不帮他专门开车，而是管理某古水塘""承包某古水塘也是张某某介绍我承包的"。前一份笔录中的陈述显示邝某某自 2012 年开始承包某古水塘，而后一份笔录中的陈述则表明邝某某在 2009 年至 2014 年 6 月是专门帮张某某开车。邝某某对于自己何时承包经营某古水塘的时间前后表述不一致，与常理不符且未作出合理解释，其声称自己是某古水塘的承包经营者构成自认，但不能推翻张某某是某古水塘承包人的事实。

（3）关于广东省从化市人民法院〔2011〕穗从法民二初字第309号民事判决书、〔2012〕穗从法执字第67号财产申报令及执行通知书等证据。上述证据不足以证明邝某某银行账户被冻结，也不能证明在涉案弃土工程款发放的2014年、2015年邝某某是否仍未履行上述民事判决所确定的义务。即使邝某某的银行账户被冻结，但不影响其开设新账户，为逃废15万元债务而冒险将数百万元弃土堆放工程款由他人代收，亦与常理不符。张某某解释其代收弃土堆放工程款的动因，理据不足。在调查人员询问张某某账户收到弃土工程款后为何将部分款项转入嘉东公司时，张某某答称划到嘉东公司的钱是邝某某向张某某偿还之前的借款；而邝某某则声称系张某某需要用钱，所以划给嘉东公司，之后张某某已全部偿还。张某某与邝某某对部分弃土堆放工程款划给嘉东公司的原因解释不一致，无法自圆其说。由此可以认定，张某某、邝某某所作出的张某某系因邝某某权利受限而代收弃土工程款的陈述与事实不符，有违诚信，法院不予采信。

（4）关于从环函〔2016〕71号《广州市从化区环境保护局关于对〈关于对A镇B村某古社水塘堆放垃圾相关情况的调查函〉的复函》。根据复函的内容，从化区环保局是在对邝某某、张某1、张某2、张某3等人进行询问后，认定邝某某为某古水塘的承包人，复函也确认没有其他书证材料支持上述事实认定。复函确认某古水塘的承包人为邝某某，一审法院根据《协议书》《委托书》、弃土堆放工程款的转账凭证等证据认定张某某亦为某古水塘的承包人，与从化区环保局的调查认定并不相悖。张某某以复函为据主张其并非某古水塘的承包人，理据不足，法院不予支持。

综上，张某某提交的证据不足以推翻其为某古水塘承包人的事实认定。一审法院认定张某某是某古水塘的承包人正确，法院予以确认。

（四）关于第四个争议焦点，即关于张某某、邝某某应否对某古水塘污染损害承担责任的问题

《中华人民共和国固体废物污染环境防治法》第十六条、第十七条规定，产生固体废物的单位和个人，应当采取措施，防止或者减少固体废物对环境的污染；收集、贮存、运输、利用、处置固体废物的单位和个人，必须采取防扬散、防流失、防渗漏或者其他防止污染环境的措施；不得擅自倾倒、堆放、丢弃、遗撒固体废物；禁止任何单位或者个人向江河、湖泊、运河、渠道、水库及其最高水位线以下的滩地和岸坡等法律、法规规定禁止倾倒、堆放废弃物的地点倾倒、堆放固体废物。本案中，张某某、邝某某自2012年开始承包某古水塘用以受纳陶瓷抛光粉渣、余泥，承包期间，其二人发布广告大量招收固体废物倾倒于某古水塘。自2013年开始，某古水塘的水面即可见垃圾。2014年6月，从化区环保局在执法过程中发现，某古水塘内漂浮有大量生活垃圾。邝某某在接受调查时也承认某古水塘自2012年开始接纳建筑垃圾、废料、生活、工业垃圾。2015年9月19日至同年10月18日，广州市从化区市容环境卫生管理局按照广州市从化区人民政府的要求，受纳填埋处理了从某古水塘打捞的垃圾共265车，合计5174.4吨（10865立方米）。经环境保护部（现为生态环境部）华南环境科学研究所、从化区环保局环境监理二所、中国广州分析测试中心的监测和检验，某古水塘水体的氨氮值、化学需氧量、臭气浓度均超标。

根据《中华人民共和国侵权责任法》第九条第一款，教唆、帮助他人实施侵权行为，造成他人损害的，应当承担连带责任。某古水塘并非贮存、处置生活垃圾的法定场所，张某某、邝某某虽未直接实施向某古水塘倾倒固体废物的行为，但其二人作为某古水塘的承包人，在经营管理某古水塘期间，准许他人向水塘倾倒固体废物，为他人实施污染行为提供帮助并以此获利，造成某古水塘污染。张某某、邝某某与污染者的行为构成共同侵权，其二人应对承包期间所有污染行为所造成的全部损害后果承担连带责任。二审期间，张某某向法院申请张某出庭作证，证明 2013 年人和市场周边道路和排污管道改造工程产生的土方和淤泥等垃圾都倒进了某古水塘；申请高某某出庭作证，证明大概在 2013 年至 2015 年，广州市汉普医药有限公司的废弃药渣都倒在了某古水塘。由于张某某申请证人出庭作证所要证明的倾倒行为均发生于张某某、邝某某承包某古水塘期间，上述行为是否真实发生，对张某某、邝某某的责任承担并无影响，张某某申请上述证人出庭作证，并无必要，法院不予准许。《中华人民共和国侵权责任法》第十三条规定，法律规定承担连带责任的，被侵权人有权请求部分或者全部连带责任人承担责任。因此，公益诉讼人诉请张某某、邝某某对某古水塘的污染损害承担全部责任，并无不当。一审判决认定张某某、邝某某应当共同承担环境污染损害的民事侵权责任正确，法院予以确认。

根据《协议书》《委托书》的内容，张某某、邝某某签订履行《弃土堆放合同》的过程以及张某某、邝某某发布招纳余泥广告等事实，可以认定张某某、邝某某承包某古水塘用以倾倒固体废物系有意为之。对于承包期间水塘垃圾逐年增多，污染加重，张某某、邝某某没有立即停止侵权，而是放任水塘垃圾堆积，污染加剧。张某某以其不知情、不存在污染水塘的故意、某古水塘污染系他人偷排垃圾为由，主张不承担责任，与事实不符且毫无理据，法院不予支持。

张某某、邝某某主张基于《协议书》和《弃土堆放合同》所倾倒的垃圾，是经过正规手续的合法堆弃。首先，张某某、邝某某并未举证证明其利用某古水塘接收上述两份合同项下的固体废物是合法行为。其次，认定环境侵权行为并不以行为的违法性为前提。《中华人民共和国侵权责任法》第六十五条并未要求污染行为必须是违法行为，《中华人民共和国固体废物污染环境防治法》也未将合法处置固体废物的行为作为污染者不承担责任或者减轻责任情形。而《最高人民法院关于审理环境侵权责任纠纷案件适用法律若干问题的解释》第一条则明确规定，污染者以排污符合国家或者地方污染物排放标准为由主张不承担责任的，人民法院不予支持。由此可见，无论是合法行为还是违法行为，只要造成环境污染或者破坏，即要承担侵权责任。因此，张某某、邝某某以倾倒行为合法为由主张免除责任，缺乏法律与事实依据，法院不予支持。

《中华人民共和国侵权责任法》第六十六条规定，因污染环境发生纠纷，污染者应当就法律规定的不承担责任或者减轻责任的情形及其行为与损害之间不存在因果关系承担举证责任。因此，张某某、邝某某应就本案存在其不承担责任或者减轻责任的法定情形及其行为与损害之间不存在因果关系承担举证责任。二审期间，张某某提请法院通知郭某等七人到庭作证，证明某古水塘是因多种原因导致污染。七名证人中，郭某未能说出洗胶袋的具体地点，故其证言不具有真实性及关联性，法院不予采纳。张某是张某某的亲兄弟，与张某某有利害关系，其所作证言，法院不予采纳。除郭某、张某以外的其他 5 名证人均称目睹有人在某古水塘边抽水洗铜、洗胶袋、洗沙，以及在某古水塘边拆废旧冰箱，持续时间均有 1~2 年之久。对于洗铜、洗胶袋、洗沙等行为发生的具体时间，各名证人表述不一，张某称洗铜发生在 2007—2008 年，此后，有人在水塘边拆废旧冰箱、洗沙、洗胶袋；赖某称洗铜、洗胶袋发生于 2007—2013 年，之后看见有人在水塘边拆废旧冰箱；邱某称，洗铜大约是在 2008 年、2009 年，持续了一至两年时间；洗胶袋大概是在 2011 年、2012 年，之后是拆废旧冰箱；黄某称，拆废旧冰箱、洗胶袋、洗沙都发生在 2013 年以前；张某称，洗铜发生于 2007 年、2008 年。

一般而言，事件亲历者的记忆随着时间经过而衰减，离事件发生时间越近，亲历者的记忆越清晰，离事件发生时间越长，亲历者的记忆越模糊。某古水塘污染事件发生至今已逾 4 年，张某某方申请上述证人到庭作证，上述证人证言的证明力低于事件发生后职能部门随即对相关人员询问而形成的调查笔录，此为其一。其二，如果该 5 名证人所言属实，来自不同地方的 5 名证人均能目睹上述洗铜、洗胶袋、洗沙以及拆废旧冰箱的行为，那么这些行为应当是持续较长时间、易于被发现的经营性行为，而不是个别、偶发行为。而水塘严重污染事件发生后的 2015—2016 年，接受职能部门调查的村民、干部包括张某某、邝某某本人均未提及张某某、邝某某承包前某古水塘曾经发生上述洗铜、洗胶袋等经营行为。其三，接受调查的村民、干部不仅未提及某古水塘曾经发生洗铜、洗胶袋等有污染可能的经营行为，而且一致确认某古水塘在张某某、邝某某承包前系给他人承包养鱼。比如，张某称某古水塘 2008 年承包给他人养鱼；张某某本人也声称某古水塘在其帮邝某某协调承包前，是姓陈的人承包养鱼，后来姓陈的人欠张某某的钱不还，将鱼给了张某某抵债；邱某则称，某古水塘是 A 水泥厂以前挖矿的矿坑，水泥厂约于 2006 年关闭，矿坑废弃，开始积水，过了两年不到的时间塘里的水就满了，当时水塘水很清，有人在水塘养鱼。根据上述陈述，可以认定某古水塘于 2007—2008 年已承包给他人养鱼，而且当时的水质清澈。一般情况下，养鱼的承包人不会允许鱼塘同时进行污染严重、持续时间长的经营性行为，避免影响养殖效果。因此，5 名证人所称某古水塘在张某某、邝某某承包以前存在洗铜、洗胶袋等严重污染的经营行为，与常理不符。其四，本案的多项证据表明，某古水塘是在张某某、邝某某承包后发生污染。张某 1、张某 2、张某 3 等人在接受调查地均确认，某古水塘于 2012 年开始接纳建筑余泥、废料并发现有倾倒生活垃圾的情况。公益诉讼人提交的影像图显示某古水塘自 2013 年开始覆盖大面积的垃圾。2014 年年初，郭某某发现某古水塘标浮着大量垃圾。附近村民反映，2014—2015 年发现水塘水发黑、发臭。而《环境损害鉴定评估报告》也确认事发地 5km 内除水塘垃圾污染源外，无其他重要的集中类污染源。最后，张某某向法院提交的通知证人出庭作证的申请书、代理词、补充上诉状、证据清单及证明内容等材料均确认清洗塑料薄膜的时间是 2012 年 3 月初开始至 2013 年 5 月底，洗沙时间为 2014—2015 年，拆旧冰箱并引发火灾的时间为 2014 年至 2016 年期间。换言之，张某某本人也确认上述经营行为主要发生于其承包水塘期间。

在没有其他证据予以佐证的情况下，上述 5 名证人所作证言不足以证明在张某某、邝某某承包水塘以前某古水塘曾经发生过造成某古水塘污染的事件、行为，张某某、邝某某基于上述证人证言而主张减轻责任，事实依据不足，法院不予支持。

综合以上分析，张某某未能提供证据证明其行为与某古水塘被污染的损害结果之间不存在因果关系或者存在法定免责事由，其主张免除侵权责任，缺乏事实与法律依据，法院不予支持。

（五）关于第五个争议焦点，即《环境损害鉴定评估报告》能否作为认定案件事实依据的问题

根据《最高人民法院关于审理环境侵权责任纠纷案件适用法律若干问题的解释》第十条的规定，负有环境保护监督管理职责的部门或者其委托的机构出具的环境污染事件调查报告、检验报告、检测报告、评估报告或者监测数据等，经当事人质证，可以作为认定案件事实的根据。针对某古水塘垃圾倾倒污染事件，从化区国土局委托环境保护部华南环境科学研究所和广东省微生物研究所（广东省微生物分析检测中心）对某古水塘污染事件的环境损害进行鉴定评估。环境保护部华南环境科学研究所是国家环境保护部印发的《环境损害鉴定评估推荐机构名录（第一批）》中的环境损害鉴定评估机构之一，其拥有国家发展和改革委员会颁发的工程咨询单位资格证书，具备生态建设和环境工程专业规划咨询、评估咨询、工程项目管理等资质。环境保护部华南环境科学研究所和广东省微生物研究所共同出具的《环境损害鉴定评估报告》经当事人质证，可以作为认定本案事实的根据。《环境损害鉴定评估报告》并非诉讼过程中依当事人申请或法院依职权委托作出的鉴定意见，张某某、邝某某以广东省微生物研究所不具备司法鉴定资质、从化区国土局违反司法委托程序而否定《环境损害鉴定评估报告》的证据资格，于法无据，法院不予支持。《环境损害鉴定评估报告》作为公文书证，已经当事人质证，参与涉案污染事件损害鉴定评估的许某、孙某作为专家辅助人于一审期间已出庭对评估报告以及本案事实所涉及的专业问题提出意见，一审法院及当事人已经对许某、孙某进行了询问。二审期间，张某某主张《环境损害鉴定评估报告》的取样、送达等程序存在严重瑕疵和错误，但既未能明确评估报告存在的具体瑕疵和错误，也未能提出初步证据予以证实，其以此为由，向法院申请鉴定人出庭接受询问、调取评估过程中采样、送检的原始记录，法院不予准许。

许某作为《环境损害鉴定评估报告》的主要鉴定人，并不因退休而丧失鉴定水平和能力。许某虽未参与《环境损害鉴定评估报告》的编写，但实地调查了某古水塘现场，并与《环境损害鉴定评估报告》的撰写人进行了技术上的讨论和交流。环境损害鉴定评估工作涉及多项内容，需要多人合作完成，许某未直接撰写评估报告不能等同于其未参加鉴定评估工作。邝某某认为许某已退休且未实际参加评估鉴定工作，主张评估程序存在瑕疵，缺乏理据，法院不予支持。

关于孙某能否作为评估鉴定人参与涉案鉴定评估的问题。根据《中华人民共和国民事诉讼法》第五十一条的规定，原告可以放弃或者变更诉讼请求。本案中，《环境损害鉴定评估报告书》于2016年7月出具，公益诉讼人以此为据于2016年7月26日申请变更诉讼请求，变更某古水塘的生态环境损害费用为1050万元。变更诉讼请求并提交证据证明诉讼请求所依据的事实是当事人的诉讼权利和义务。一审法院对公益诉讼人提交的《环境损害鉴定评估报告书》及变更后的诉讼请求进行审理并无不当。邝某某以孙某在先后出具的《专家意见》《环境损害鉴定评估报告书》中所持观点不一致为由，主张孙某不具备鉴定人员资质，不应当作为评估鉴定人参与涉案鉴定评估，理据不足，

法院不予采纳。

根据《最高人民法院关于审理环境侵权责任纠纷案件适用法律若干问题的解释》第九条的规定，当事人申请通知一至两名具有专门知识的人出庭，就鉴定意见或者污染物认定、损害结果、因果关系等专业问题提出意见的，人民法院可以准许。具有专门知识的人在法庭上提出的意见，经当事人质证，可以作为认定案件事实的根据。一审法院根据公益诉讼人的申请，通知许某、孙某作为专家辅助人出庭，为涉案专业问题提出意见，符合法律规定。许某、孙某在法庭上提出的意见，经当事人质证，可以作为认定案件事实的根据。邝某某上诉称孙某的意见不具有可信度，理据不足，法院不予支持。

（六）关于第六个争议焦点，即某古水塘受污染期间的环境功能损失费用应否赔偿及数额如何确定的问题

环境污染事件发生后，生态环境因其物理、化学或生物特性改变而导致向公众或其他生态系统提供服务的丧失或减少。在生态环境恢复原状之前，社会公众丧失所应享有的生态系统服务利益，仅是修复原状不能实现对上述服务利益损失的救济。根据《中华人民共和国侵权责任法》第十五条的规定，恢复原状与赔偿损失是可以并用的两种责任方式。《最高人民法院关于审理环境民事公益诉讼案件适用法律若干问题的解释》第二十一条则进一步明确，原告请求被告赔偿生态环境受到损害至恢复原状期间服务功能损失的，人民法院可以依法予以支持。故恢复原状与期间服务功能损失是两个概念，邝某某主张生态环境损害费用主要是环境修复或生态恢复费用，并无理据。《环境损害鉴定评估报告》不仅运用虚拟治理成本法对生态环境损害进行量化，确定某古水塘的生态环境损害费用为1050万元。同时，该报告还对生态修复方案及费用进行评估，修复方案的费用经估算需1250万元。一审庭审期间，作为《环境损害鉴定评估报告》的鉴定人员，许某明确评估报告是采用虚拟治理成本法计算功能损失，孙某也明确报告中的生态环境损害费用与生态修复费用没有重复计算。因此，张某某主张评估报告中的生态环境损害费用1050万元并非期间服务功能损失费用，缺乏事实依据，法院不予支持。

关于环境损害鉴定评估工作规范的适用，《环境保护部关于开展环境污染损害鉴定评估工作的若干意见》（环发〔2011〕60号）的附件是《环境污染损害数额计算推荐方法（第Ⅰ版）》，原国家环境保护部办公厅已于2014年10月24日、12月31日分别编制印发了《环境损害鉴定评估推荐方法（第Ⅱ版）》及《突发环境事件应急处置阶段环境损害评估推荐方法》。张某某主张应适用《环境保护部关于开展环境污染损害鉴定评估工作的若干意见》（环发〔2011〕60号）的规定计算涉案修复费用及经济损失，缺乏理据，法院不予支持。

对于生态环境损害评估方法的选择原则，《环境损害鉴定评估推荐方法（第Ⅱ版）》虽然规定优先选择替代等值分析方法中的资源等值分析方法和服务等值分析方法，但同时也规定了在环境不能通过修复或恢复工程完全恢复，或者修复或恢复工程的成本大于预期收益的情况下，推荐采用环境价值评估方法。本案中，某古水塘由于长期倾倒建筑垃圾和生活垃圾等固体废物，水塘中污染物浓度水平比较高，预计长时间内难以通过一次性的恢复工程完全恢复至基线浓度水平，且恢复成本远远大于其收益。因此，《环境损害鉴定评

估报告》选择虚拟治理成本方法对生态环境损害进行评估，符合《环境损害鉴定评估推荐方法（第Ⅱ版）》的有关规定。邝某某未能就本案更适合采用替代等值分析方法提供有力论证，而仅以《环境损害鉴定评估推荐方法（第Ⅱ版）》有关优先选择替代等值分析方法中的资源等值分析方法和服务等值分析方法规定为由，主张本案应采用替代等值分析方法评估生态环境损害，理据不足，法院不予支持。

《突发环境事件应急处置阶段环境损害评估推荐方法》对于虚拟治理成本法的具体计算方法进行了规范，包括：虚拟治理成本是指工业企业或污水处理厂治理等量的排放到环境中的污染物应该花费的成本，即污染物排放量与单位污染物虚拟治理成本的乘积；单位污染物虚拟治理成本是指突发环境事件发生地的工业企业或污水处理厂单位污染成本（含固定资产折旧）；在量化生态环境损害时，可以根据受污染影响区域的环境功能敏感程度分别乘以 1.5～10 的倍数作为环境损害数额的上下限值。根据上述规范，运用虚拟治理成本法对生态环境损害进行量化，涉及污染物排放量以及受污染区域的环境功能敏感系数的确定。

首先，对于某古水塘污染物排放量的认定，评估报告根据原从化市国土资源和房屋管理局出具的《关于 A 镇中心石灰石矿厂地块权属和地类情况的说明》，估算该水塘的面积约为 50020 平方米；根据从化矿产资源管理委员会办公室出具的《从化市 A 镇中心石灰石矿简测计算占用矿产储量说明书》中的"储量计算底界为地表下 50 米为准"，同时结合村民的描述，估算水深约 50 米，由此计算得出某水塘的水量约为 2500000 吨，即受污染水量约 2500000 吨。对于水塘面积，张某某主张按照从化区国土局出具的《涉嫌土地犯罪案件移送函》所认定的 48456.3 平方米计算；对于水塘深度，张某某认为《从化市 A 镇中心石灰石矿简测计算占用矿产储量说明书》结论部分显示"本次计算至-10M 标高""石灰石的标高为-10～-30 米"，故水深不可能有 50 米；对于污染物排放量，张某某提交的从化区环保局委托作出的《环境影响分析报告》显示，北侧最深 8 米，南侧最深 50 米，总水量约 160 万吨。法院认为，《涉嫌土地犯罪案件移送函》《从化市 A 镇中心石灰石矿简测计算占用矿产储量说明书》以及红树林公司出具的《广州从化区某古社牌坊旁废矿场黑臭治理项目》报告对水塘面积的表述各有不同，考虑到某古水塘自 2012 年开始多年用于堆填固体废物后，又进行垃圾打捞清理，其间水塘面积必然发生变动。相较之下，《环境损害鉴定评估报告》采用《关于 A 镇中心石灰石矿厂地块权属和地类情况的说明》中经原从化市国土资源和房屋管理局查询所得的原矿厂地块面积 50020 平方米，更为客观，此为其一。其二，《从化市 A 镇中心石灰石矿简测计算占用矿产储量说明书》是从化矿产管理委员会办公室在对某古水塘所在的原从化市 A 镇中心石灰石矿的矿产储量进行测量后所作的说明。说明书中所陈述的"储量计算底界为地表下 50 米为准，本次计算至-10m 标高""标高-10～-30m 远景石灰石矿储量"均是对一定标高范围内矿产储量的探明，而不是对石矿全部储量或矿场底界的描述。因此，上述说明并不能证明某古水塘的深度不超过 50 米。其三，张某某、邝某某提交的红树林公司于 2016 年 6 月 27 日出具的《广州从化区某古社牌坊旁废矿场黑臭治理项目》报告载明，某古水塘面积约 45125.9 平方米，平均水深约 34.3 米，堆填的垃圾和渣土形成厚度约 80 米、污染非常严重的淤泥层，预计总水量 154.6 万吨，总淤泥量 360 万立方米。张某某本人也确认水塘已经收纳明珠工业园的建筑弃土100多万立方米。堆填的垃圾和渣土形成的淤泥层理应计入污染物排放量，故与《广州从化区某古社牌坊旁废矿场黑臭治理项目》报告相比，评估报告对污染物排放量的计算适当。张某某以不同资料中有关水塘面积、水深记载差异为由，忽略淤泥层而单独计算水塘含水量，并以此质疑评估报告对污染物排放量的计算结果，理据不足，法院不予采信。

其次，对于某古水塘环境敏感系数的选择，《突发环境事件应急处置阶段环境损害评估技术规范》规定，Ⅲ、Ⅳ、Ⅴ类地表水所对应的倍数区间值分别为4.5~6倍、3~4.5倍、1.5~3倍。国家生态环境部的复函所附《关于虚拟治理成本法适用情形与计算方法的说明》明确Ⅲ、Ⅳ、Ⅴ类地表水的敏感系数分别为5、4、2。鉴于某古水塘所在的广州市从化区是地下水源涵养区，某古水塘本应该按照地下水Ⅲ类水进行保护，但当地环保部门未明确某古水塘是按照Ⅲ类水标准来监测，综合考虑各种因素，《环境损害鉴定评估报告》确定以3倍系数计算环境损害数额并无明显不当。张某某主张应适用上述《关于虚拟治理成本法适用情形与计算方法的说明》的规定采用2倍作为敏感系数，法院不予支持。

《环境损害鉴定评估推荐方法（第Ⅱ版）》将其间损害定义为生态环境损害发生至生态恢复到基线状态期间，生态环境因其物理或生物特性改变而导致向公众或其他生态系统提供服务的丧失或减少，即受损生态环境从损害发生到其恢复至基线状态期间提供生态系统服务的损失量。可见，生态环境受到损害到恢复原状期间服务功能损失客观存在，并不以污染区域将来的使用功能作为考量因素，某古水塘将来可能的使用功能并不影响期限损害的认定。邝某某主张应结合某古水塘将来的使用功能来确定污染损害数额，理据不足，法院不予支持。

综合以上分析，公益诉讼人诉请张某某、邝某某赔偿生态环境受到损害至恢复原状期间服务功能损失，合法有据。一审法院基于《环境损害鉴定评估报告》对生态环境损害的量化结果，判令张某某、邝某某共同赔偿生态环境受到损害至恢复原状期间服务功能损失1050万元正确，法院予以维持。

（七）关于第七个争议焦点，即某古水塘的污染是否有效修复问题

本案中，环境保护行政主管部门未对某古水塘在污染前的水质基线进行确定，郭某等7名证人所作证言不足以证明某古水塘在张某某、邝某某承包前受到污染，张某某、邝某某提交的其他证据也不能充分证明某古水塘在受污染前的水质标准。考虑到地表水环境质量标准中最低值为第Ⅴ类，故二审法院判令张某某、邝某某将某古水塘水质恢复至地表水质量标准第Ⅴ类水标准，并无不当，法院予以确认。二审期间，邝某某也确认其聘请的治理公司未对水源沉底垃圾作出处理。《环境损害鉴定评估报告》给出的按常规生态修复将水塘现状恢复至Ⅴ类地表水标准的时间大概需要两年，而且因为水深，沉在水塘底部的大量固体废弃物并未彻底清除，水塘水体又与地下水相通，由此造成水质发生超标、地下水受到污染的隐患仍然存在，故对水塘水体的治理、监测工作需要长期进行。从化区城管局组织专家现场勘查、讨论的意见也表示水塘中以往倾倒的废弃物种类与数量存在不确定性，后续仍需跟踪监测水质变化，在再次开发利用前，需委托专业公司再作咨询。因此，

即使目前的抽样检测结果显示某古水塘的水质达到地表水Ⅴ类水标准，并不意味着某古水塘的生态环境已完全恢复，污染者仍应承担环境修复责任。张某某、邝某某以抽样检测结果已达标为由，主张某古水塘的污染已经修复、公益诉讼人的诉讼目的已经实现，理据不足，法院不予支持。法院调取的多份广州市从化区环境监理二所及中国广州分析测试中心对某古水塘水质及周边地下井水的监测报告，已充分反映自2017年至2019年期间对水塘的监测情况，张某某申请调取2019年11月25日至27日检察机关对某古水塘水质进行检测的结果，并无必要，法院不予准许。

四、裁判要点的理解与说明

（一）责任主体的确定

最高人民法院《关于民事诉讼证据的若干规定》第七十三条第一款规定："双方当事人对同一事实分别举出相反的证据，但都没有足够的依据否定对方证据的，人民法院应当结合案件情况，判断一方提供证据的证明力是否明显大于另一方提供证据的证明力，并对证明力较大的证据予以确认。"本案中，公益诉讼人主张张某某亦为承包人，被告邝某某、张某某主张邝某某是承包人。

《中华人民共和国侵权责任法》第六十五条规定："因污染环境造成损害的，污染者应当承担侵权责任。"最高人民法院《关于审理环境民事公益诉讼案件适用法律若干问题的解释》第十八条规定："对污染环境、破坏生态，已经损害社会公共利益或者具有损害社会公共利益重大风险的行为，原告可以请求被告承担停止侵害、排除妨碍、消除危险、恢复原状、赔偿损失、赔礼道歉等民事责任。"本案中，张某某、邝某某作为涉案水塘的承包人，准许他人向涉案水塘倾倒垃圾并从中获取利益，使涉案水塘被污染，张某某和邝某某应就其行为共同承担相应的民事责任。

（二）侵权后的环境修复问题

最高人民法院《关于审理环境民事公益诉讼案件适用法律若干问题的解释》第二十条第一款规定："原告请求恢复原状的，人民法院可以依法判决被告将生态环境修复到损害发生之前的状态和功能。"本案中，经从化区市容环境卫生管理局在2015年9月19日至10月18日期间受纳填埋处理了从涉案水塘打捞的垃圾以及邝某某在污染行为被发现后，积极主动对涉案水塘的垃圾进行清理，广州市从化区环境保护局出具的《监测报告》显示涉案水塘的水质在经过治理后确有得到改善。

恢复原状主要是指采取修复措施使生态恢复到损害没有发生时的状态。本案中虽环境保护行政主管部门未对涉案水塘在污染前的水质基线进行确定，且双方均未能提供直接证据证明涉案水塘在受污染前的水质标准。但根据许某甲和孙某所提出的涉案水塘地处广州市从化区，而该区是地下水源的涵养区，故涉案水塘为地表水的专家意见，以及涉案《环境损害鉴定评估报告》中载明的"根据历年从化区水资源公报，从水源结构上看，从化区主要为地表水源供水，少量地下水供水"。且张某某、邝某某未能举证证明涉案水塘在受污染前为农田灌溉用水，亦未能提供相反的证据推翻上述专家意见及评估报告，法院认定涉案水塘在受污染前的水质类别为地表水。根据《地表水环境质量标准》（GB3838-2002），地表水划分为5类，所列的各类水质量标准中最低值为第Ⅴ类，故法院对于公益诉讼人提出的要求将涉案水塘水质恢复至地表水质量标准第Ⅴ类水标准的诉讼请求予以支持。

鉴于环境民事公益诉讼的目的在于被污染的环境得到修复，根据最高人民法院《关于审理环境侵权责任纠纷案件适用法律若干问题的解释》第十四条第二款"污染者在生效裁判确定的期限内未履行环境修复义务的，人民法院可以委托其他人进行环境修复，所需费用由污染者承担"的规定，为确保涉案水塘的水质得到修复，如张某某、邝某某逾期未能履行上述修复义务的，法院将选定具有专业资质的机构代为修复，该费用应由张某某、邝某某共同承担。

（三）环境功能损失费用的金额如何确定

最高人民法院《关于审理环境民事公益诉讼案件适用法律若干问题的解释》第二十一条规定："原告请求被告赔偿生态环境受到损害至恢复原状期间服务功能损失的，人民法院可以依法予以支持。"本案庭审中，公益诉讼人明确其诉讼请求中的"环境功能损失费"就是指上述司法解释中所指的"生态环境受到损害至恢复原状期间服务功能损失"。《环境损害鉴定评估推荐方法（第Ⅱ版）》将该损失定义为生态环境损害发生至生态环境恢复到基线状态期间，生态环境因其物理、化学或生物特性改变而导致向公众或其他生态系统提供服务的丧失或减少，即受损生态环境从损害发生到其恢复至基线状态期间提供生态系统服务的损失量。最高人民法院《关于审理环境民事公益诉讼案件适用法律若干问题的解释》第二十条和第二十一条分别规定了"恢复原状"和"赔偿生态环境受到损害至恢复原状期间服务功能损失"，该两条所指向的内容并不重合。同时根据《中华人民共和国侵权责任法》第十五条规定，"恢复原状"和"赔偿损失"可以并列适用。

关于赔偿损失金额的问题。首先，最高人民法院《关于审理环境侵权责任纠纷案件适用法律若干问题的解释》第八条规定："对查明环境污染案件事实的专门性问题，可以委托具备相关资格的司法鉴定机构出具鉴定意见或者由国务院环境保护主管部门推荐的机构出具检验报告、检测报告、评估报告或者监测数据。"本案中，针对某古水塘垃圾倾倒污染事件，广州市从化区国土资源和规划局委托了环境保护部华南环境科学研究所和广东省微生物研究所对涉案污染事件的环境损害进行鉴定评估。虽广东省微生物研究所并未被列入国务院环境保护主管部门推荐的机构的名录中，但环境保护部华南环境科学研究所已被列入该推荐名录中。

其次，《环境损害鉴定评估推荐方法（第Ⅱ版）》规定生态环境损害评估方法的选择原则如下："8.3.1.3.1 优先选择替代等值分析方法中的资源等值分析方法和服务等值分析方法。采用资源等值分析方法或服务等值分析方法应满足以下两个基本条件：a）恢复的环境及其生态系统服务与受损的环境及其生态系统服务具有同等或可比的类型和质量。b）恢复行动符合成本有效性原则。8.3.1.3.2 如果不能满足资源等值分析方法和服务等值分析方法的基本条件，可以考虑采用价值等值分析方法。8.3.1.3.3 如果替代等值分析方法不可行，则考虑采用环境价值评估方法。以方法的不确定为序，从小到大依次建议采用直接市场价值法、揭示偏好法和陈述偏好法，条件允许时可以采用效益转移法。以下情况推荐采用环境价值评估方法：a）……b）由于某些限制原因，环境不能通过修复或恢复工程完全恢复，采用环境价值评估方法评估环境的永久性损害。c）如果修复或恢复工程的成本大于预期收益，推荐采用环境价值评估方法。附录A'常用的环境价值评估方法'中包括虚拟治理成本法。虚拟治理成本法适用于环境污染所致生态环境损害无法通过恢复工程完全恢复、恢复成本远远大于其收益或缺乏生态环境损害恢复评价指标的情形。"

再次，虚拟治理成本法是指工业企业或污水处理厂治理等量的排放到环境中的污染物应该花费的成本，即污染物排放量与单位污染物虚拟治理成本的乘积。评估机构根据以下数据对生态环境损害费用进行计算：①涉案水塘的面积及水深，估算涉案水塘的水量约为2500000吨。②涉案水塘曾用于农田灌溉和渔业养殖，参考工业用水和经营服务用水的标准，取污水处理费为1.4元/吨。③取虚拟治理成本的3倍作为水塘环境损害数额值。量化结果为：水塘环境损害额＝水塘污水虚拟治理成本×3＝水塘受污染水量（吨）×1.4元/吨×3＝2500000×1.4×3＝1050万元。《突发环境事件应急处置阶段环境损害评估技术规范》中对于地表水的损害而确定原则系根据受污染影响区域的环境敏感度分别乘以1.5~10的倍数作为损害环境数额的上下限值。如前所述，因涉案水塘的水质在受污染前为地表水，考虑到涉案水塘长期受纳的建筑垃圾和生活垃圾产生的环境危害大、时间跨度长等因素，确定以3倍计算环境损害数额并未超出上述规定的范围。

最后，涉案《环境损害鉴定评估报告》不仅对生态环境损害进行量化，确定涉案水塘的生态环境损害费用为1050万元。同时，该报告还对生态修复费用进行评估，估算项目包括曝气设备，植物浮床、建设维护成本，修复方案的费用估算需1250万元。由此可见，本案评估部门采用虚拟治理成本法计算所得出的生态环境损害费用与生态修复费用属于两个不同概念，亦未重复进行计算。

五、相关法律依据

（一）《中华人民共和国环境保护法》

第五十八条 对污染环境、破坏生态，损害社会公共利益的行为，符合下列条件的社会组织可以向人民法院提起诉讼：

（1）依法在设区的市级以上人民政府民政部门登记。

（2）专门从事环境保护公益活动连续五年以上且无违法记录。

符合前款规定的社会组织向人民法院提起诉讼，人民法院应当依法受理。

提起诉讼的社会组织不得通过诉讼牟取经济利益。

（二）《最高人民法院关于审理环境民事公益诉讼案件适用法律若干问题的解释》

第二十一条 原告请求被告赔偿生态环境受到损害至恢复原状期间服务功能损失的，人民法院可以依法予以支持。

六、选择该案件的原因

该案在法院作出最终的生效判决之前，历经了四次审判程序，数十次的开庭审理，具有很高的实践价值。一是确定了检察机关在提起民事公益诉讼的同时，在刑事和行政领域也发挥着重要的作用，全面保障这社会的公共利益；二是准确界定了生态环境损害，要求污染者在承担恢复原状的责任的同时承担赔偿损失的责任。

案例四　某基金会、某文化协会诉某团有限公司、某皮革有限公司环境民事公益诉讼案①

一、基本案情

原告向一审法院起诉请求：①判决某团有限公司停止侵害，即对其在浙江省某村违法填埋的制革污泥进行无害化处理，停止对生态环境的持续性污染危害。②判决某团有限公司恢复原状、消除危险，即对其填埋污泥造成的周边污染土壤进行生态修复，消除污染地下水的重大危险。③判决某团有限公司承担因本案诉讼发生的合理费用，包括诉讼费、鉴定费、聘请专家费、律师费、差旅费、评估费等（均按实际支出为准）④某皮革有限公司对上述诉请承担连带责任。杭州市生态协会申请参加一审诉讼后，增加一项诉讼请求：即⑤判令某团有限公司、某皮革有限公司赔偿生态环境受到损害至恢复原状期间的服务功能损失。

法院经审理查明：（1）制革污泥填埋及填埋土地的相关情况。海宁市某村某制革厂属村办集体企业，主要从事猪皮、绵羊皮鞣制和后整理生产。生产过程中主要排放废水及处理废水产生的污泥等污染物。1991年起某制革厂先后向某村委会租用该村5组（3#地块）、6组（2#地块）、10组（1#地块）三处集体土地约30亩，用于该厂工业固废（包括烂皮、烂肉、下脚料、污泥等）集中填埋。1993年4月某皮革有限公司成立后，继续使用上述土地填埋制革污泥。填埋行为至1997年全部结束。庭审中，当事人均表示无法明确某制革厂、某皮革有限公司各自填埋的污泥数量以及具体份额。现二者填埋的含铬污泥委托有资质单位进行处理，一般工业污泥委托有资质单位焚烧处置，制革废水经污水处理设施预处理达标后纳入城市污水管网送污水处理厂处理后统一排放。2001年12月31日，某皮革有限公司与某村委会签订协议，约定某皮革有限公司将原租用的厂区北西侧堆放污泥地块交由某村进行土地复垦，某皮革有限公司一次性补偿某村土地复垦费10万元，以后一切事宜与某皮革有限公司无涉。后相关地块已复垦种植桑苗、树苗等作物。上述用于填埋制革污泥的约30亩集体土地原是某村集体所有的农田，规划用途为农业用地。根据嘉兴市粮食局出具的主要粮食平均亩产及市场价格统计表，嘉兴地区粮食生产以晚粳稻为

①　案例来源：中国裁判文书网，https：//wenshu.court.gov.cn/website/wenshu/181107ANFZ0BXSK4/index.html？docId＝gL4HukrAw8KY3qLOlp8HniKTci2dC7JnhOLveERp60EH4zmERlOCOZ/dgBYosE2gr0ZPqNAgXLnOu6ZV0ksUCqti2H4c2hjgKIdP/6Vj75aOFu3EfL/hCuBnfnZSwaNk，2022年10月24日访问。

主，2017 年晚粳稻的平均亩产值为 1728 元。

（2）某团有限公司、某皮革有限公司二者成立、变更情况。某制革厂是由某村成立的集体企业法人。1993 年 4 月某制革厂以生产设备、部分厂房、办公设施等出资，与香港富春公司共同设立某皮革有限公司。2013 年某皮革有限公司的股东某制革厂变更为某团有限公司。1996 年 8 月经浙江省计划与经济委员会、浙江省经济体制改革委员会批复同意，由上林合作社所属某制革厂整体改组和某制革厂职工劳动保障基金协会共同出资组成具有法人资格的某团有限公司，上林合作社、某制革厂职工劳动保障基金协会为某团有限公司股东。1996 年 12 月，某制革厂注销工商登记，注销登记注册书中载明相关债权债务等划转给新设立的某团有限公司。2000 年 6 月，为深化企业产权制度改革，经海宁市农村经济委员会批复同意，某团有限公司的集体资产以股权转让的形式转让给许某某个人。上林合作社与许某某签订了《产权转让合同》，约定企业原债权、债务由转制后新企业承继。后上林合作社、某制革厂职工劳动保障基金协会与某团有限公司签订《关于债权、债务及损益移交协议》，约定改制前的债权、债务及损益由改制后的公司延续承担和处理。

（3）填埋场地环境调查及修复方案鉴定情况。2014 年 7 月，海宁市环境保护局发函，要求周王庙镇政府督促某村委会加强对某制革厂污泥填埋点的现场保护工作。2014 年 8 月，海宁市环境保护局委托上海谱尼测试技术有限公司对上述工业固废填埋场地的土壤、地下水、地表水、周边河道底泥及地表农作物分别进行了采样检测。2015 年 12 月 25 日，海宁市环境保护局与浙江大学签订技术咨询合同，委托浙江大学对某村三处制革污泥堆场及周围环境进行初步调查并编制修复方案。浙江大学相继作出《海宁市某村三处制革污泥堆场及其周围环境初步调查报告》《海宁市某村三处制革污泥堆场污染土壤修复方案》。2017 年 6 月经原审法院组织质证，当事人均表示在海宁市环境保护局已委托浙江大学作出上述鉴定的情况下，不需要对污染情况和修复方案再次鉴定。2017 年 6 月 12 日，原审法院委托浙江省环境保护科学设计研究院根据浙江大学作出的初步调查报告、修复方案对修复费用和生态环境服务功能损失进行鉴定。但该鉴定机构回函表示初步调查报告不能确定环境损害的具体范围与程度，无法客观公正地对环境修复费用及服务功能损失进行鉴定，建议开展详细场地调查，确定经济可行的修复方案并得出环境损害的量化费用。2017 年 8 月，海宁市环境保护局再次委托上海谱尼测试技术有限公司和浙江大学对涉案污泥填埋场地进行详细调查、风险评估及完善治理方案。2018 年 5 月底，浙江大学出具了关于海宁市某村三处制革污泥堆场污染场地环境详细调查报告、健康风险评估报告以及修复和风险管控实施方案。经庭审质证，中国原告认为方案中没有对地下水的污染范围作出鉴定，在此情况下得出的修复方案不科学、不可靠。除此之外，杭州市生态协会提出，此方案对地下水污染只是监测，没有提到具体修复的内容，也没有对生态服务功能损失作出鉴定等。后原审法院要求浙江大学对修复及风险管控实施方案作出了补充说明。浙江大学在 2018 年 7 月 23 日出具的补充说明中认为：方案第 5.2.2 章节中明确了地下水污染物的分布范围及污染面积，对于风险管控方案，通过阻隔墙的方式将被污染土壤和地下水限制在地块内，切断污染物对人体健康风险的暴露途径。对于修复方案，建议选用监测自然衰减技术修复被污染地下水（见方案 6.2.2 章节），即利用污染场地天然存在的自然衰减作用使污染物浓度和总量减小，在合理时间范围内达到污染修复目标，具体施工工艺见方案第7.3.3章节。

（4）填埋场地环境污染情况。《海宁市某村三处制革污泥堆场污染场地环境详细调查报告》的总体评价结论为：三个地块的土壤、地下水污染范围未明显扩散，地表水和底泥污染情况有明显改善。土壤污染相对最为严重，主要污染因子为总铬和六价铬，基本集中于场地内部表层 3~4 米以内区域，个别点位污染深度达 5 米；地下水普遍超标，但超标因子主要为总硬度、CODMn、NH3-N 等指标，特征因子六价铬仅个别点位出现超标；三个地块附近河流均不符合《地表水环境质量标准》（GB3838-2002）Ⅲ类水质标准要求，超标因子主要是氨氮；底泥相关检测指标均未超过各标准限值，适用于各类再利用方式。《海宁市某村三处制革污泥堆场污染场地健康风险评估报告》的评价结论为：在公园绿地情景下健康风险评估结果：1#地块存在六价铬的致癌风险和非致癌风险超过了可接受水平；2#地块 6#点位 0~0.5 米和 1~1.5 米的六价铬致癌风险不可接受，非致癌风险均可接受。农业情景下健康风险评估结果：1#地块土壤中存在六价铬的致癌风险、总铬及六价铬的非致癌风险超过了可接受水平；2#地块土壤中存在六价铬、砷的致癌风险以及总铬、六价铬、砷的非致癌风险超过了可接受水平；3#地块土壤中存在砷的致癌风险以及总铬、砷的非致癌风险超过了可接受水平。公园绿地情景下，1#地块修复土方量约 1800 立方，2#地块修复土方量约 600 立方，3#地块无须修复，考虑到三个地块中总铬浓度均很高，且所填埋污泥为危废，建议公园绿地情景下，将三个地块污泥填埋范围作为风险管控范围；农业用地情景下，三个地块需修复土方量共计 37825 立方，其中高浓度污染土方量约 13237.5 立方。因地下水特征污染物为非挥发性重金属，且当地居民不直接饮用地下水，无暴露途径，因此未对地下水进行人体健康风险评估。

（5）填埋场地环境修复方案及费用。经过修复技术筛选评估、修复方案设计、成本效益分析等，浙江大学在《海宁市某村三处制革污泥堆场污染场地修复及风险管控实施方案》中的可行性研究结论为：公园绿地情景下，本项目提出了风险管控方案；农业用地情景下，本项目提出了修复方案。风险管控方案对污染边界采用阻隔墙技术，针对缓冲区则可选用种植结构调整，指导农民改种低积累植物或非食用经济作物。修复方案为污染土壤采用稳定化工艺，处理后高浓度的污染土壤进行水泥窑协同处置，处理后低浓度的污染土壤就地填埋。对于场地地下水污染，建议选用监测自然衰减技术修复污染地下水。经估算，方案载明风险管控（阻隔墙技术）方案实施周期约 30 周，工程直接费用为 18181593 元、建设方其他相关费用 3571000 元（包括设计费、监理费、招标代理费、借地费、补偿费等）、竣工验收后年运行费用 823260 元；土壤修复方案费用为 168290900 元。考虑到三个地块涉及需修复的土方量很大，若完全修复，修复成本较大，建议调整三个地块为公园绿地并采用风险管控方案，同时建议采用垂直塑性砼防渗墙技术施工方案。通过本方案确定的修复技术，可以最大化地实现环境效益、经济效益、社会效益的统一。现当地政府已经委托有资质的企业按照风险管控方案进场施工。对于风险管控方案竣工验收后的运行费用，浙江大学在出具的补充说明中表示：三块场地在完成阻隔墙施工及封场后，在营运期内将产生渗滤液，需要收集处理。方案中设计了渗滤液收集导排系统，收集后拟先采用移动式污水处理车进行处理，处理工艺采用两级反渗透（二级 DTRO），处理后的废水和浓缩液纳入某团有限公司周王庙厂区现有污水处理站。营运费用主要是渗滤液处理费及相关费用，前期（2~3年）渗滤液产生量相对较大，处理费用较高，本项目方案中营运期费用以最大量估算，但随着时间推移其产生的渗滤液将逐渐减小，营运期费用也将逐年减小，在保证封场工程及防渗阻隔墙工程质量的情况下，营运期为5~10年。

二、判决结果

浙江省嘉兴市中级人民法院于2018年9月27日作出〔2015〕浙嘉民初字第7号民事判决：①某团有限公司、某皮革有限公司于判决生效之日起三十日内支付环境修复相关费用29985193元（款项专用于本案三处污泥填埋场地的环境修复）。②某团有限公司、某皮革有限公司于判决生效之日起三十日内赔偿生态环境服务功能损失594270元（款项专用于生态环境保护）。③某团有限公司、某皮革有限公司于判决生效之日起三十日内支付中国原告为本案支出的公告费2005元、邮寄费110元、差旅费7406元、律师代理费200000元，合计209521元。④某团有限公司、某皮革有限公司于判决生效之日起三十日内支付杭州市生态协会为本案支出的律师代理费50000元。④驳回中国原告、杭州市生态协会的其他诉讼请求。宣判后，中国原告、某团有限公司不服判决，提出上诉。浙江省高级人民法院于2019年4月25日作出〔2018〕浙民终1015号民事判决：驳回上诉，维持原判。

三、判案焦点及理由

法院生效裁判认为：依据浙江大学作出的《海宁市某村三处制革污泥堆场污染场地健康风险评估报告》，某制革厂、某皮革有限公司在1991年至1997年期间填埋工业固废的行为已使填埋场地内土壤受到严重的重金属污染，需要采取相应的修复治理措施。根据《中华人民共和国民事诉讼法》第五十五条"对污染环境、破坏生态，损害社会公共利益的行为，符合法律规定的社会组织可以提起环境民事公益诉讼"之规定，本案属于环境民事公益诉讼的受案范围。中国原告、杭州市生态协会属于在设区的市级以上人民政府民政部门登记，从事环境公益活动已连续五年以上且未发现违法记录，符合《中华人民共和国环境保护法》第五十八条关于提起环境公益诉讼主体资格的规定，因此二者是本案的适格原告。本案的争议焦点为：①某团有限公司与原某制革厂是否具有承继关系，某团有限公司是否应承担本案侵权责任。②某团有限公司与某皮革有限公司之间是否应承担连带责任。③案涉环境修复方案及修复费用如何确定。④本案服务功能损失以及中国原告为本案支出的合理费用如何确定。

对于上述争议焦点，法院逐一评析如下：

（一）关于某团有限公司与原某制革厂是否具有承继关系，某团有限公司是否应承担本案侵权责任的问题

某团有限公司系由原集体企业某制革厂改制而来，后又进行企业产权制度改革，通过股权转让的方式由集体企业转变为私营企业。从改制过程看，无论是公司制改造还是产权

制度改革，仅是企业法人在名称、投资人、组织形式、企业性质等方面发生了变更，且两次改制的相关文件均约定改制前的债权债务由改制后的公司承担。根据《最高人民法院关于审理与企业改制相关民事纠纷案件若干问题的规定》第五条、第九条之规定，某团有限公司作为某制革厂改制后存续的法人主体，应当对外继受某制革厂的权利和义务，包括本案所涉污染防治义务及相应责任。某团有限公司辩称其不应承担改制时还未确定的环境侵权债务、不是本案适格被告的抗辩理由不能成立，不予支持。1996 年 4 月 1 日起施行的《中华人民共和国固体废物污染环境防治法》第三十二条规定："企业事业单位对其产生的不能利用或者暂时不利用的工业固体废物，必须按照国务院环境保护行政主管部门的规定建设贮存或者处置的设施、场所。"第三十四条规定："建设工业固体废物贮存、处置的设施、场所，必须符合国务院环境保护行政主管部门规定的环境保护标准。本法施行前产生工业固体废物的单位，没有依照本法第三十二条规定建设工业固体废物贮存或者处置的设施、场所，或者工业固体废物贮存、处置的设施、场所不符合环境保护标准的，必须限期建成或者改造；在限期内，对新产生的污染环境的工业固体废物，应当缴纳排污费或者采取其他措施。"据此，本案即使按照行为当时的法律，原某制革厂、某皮革有限公司也并未按照法律规定对本案三处污泥填埋场地进行改造，反而继续将制革污泥直接埋入地下，导致本案环境污染损害的产生和扩大，显然违反了法律规定的污染防治义务。且根据《最高人民法院关于审理环境侵权责任纠纷案件适用法律若干问题的解释》第一条"因污染环境造成损害，不论污染者有无过错，污染者应当承担侵权责任。污染者以排污符合国家或者地方污染物排放标准为由主张不承担责任的，人民法院不予支持"之规定，环境污染者承担的是无过错侵权责任，故上诉人某团有限公司关于本案发生在新环境保护法实施之前、其不应承担侵权责任的抗辩理由不能成立，不予支持。

（二）关于某团有限公司与某皮革有限公司之间是否应承担连带责任问题

某团有限公司上诉认为其只填埋了一处场地，即使其需承担责任也只应对一处填埋场，而不是对三处填埋场的全部环境污染责任承担连带责任。但该上诉主张缺乏事实和法律依据，无法予以支持。根据《中华人民共和国侵权责任法》（现已废止）第八条规定，二人以上共同实施侵权行为，造成他人损害的，应当承担连带责任。某团有限公司在原审诉讼中自行提交的证据，即原海宁市环境保护局 2015 年 11 月 5 日编发的《环保要情》载明："从 1986 年起，某制革厂先后通过某村委会向该村 5 组、6 组、10 组租用集体土地共约 30 亩，用于工业固废填埋，至 1998 年全部结束。"某团有限公司在一审时也认可其无法区分"具体填埋的数量及范围"，现其主张只承租了一处场地且只在该场地实施填埋行为，却未提交充分证据，且其主张前后相互矛盾。在案证据亦表明在本案侵权行为发生期间，某制革厂与某皮革有限公司二者虽属不同法人主体，但二企业法定代表人相同，且均在同一住所地生产经营。而作为土地出租方的上林合作社，也主张某团有限公司与某皮革有限公司存在混同，对二者实施的填埋行为无法明确区分。据此，在原某制革厂与某皮革有限公司均存在污泥填埋行为，但不能证明各自填埋具体范围的情况下，原判认定某制革厂与某皮革有限公司共同实施污泥填埋行为，并无不当。退一步讲，即使某制革厂只在案涉一处场地实施污泥填埋行为，其作为案涉三处土地的承租方，对于某皮革有限公司将其承租的全部土地用于填埋污泥且未采取任何防护措施的事实，亦属明知。二企业对于实施本案填埋污泥污染环境的行为，并放任污染环境的损害结果进一步扩大，具有主观上的共同认识。据上，原审法院判令某团有限公司与某皮革有限公司承担连带责任，并无不当。某团有限公司关于其仅应对其中部分土地污染后果承担责任的抗辩理由不能成立，不予支持。

（三）案涉环境修复方案及修复费用的确定问题

在案的浙江大学《海宁市某村三处制革污泥堆场污染场地修复及风险管控实施方案》及《补充说明》对本案土壤修复提出了两种方案：一是公园绿地情景下污染管控方案，即对场地内污染土壤采取阻隔墙技术以控制污染物的扩散，附以土壤表面种植绿色景观植物，作为绿地公园用途使用；对于场地地下水污染采用监测自然衰减技术修复。该方案在于控制场地内污染源向周边扩散，且修复设施需要每年进行维护运行，三处土地也需将土地用途从农业用地变更为公园（建设）用地。二是农业用地背景下土壤修复方案，即对场地内被污染土壤采取物理和化学措施进行稳定和固化处理后就地回填。该方案能够较好地解决土壤本身的污染问题，但是方案实施成本高、时间长，项目完成后案涉土地亦无法种植农作物。浙江大学在报告中建议采用第一种方案即公园绿地情景下的污染管控方案。原审判决采纳浙江大学的建议，以污染管控方案作为本案的环境治理方案，符合本案实际。第一，防止土壤中的重金属特别是铬的迁移流动，有效隔断污染土壤对周边耕地和水体的污染，防范对人体健康造成危害，是本案环境修复方案需要解决的首要问题。污染管控方案能够实现这一目的。第二，案涉农业用地背景下土壤修复方案虽能一定程度解决土壤本身的污染问题，但修复周期长、成本高、难度大，且在当前技术条件下仍不能完全清除土壤中的重金属污染物。即使按照该修复方案施工后，被污染土地也仅是重金属污染物得到控制，却不能完全恢复为农业用地种植作物。第三，修复方案的确定还应综合考虑污染企业的经济能力、主观过错。在案证据表明某制革厂和某皮革有限公司在1988年起就已不断投入建设改造污水处理设施，减少和回收污染物，其对案涉污染行为虽应承担法律责任，但考虑当时的经济社会条件和认知水平，其主观过错相对较小，采用污染管控方案与二侵权人的主观过错及应承担的法律责任较相适应，也符合生态环境司法应"统筹协调经济社会发展与生态环境保护的关系"的基本理念。因此，污染管控方案更具有经济性、合理性及可行性，原审法院予以采纳并无明显不妥。

至于地下水修复问题，根据浙江大学《海宁市某村三处制革污泥堆场污染场地修复及风险管控实施方案》选定的污染管控修复方案，对场地内污染土壤采取阻隔墙技术管控，对于场地地下水污染选用监测自然衰减技术修复。浙江大学《海宁市某村三处制革污泥堆场污染场地环境详细调查报告》载明案涉三块填埋场污染并未造成周边地下水污染（经检测仅个别点位污染物质超标），且根据法院现场勘查的情况，实施阻隔墙技术方案后，场地地下水经阻隔墙流出后可统一导流到工厂污水处理中心统一处理，场地周边亦设有监测点对地下水情况进行监测。故原判采纳的环境修复方案已经较为全面地考虑了本案地下水污染治理问题。中国原告要求本案侵权人按照农业用地情景下土壤修复方案承担修复费用168290900元和地下水修复责任的上诉理由不能成立，不予支持。

《最高人民法院关于审理环境民事公益诉讼案件适用法律若干问题的解释》第二十条规定："原告请求恢复原状的，人民法院可以依法判决被告将生态环境修复到损害发生之前的状态和功能。无法完全修复的，可以准许采用替代性修复方式。人民法院可以在判决被告修复生态环境的同时，确定被告不履行修复义务时应承担的生态环境修复费用；也可以直接判决被告承担生态环境修复费用。生态环境修复费用包括制定、实施修复方案的费用和监测、监管等费用。"从本案二审实地踏勘的情况看，属地政府已经组织实施前述污染管控方案，本案土壤环境污染无须二侵权人自行修复，但相应费用仍应由二侵权人承担。原审法院采纳污染管控方案，计算工程直接费用、其他相关费用以及后续维运费用合计为29985193元，并无明显不妥。某团有限公司提出属地政府已经组织进行环境污染治理、其不用另行承担责任的抗辩理由不能成立，不予支持。

由于本案实施的系公园绿地背景下污染管控方案，在人民法院判决生效后，属地政府相关部门应加强监测监管，及时研究调整土地规划用途，合理采取资源利用方式，同时应依法保护案涉村组村民的合法权益。

（四）关于本案生态服务功能损失以及中国原告为本案支出的合理费用如何确定的问题

《最高人民法院关于审理环境民事公益诉讼案件适用法律若干问题的解释》第二十一条规定："原告请求被告赔偿生态环境受到损害至恢复原状期间服务功能损失的，人民法院可以依法予以支持。"2014年国家环境保护部（现为生态环境部）规划院修订出台的《环境损害鉴定评估推荐方法（第Ⅱ版）》载明，期间损害指生态环境损害发生至生态环境恢复到基线状态期间，生态环境因其物理、化学或生物特性改变而导致向公众或其他生态系统提供服务的丧失或减少，即受损生态环境从损害发生到其恢复至基线状态期间提供生态系统服务的损失量；永久性损害指受损生态环境及其服务难以恢复，其向公众或其他生态系统提供服务能力的完全丧失。一般来说，生态环境的服务功能主要包括供给服务（如提供粮食和水）、调节服务（如调节气候、控制洪水和疾病等）、支持服务（如维持地球生命生存环境的养分循环）、文化服务（如精神、娱乐、文化收益等）和存在价值（即指人们仅仅从知道这个资产存在的满意中获得价值，尽管并没有要使用它的意愿）等。基于本案选定的环境修复方案，三块填埋场的农业用地用途因污染而改变，从而事实上丧失了农用耕地服务功能，由此产生的损失属于生态服务功能损失范畴。但是，由于涉案三块土地仍属某村相关村民小组所有，在其农用耕地用途强制改变前所涉及土地收益减损等损失属于私益范围，不属于本案公益诉讼处理范畴。因此，本案农用地服务功能损失可以从强制改变其农用耕地用途时开始计算，在属地政府现尚未对涉案土地规划用途作出实际调整的情况下，原审法院参考案涉三块场地修复及维护运行时间，将本案公益诉讼中的生态服务功能损失期间确定为10年，并参照耕地年产值标准，酌定本案服务功能损失为594270元，属于自由裁量行为，并无明显不妥。中国原告就本案生态服务功能损失提出的异议，依据并不充分，难以支持。

中国原告主张应提高为本案支出的合理律师费，但其在本案原审期间仅提交上海市律师收费标准和自行制作的律师工作量清单等证据，并无其他客观证据证实实际发生的律师费用。原审法院充分考虑中国原告为本案诉讼办理的必要事项，参考杭州市生态协会的律师费 5 万元，酌定其律师费为 20 万元，较为合理，亦符合环境民事公益诉讼的案件性质。由于中国原告的上诉请求并未得到支持，且亦未就二审实际发生的律师费提交有效证据证明，其增加二审律师费的上诉请求难以成立，不予支持。

四、裁判要点的理解与说明

本案为新环保法实施后浙江省首例由社会组织提起的环境民事公益诉讼，也是典型的填埋工业固体废物污染土壤和水体的环境侵权案件。案件的裁判要点主要为以下几点：

（一）侵权行为的认定

本案填埋制革污泥的行为发生在 1991—1997 年，其中 1993 年以前由某制革厂实施填埋，1993 年某皮革有限公司成立后，由某皮革有限公司进行填埋。首先，《中华人民共和国侵权责任法》第六十五条规定："因污染环境造成损害的，污染者应当承担侵权责任。"《最高人民法院关于审理环境侵权责任纠纷案件适用法律若干问题的解释》第一条第一款规定："因污染环境造成损害，不论污染者有无过错，污染者应当承担侵权责任。污染者以排污符合国家或者地方污染物排放标准为由主张不承担责任的，人民法院不予支持。"根据上述法律规定，环境污染责任适用无过错责任原则，污染环境的侵权行为不以违法性为必要条件。

其次，1989 年起实施的《中华人民共和国环境保护法》第二十四条规定："产生环境污染和其他公害的单位，必须把环境保护工作纳入计划，建立环境保护责任制度；采取有效措施，防治在生产建设或者其他活动中产生的废气、废水、废渣、粉尘、恶臭气体、放射性物质以及噪声、振动、电磁波辐射等对环境的污染和危害。"某制革厂、某皮革有限公司作为皮革生产企业，应当采取有效措施防治制革污水和污泥对环境造成污染。制革过程中产生的污水和污泥含有重金属铬，难以完全回收或清除，这一直是制革行业环保治理的难题。填埋是制革企业处理污泥的常用方式之一。租用土地集中填埋相较于直接投海或乱填、乱倒，在污染物的有迹可循和控制方面更有优势。但是，填埋应当选择合适的地点、采取合理的防护措施。

再次，1996 年 4 月 1 日起实施的《中华人民共和国固体废物污染环境防治法》第三十二条规定："企业事业单位对其产生的不能利用或者暂时不利用的工业固体废物，必须按照国务院环境保护行政主管部门的规定建设贮存或者处置的设施、场所。"第三十四条规定："建设工业固体废物贮存、处置的设施、场所，必须符合国务院环境保护行政主管部门规定的环境保护标准。本法施行前产生工业固体废物的单位，没有依照本法第三十二条规定建设工业固体废物贮存或者处置的设施、场所，或者工业固体废物贮存、处置的设施、场所不符合环境保护标准的，必须限期建成或者改造；在限期内，对新产生的污染环境的工业固体废物，应当缴纳排污费或者采取其他措施。"国家环境保护总局环函〔2003〕326 号《关于〈固体废物污染环境防治法〉施行前填埋的工业固体废物申报登记和处理责任有关问题的复函》也明确，固体废物污染环境防治法施行前已经填埋的工业固体废物，如果其填埋场所不符合国家的有关规定和环境保护标准，该填埋单位必须限期改造，或者将已经填埋的工业固体废物移至其他符合条件的贮存、处置设施、场所。可见，对历史遗留的固体废物填埋场所如何处理，在固体废物污染环境防治法施行后已经有了明确规定。

（二）关于生态环境服务功能损失

《最高人民法院关于审理环境民事公益诉讼案件适用法律若干问题的解释》第二十一条规定，原告请求被告赔偿生态环境受到损害至恢复原状期间服务功能损失的，人民法院可以依法予以支持。生态系统服务指人类或其他生态系统直接或间接地从生态系统获取的收益，主要包括供给服务、调节服务、支持服务、文化服务和存在价值等，应当根据被污染的具体环境要素进行分析。农用土地最主要和最直接的服务功能是通过种植农作物，为人类提供农产品，同时在气候调节、水土涵养等方面发挥作用，其服务功能损失当然可以按照农作物产值确定。

（三）改制后的企业应对改制前的环境侵权行为负责

《最高人民法院关于审理与企业改制相关民事纠纷案件若干问题的规定》第五条规定：“企业通过增资扩股或者转让部分产权，实现他人对企业的参股，将企业整体改造为有限责任公司或者股份有限公司的，原企业债务由改造后的新设公司承担。”第九条规定：“企业向其职工转让部分产权，由企业与职工共同组建股份合作制企业的，原企业的债务由改造后的股份合作制企业承担。”现行《中华人民共和国固体废物污染环境防治法》第三十五条第二款亦规定：“产生工业固体废物的单位发生变更的，变更后的单位应当按照国家有关环境保护的规定对未处置的工业固体废物及其贮存、处置的设施、场所进行安全处置或者采取措施保证该设施、场所安全运行。变更前当事人对工业固体废物及其贮存、处置的设施、场所的污染防治责任另有约定的，从其约定；但是，不得免除当事人的污染防治义务。”

五、相关法律依据

（一）《中华人民共和国民法典》

第一千二百二十九条　因污染环境、破坏生态造成他人损害的，侵权人应当承担侵权责任。

（二）《最高人民法院关于审理环境侵权责任纠纷案件适用法律若干问题的解释》

第一条　因污染环境造成损害，不论污染者有无过错，污染者应当承担侵权责任。污染者以排污符合国家或者地方污染物排放标准为由主张不承担责任的，人民法院不予支持。

六、选择该案件的原因

本案判决是环境侵权适用无过错责任原则的体现，污染环境的侵权行为不以违法性为必要条件。本案中二被告在造成环境污染后应当共同承担侵权责任，承担环境修复费用并赔偿生态服务功能损失，本案判决对环境侵权责任中的共同侵权行为的认定具有现实指导意义。

案例五 某市人民检察院诉王某某等59人生态破坏民事公益诉讼案①

一、基本案情

公益诉讼起诉人诉讼请求：①判令王某朋等59名被告对其非法捕捞、贩卖、收购鳗鱼苗所造成的鳗鱼资源损失和其他生态资源损失承担赔偿责任。鳗鱼资源损失按30元/条计算，其他生态资源损失按鳗鱼资源损失的1.5倍至3倍计算。其中，王某朋、董某胜、秦某建、沙某良、何某生、周某刚、何某忠、顾某祥、王某鹏、陆某室、薛某祥、陶某芬、卢某芬（以下简称王某朋等13人）在其非法买卖的范围内承担连带赔偿责任；秦某兵在其收购范围内与被告王某朋等13人承担连带赔偿责任；高某初、刘某初、高某伯、郑某荣、朱某芳、赵某其、束某（以下简称高某初等7人）等收购、贩卖者分别在其贩卖给王某朋等13人的范围内，与被告王某朋等13人承担连带赔偿责任；董某山及丁某希等37人（以下合并简称董某山、丁某希等38人）分别在其非法捕捞并出售给高某初等7人或王某朋等13人的范围内，与收购者承担连带赔偿责任；对非法捕捞、买卖过程中因保管不善造成鳗鱼苗死亡或与其他身份不明人员买卖鳗鱼苗所造成的生态资源损失由相关被告分别承担赔偿责任。②判令王某朋等59名被告对其非法捕捞、收购、贩卖鳗鱼苗损害社会公共利益的行为在国家级媒体公开赔礼道歉。

事实和理由：①2018年1月至4月，被告董某山、丁某希等38人单独或共同在长江干流水域，使用网目尺寸小于3毫米的张网等禁用渔具，非法捕捞具有重要经济价值的鳗鱼苗，用于出售谋利。②2018年1月至4月，被告高某初等7人，为谋取非法利益，明知所收购的鳗鱼苗系他人非法捕捞所得，仍在某市安某港、蚂某港等地，分别多次向非法捕捞人员收购鳗鱼苗，并加价出售给被告王某朋等13人。③2018年年初，被告王某朋等13人，为谋取非法利益，通过签订合伙协议、共同出资等方式建立收购鳗鱼苗的合伙组织，并于同年1月至4月间，在明知所收购的鳗鱼苗系他人非法捕捞所得的情况下，前往某市安某港、蚂某港、某市某区某港闸、某岛等地，向被告刘某初等非法贩卖或捕捞人员收购长江鳗鱼苗，后加价出售给被告秦某兵以及夏某旺、郑某宣等人，均分非法获利。④

---

① 案例来源：中国裁判文书网，https：//wenshu.court.gov.cn/website/wenshu/181107ANFZ0BXSK4/index.html？docId＝BhA0RJ6OxBLchbYeYW6JzE9pHiqpbtvlpVPuGd4YisZsODfNoxQjSZ/dgBYosE2gr0ZPqNAgXLnOu6ZV0ksUCqti2H4c2hjgKIdP/6Vj75bmadfZ1iFEu6S0cc5ju0s+，2022年10月24日访问。

2018 年 1 月至 3 月，被告秦某兵明知被告王某朋等 13 人向其出售的鳗鱼苗系在长江水域中非法捕捞的，仍先后 5 次向被告王某朋等 13 人收购鳗鱼苗。

泰州市人民检察院认为，被告王某朋等 59 人实施的非法捕捞、贩卖和收购长江鳗鱼苗的行为，严重侵害了长江鳗鱼资源和其他生态资源，造成长江渔业资源和其他生态资源的严重损害，致使生物多样性减少，损害了社会公共利益。根据《中华人民共和国环境保护法》第六十四条、《中华人民共和国侵权责任法》（现已废止）第六条、第八条等法律规定，王某朋等 59 名被告应承担民事侵权责任，检察机关已履行诉前程序，根据《中华人民共和国民事诉讼法》第五十五条第二款等法律规定，依法提起民事公益诉讼，请求法院依法裁判。

王某朋等 59 名被告共同答辩意见：①认识到自身行为造成的不良影响，愿意在媒体上公开赔礼道歉。②对鳗鱼资源价值应当分别按照实际交易价格或者平均收购价格计算，而非按照公益诉讼起诉人主张的 30 元/条计算。③《江苏省渔业管理条例》第三十八条中"渔业资源损失"及"渔业生物致死量"均应包括鳗鱼资源损失，公益诉讼起诉人主张对于鳗鱼资源损失之外的其他生态资源损失按鳗鱼资源损失的 1.5 倍至 3 倍计算缺乏依据。④各被告在与本案相关的刑事案件中已经退缴的违法所得应当在本案生态资源损害民事赔偿的数额内予以抵扣。⑤部分被告年龄较大，主观上不知道捕捞鳗鱼苗是违法行为，家庭困难且没有劳动能力，请求法院予以充分考虑。

被告王某朋等 9 人辩称：①捕捞行为与收购行为相互独立，王某朋等 9 人在收购时并不知道捕捞的方式和鳗鱼苗的来源，且本案的损害结果在捕捞行为发生时即已产生，故收购行为与本案损害结果之间并无因果关系，不应承担侵权责任，也不应与捕捞者承担连带责任。②目前尚无证据证明案涉 116999 条鳗鱼苗全部是用张网方式从长江中捕捞。

被告陆某室等 4 人辩称：①陆某室等 4 人与王某朋等 9 人之间并非合伙关系，而是买卖关系，不应共同承担连带责任。②陆某室等 4 人参与收购鳗鱼苗时间较短、获利较小，如果法院认定 4 人存在过错，应减轻相应的民事赔偿责任。

被告秦某兵辩称：①秦某兵并未直接实施非法捕捞行为，也没有教唆、帮助行为，未与捕捞者产生非法捕捞的意思联络，尽管在收购行为上存在过错，但其不应对非法捕捞造成的损害结果承担责任。②公益诉讼起诉人对秦某兵收购的长江鳗鱼苗数量认定存在错误，且秦某兵作为最终收购者，其与非法捕捞造成生态损害之间的因果关系关联性较弱。

被告高某初等 7 人辩称：①在收购鳗鱼苗时并不存在向捕捞者订购的情形，也不知道捕捞者的捕捞方式，主观上没有过错，和捕捞者之间不存在共同侵权，应当承担较轻的赔偿责任。②收购并贩卖鳗鱼苗过程中获利不多。

被告董某山、丁某希等 38 人辩称：①收购者应当与捕捞者承担连带责任，且没有买卖就没有非法捕捞，所以收购者的过错更大。②公益诉讼起诉人所主张的部分被告捕捞鳗鱼苗的数量不准确，侯某涛主张其捕捞鳗鱼苗不超过 130 条；龚某宏、沈某松、于某兴三人主张，起诉书中关于三人销售及死亡鳗鱼苗 111 条认定错误，其中包含了毛网保的 10 条，应当在总数中予以扣减；翟某松对其捕捞并出售 240 条鳗鱼苗不予认可，认为鳗鱼苗死亡 180 条，其只是贩卖了 60 条；张某桃主张其捕捞鳗鱼苗 430 条；张某明主张其出售给陆某室的鳗鱼苗为 39 条。

法院认定如下事实：

（一）2018 年年初，被告王某朋等 13 人，为谋取非法利益，通过签订合伙协议、共同出资等方式建立收购鳗鱼苗的合伙组织。2018 年 1 月至 4 月间，被告王某朋等 13 人明知所收购的鳗鱼苗系他人非法捕捞所得，仍共同出资收购，并统一对外出售，均分非法获利。被告王某朋等 13 人按区域划分分工，至某市安某港、蟛某港、某市某区某港闸、某岛等地，向被告高某初等 7 人以及董某山、丁某希等 38 人非法贩卖或捕捞人员收购长江鳗鱼苗 116999 条，后加价出售给被告秦某兵以及其他人员。

（二）2018 年 1 月至 3 月，被告秦某兵在明知被告王某朋等 13 人向其出售的鳗鱼苗系在长江水域中非法捕捞的情况下，向被告王某朋等 13 人收购长江鳗鱼苗合计 40263 条。

中国某科学研究院淡水渔业研究中心于 2019 年 1 月 18 日向泰州市人民检察院出具《关于王某朋等人民事公益诉讼案中非法捕捞水产品造成生态资源损害的专家评估意见》一份，认为：鳗鱼属于江苏省重点保护鱼类，至今无法人工繁殖，其群落必须依靠自身繁殖，张网一般设置鱼虾类繁育场所或鱼类洄游通道内，其选择性差、网目尺寸小，作业范围广时间长，是一种竭泽而渔的高强度捕捞网具，对生产、资源、环境均有较大危害。使用禁用网具进行大量捕捞鳗鱼苗，必然破坏鳗鲡族群稳定，导致生物多样性减少；捕捞鳗鱼苗的行为会对其他渔业资源造成损害。易误捕其他保护物种，且张网作业多集中在鱼类繁育区，渔获物绝大部分属于鱼类幼苗，对整个鱼类群落稳定产生威胁。高度的捕捞强度会导致水生生物减少，水域食物链遭到破坏，威胁长江水域生态系统的稳定性和生物多样性。本案中非法捕捞的鳗鱼苗总经济价值至少在 351 万元以上。鉴于涉案人员长期在长江中使用禁用网具非法捕捞鳗鱼幼苗，数量巨大，对鳗鱼资源造成了毁灭性打击，严重危害了渔业资源，严重破坏了长江生态系统，且会误捕其他保护鱼类，影响长江水域物种多样性，鉴于长江生态系统已十分脆弱，建议以直接经济损失的 3 倍价格对渔业资源损失进行赔偿，即捕获每条鳗鱼苗应承担渔业资源损失 90 至 105 元，本案渔业资源损失合计金额为 1053 万元以上。渔业资源损失的赔偿用于长江靖江、南通段水域生境保护和渔业资源保护，补偿因违法捕捞造成的资源损失和生态破坏。建议将鱼类资源补偿费用纳入长江渔业资源增殖放流计划，由渔业主管部门统筹安排。

本案审理过程中，专家评估意见的出具人周某锋出庭接受各被告方询问。针对被告方提出的《江苏省渔业管理条例》中渔业生物致死量如何理解、评估意见对鳗鱼资源造成毁灭性打击有无证据支持、过度捕捞是否会导致鳗鱼资源急剧下降、渔业资源损失包括哪些方面等问题，周某锋回答称：渔业生物致死量指某一特定时刻脱离原生活水域渔业生物的数量，包括捕捞过程中死亡的渔获物和出水后暂时并未死亡的渔获物。本案所涉及的鳗鱼，学名为日本鳗鲡，在 2014 年被世界自然保护联盟列为濒危物种；本案捕捞鳗鱼苗约 12 万尾，约 15 公斤，2010—2018 年，长江口鳗鱼苗有证年平均捕捞量为 1736 公斤，最大捕捞量为 2014 年的 4755 公斤，最小捕捞量为 2018 年的 151 公斤；鳗鲡在长江干流生长至性成熟，然后回到深海产卵，干流捕捞会损害鳗鱼种群繁衍。国内学者关于鳗苗网对渔业资源影响的调查研究结果表明，鳗苗网兼捕其他鱼类 51 种，鳗鱼苗兼捕渔业资源损伤率最低为 31.33，最高为 205.85，平均为 158.1，即每捕获一条鳗鱼苗，平均兼捕其他鱼类 158.1 尾。渔业资源损失包括兼捕或误捕其他鱼类的数量，以及造成水生生物多样性下降等生态损失。本案鳗鱼苗损失的数量和价格已确定，可直接计算，不需要进行评估。

针对合议庭成员提出的长江渔业资源目前状况、禁捕期捕捞会对鱼类繁衍造成何种影响、本案中的捕捞工具有哪些危害、生态环境损害和生物多样性的损害如何修复更为科学等问题，周彦锋回答称：长江分布鱼类 416 种，其中 177 种为长江特有。近 30 年来，受包括过度捕捞等高强度人为活动的影响导致长江水生生物的生存环境趋于恶化、重要栖息地丧失，生物多样性持续下降；珍稀特有鱼类全面衰退。鲥鱼、白鱀豚、白鲟等物种已功能性灭绝；经济鱼类资源量接近枯竭，四大家鱼天然产苗量 70 世纪 50 年代有 300 多亿尾，目前只有不足 5 亿尾，相比下降 90% 以上。长江禁捕期为每年 3 月 1 日至 6 月 30 日，是绝大多数经济鱼类和珍稀物种的繁殖期，设置禁渔期是让鱼类休养生息的重要举措。该时期捕捞渔获物多数是即将产卵的成鱼，或者是刚孵化尚未发育的幼鱼，该时期捕捞严重影响鱼类资源的天然补充，破坏鱼类整个种群结构。例如，长江靖江段有鱼类 113 种，其中刀鲚、胭脂鱼、鳜鱼、铜鱼等重要经济鱼类和珍稀鱼类均在禁捕期繁殖产卵。由于鳗苗网网目尺寸小，对渔获物的选择性差，一般设置在小型鱼类、虾类密集分布的产卵场、肥育场或洄游的通道上。降低珍稀濒危物种如鳗鲡资源量，破坏其天然补充和种群稳定，危害洄游性鱼类以及其他经济鱼类的幼体，破坏其种群结构，造成其他非经济鱼类损失，引发不可估量的生态损害。应当结合开展增殖放流及生境修复比如人工鱼巢、生态浮岛等方式，在人工补充种群资源量基础上，加大鱼类资源天然补充量。

某市价格认定中心于 2018 年 4 月 16 日、5 月 3 日分别出具的《价格认定结论书》（靖价认定刑〔2018〕92、110 号）载明，经某市价格认定中心认定，2018 年 1 月 1 日至 3 月中旬，长江鳗鱼苗价值为 35 元人民币/条；3 月下旬，长江鳗鱼苗价值为 30 元人民币/条。

二、判决结果

江苏省南京市中级人民法院于 2019 年 10 月 24 日作出江苏省南京市中级人民法院〔2019〕苏 01 民初 2005 号民事判决：被告王某朋、董某胜、秦某建、沙某良、何某生、周某刚、何某忠、顾某祥、王某鹏、陆某室、薛某祥、陶某芬、卢某芬对其非法买卖 116999 条鳗鱼苗所造成的生态资源损失 8589168 元共同承担连带赔偿责任；秦某兵对其非法收购 40263 条鳗鱼苗所造成的生态资源损失 3019725 元与王某某等 13 人在前述判项范围内承担连带赔偿责任；丁某某等 39 名捕捞者，根据其捕捞的鳗鱼苗数量，在能够明确其下游直接收购者的情况下与直接收购者承担连带赔偿责任、在无法明确或者因捕捞造成鱼苗死亡的情况下对所造成的生态资源损失承担相应赔偿责任；高某初等 7 名收购者，根据其参与非法买卖的鳗鱼苗数量，在能够明确其下游直接收购者的情况下与直接收购者承担连带赔偿责任、在无法明确或者造成鱼苗死亡的情况下对所造成的生态资源损失承担相应赔偿责任。

判决后，王某朋等 9 人不服，向江苏省高级人民法院提起上诉，江苏省高级人民法院于 2019 年 12 月 31 日作出江苏省高级人民法院〔2019〕苏民终 1734 号民事判决：驳回上诉，维持原判决。

三、判案焦点及理由

法院生效判决认为：

（一）关于生态资源损失认定问题

（1）以30元/条确定长江鳗鱼苗价值估值合理。长江鳗鱼苗虽不允许交易，但实际存在交易行为。交易价格在不同的交易环节、不同区域、不同时间有所差异。本案中收购自捕捞者的鳗鱼苗价格大致在18元至30元之间，向养鳗场的销售价格大致在25.3元至39.5元之间。某市价格认定中心认定，长江鳗鱼苗在2018年1月至3月中旬市场价格为35元/条，3月下旬为30元/条，该认定未偏离实际交易价格。公益诉讼起诉人参照可交易的鳗鱼苗市场交易价格即与长江鳗鱼苗属同一物种的海洋鳗鱼苗的市场交易价格，并参照本案部分捕捞者的供述以及某市公安局从王某朋家中扣押的相关《收条》。《收据》中载明的鳗鱼苗收购和贩卖价格区间，主张按照30元/条确定长江鳗鱼苗价值，该主张具有事实和法律依据，法院予以采纳。

（2）本案酌定按照鳗鱼资源损失价值的2.5倍计算生态资源损失。鉴于非法捕捞鳗鱼苗对生态资源造成实际损害，本院酌定以鳗鱼资源损失价值的2.5倍确定生态资源损失。主要依据有两点：

一是案涉非法捕捞鳗鱼苗方式的破坏性。捕捞者系采用网目极小的张网捕捞鳗鱼苗，所使用张网的网目尺寸低于《农业部关于长江干流实施捕捞准用渔具和过渡渔具最小网目尺寸制度的通告》中不小于3毫米的规定，属于禁用网具。捕捞时必将对包括其他小型鱼类在内的水生物种造成误捕，严重破坏相应区域水生生物资源。案涉鳗鱼苗数量达116999条，捕捞次数多、捕捞网具多、捕捞区域大，必将对长江生态资源产生较大危害。

二是案涉非法捕捞鳗鱼苗时间的敏感性和地点的特殊性。案涉的捕捞、收购行为主要发生于长江禁渔期，该时期系包括鳗鱼资源在内的长江水生生物资源繁衍生殖的重要时段。捕捞地点位于长江干流水域，系日本鳗鲡洄游通道，在洄游通道中对幼苗进行捕捞，使其脱离自然水体后被贩卖，不仅妨碍鳗鲡种群繁衍，且同时误捕其他渔获物，会导致其他水生生物减少，导致其他鱼类饵料不足，进而造成长江水域食物链相邻环节的破坏，进一步造成生物多样性损害。

（二）关于被告对生态资源损失赔偿责任承担的问题

（1）本案中董某山、丁某希等38名捕捞者违反法律法规规定，非法捕捞鳗鱼苗，依照《中华人民共和国侵权责任法》第六条规定，应当在其各自非法捕捞范围内承担相应的赔偿责任。

（2）本案中的收购者明知鳗鱼苗系非法捕捞而来仍然进行收购，收购者与生态资源损害之间有法律上的因果关系，应当依照《中华人民共和国侵权责任法》第八条规定在各自所涉的生态资源损失范围内承担连带赔偿责任。

首先，非法捕捞与收购形成了完整的利益链条，共同造成生态资源损害。本案收购行为多数发生在王某朋等 13 人与其他收购者、王某朋等 13 人与捕捞者之间。而王某朋等13 人系为谋取非法利益，成立收购、贩卖鳗鱼苗团队从事收购活动，统一收购价格、统一对外出售，并就收购鳗鱼苗的事项进行明确约定。收购鳗鱼苗行为具有日常性、经常性，在收购行为中已高度组织化，对于从其他收购者之间或者不同的非法捕捞者处收购的鳗鱼苗来源及方式具有明确的认知和判断。捕捞者通过非法捕捞的方式获取鳗鱼苗，后通过向收购者出售赚取经济利益；而直接收购者作为中间环节，在收购鳗鱼苗后，通过加价出售的方式获取差值利润；秦某兵作为最终收购者，在明知案涉鳗鱼苗系来源于长江的情况下，依然进行收购，通过将鳗鱼苗进行养殖并出售的方式获利。在这一链条中，相邻环节被告之间存在相互利用、彼此支持的行为分担情形，均从非法捕捞行为中获得利益，具有高度协同性，行为与长江生态资源损害结果之间具有法律上的因果关系。

其次，收购诱发了非法捕捞。案涉鳗鱼苗特征明显，体型细小却价格高昂，无法进行人工繁育，也无法直接食用。之所以产生大量的非法捕捞行为，系由于鳗鱼苗养殖户需要收购养殖后，再进行贩卖获取经济利益。因此，收购是非法捕捞实现获利的唯一渠道，只有收购才能使得非法捕捞实现经济价值，巨大的市场需求系引发非法捕捞和层层收购行为的主要原因。本案中，捕捞者系使用网目极小的张网方式捕捞鳗鱼苗，而对收购者而言，对于鳗鱼苗的体态特征充分了解，也意味着其明知捕捞体态如此细小的鳗鱼苗必然使用有别于对自然生态中其他鱼类的捕捞方式，必然会造成长江其他生态资源的损害。收购者主观上与捕捞者同样存在放任长江鳗鱼资源及其他生态资源损害结果出现的故意。

针对鳗鱼苗这一特定物种，没有大规模的收购，捕捞行为毫无价值，采用"绝户网"进行大规模非法捕捞，必然导致生态资源严重破坏。预防非法捕捞行为，就要从源头上彻底切断利益链条，让非法收购、贩卖鳗鱼苗的共同侵权者付出经济代价，与非法捕捞者共同承担对长江生态资源损害后果的连带赔偿责任。故本院对公益诉讼起诉人关于捕捞者和收购者之间、王某朋等 13 人之间、其他收购者与王某朋等 13 人之间、王某朋等 13 人与秦某兵之间均应当在各自所涉的侵权责任范围内对生态资源损害结果承担连带赔偿责任的诉讼主张，依法予以支持。

（三）关于已经退缴的违法所得能否抵扣本案生态资源损害赔偿数额的问题

本案系公益诉讼起诉人为修复生态环境而提起的公益诉讼。同一行为引发的刑事案件中，本案部分被告已退缴了违法所得，该部分款项属于破坏生态所获得的非法利益，与本案生态损害赔偿责任款项具有同质属性。故对被告提出的在与本案相关的刑事案件中已经退缴的违法所得，在本案生态资源损害赔偿范围内予以抵扣的相关主张，法院予以采纳。

法院认为，被告应当就其非法捕捞、收购行为对生态资源造成的损害后果赔礼道歉。本案被告的非法捕捞、收购、贩卖鳗鱼苗行为，对长江生态资源的可持续发展产生较为负面的影响，对国家利益和社会公共利益造成较大损害，为警示和教育生态侵权者，增强公众生态保护意识，法院对公益诉讼起诉人要求王某朋等 59 名被告对其非法捕捞、收购、贩卖鳗鱼苗损害社会公共利益的行为在国家级媒体公开赔礼道歉的诉讼请求依法予以支持。鉴于本案审理过程中，中央电视台等多家国内主流媒体对庭审进行了全程现场直播报道，针对公益诉讼起诉人关于赔礼道歉的诉讼请求，各被告已在庭前会议中或经委托诉讼代理人当庭通过媒体表示，对于非法捕捞、收购、贩卖鳗鱼苗造成生态破坏、损害社会公共利益的行为向社会公开进行赔礼道歉，故该项诉讼请求的内容已经在案件审理中得以实现，法院不再另行作出判决。

公益诉讼起诉人的其他诉讼请求，事实清楚充分、符合法律规定，法院依法予以支持。本案生态资源损失赔偿数额的计算方式为：生态资源损失赔偿数额＝非法捕捞或收购的鳗鱼苗条数（包括相关被告因保管不善造成鳗鱼苗死亡条数以及与其他身份不明人员交易的鳗鱼苗条数）×30（元/条）×2.5（系数）－已经退缴的违法所得。各被告应当共同或者分别承担的责任数额，法院在判决书后予以详细列明，对于扣除退缴违法所得后应当与其他被告承担连带责任的部分，法院在判项中直接在各被告应当各自或者分别承担范围内就具体数额予以明确。与此同时，考虑到本案中部分被告经济较为困难、年龄较大且经济偿付能力欠缺的实际情况，法院充分注重考量生态资源的保护与被告生存发展权利之间的平衡，在被告确无履行能力的情况下，可以考虑采用劳务代偿的方式，被告通过参加所在地渔政部门开展的保护长江生态环境等公益性质的活动，或者配合参与长江沿岸河道管理、加固、垃圾清理等方面的工作，按照从事劳务行为的具体内容、强度及时间，经相关部门统计及量化后，在其应当承担的赔偿数额范围内予以折抵。

长江是中华民族的母亲河，长江流域是我国重要的生态宝库和生态安全屏障区，长江水生生物资源对于净化水域生态环境、维持长江生态系统平衡具有关键作用，坚持生态优先和保护优先，应当是人类的共识。环境司法的职能就在于通过依法受理审理案件，引导公众自觉遵守生态环境保护法律法规，共同守护绿水青山，希望被告以本案为戒，以实际行动积极参与践行长江生态保护。

四、裁判要点的理解与说明

具体而言，该案审理过程中重点解决了以下几个问题：

（一）一定条件下的收购者应当与捕捞者共同为生态资源损失承担连带赔偿责任

本案中的收购者明知鳗鱼苗系非法捕捞而来仍然进行收购，收购者与生态资源损害之间有法律上的因果关系，应当依照《中华人民共和国侵权责任法》第八条规定在各自所涉的生态资源损失范围内承担连带赔偿责任。①非法捕捞与收购形成了完整的利益链条，共同造成生态资源损害。在这一链条中，相邻环节原审被告之间具有共同的意思联络，存在相互利用、彼此支持的行为分担情形，均从非法捕捞行为中获得利益，具有高度协同性，行为与长江生态资源损害结果之间具有法律上的因果关系。②收购诱发了非法捕捞。案涉鳗鱼苗特征明显，体型细小却价格高昂，无法进行人工繁育，也无法直接食用。收购是非法捕捞实现获利的唯一渠道，是引发非法捕捞和层层收购行为的主要原因。收购者主观上与捕捞者同样存在放任长江鳗鱼资源及其他生态资源损害结果出现的故意。

(二) 生态资源损失认定问题

《最高人民法院关于审理环境民事公益诉讼案件适用法律若干问题的解释》第二十三条规定，在生态环境修复费用难以确定或者确定具体数额所需鉴定费用明显过高的，人民法院可以结合破坏生态的范围和程度、生态环境的稀缺性、生态环境恢复的难易程度、被告因侵害行为所获得的利益以及过错程度等因素，并可以参考负有环境保护监督管理职责的部门的意见、专家意见等，予以合理确定。《江苏省渔业管理条例》第三十八条规定，违反本条例规定，造成国家渔业资源损失的，渔业资源损失的赔偿，按照渔业生物致死量的 0.5~3 倍计算。

(三) 侵权者已经缴纳的违法所得可以抵扣生态资源损害赔偿数额

已退缴的违法所得与生态资源损害赔偿具有同质性，可以予以抵扣。公益诉讼起诉人在本案中系基于维护国家利益及社会公共利益的角度，请求各被告对生态资源损害后果承担侵权责任，赔偿生态资源损失，恢复生态环境原有的状态和功能，从而满足对公共利益的最大保护。对被害人的合法财产，应当及时返还，经过追缴或者退赔仍不能弥补损失的，被害人还可以向人民法院另行提起民事诉讼。

五、相关法律依据

(一)《中华人民共和国环境保护法》

第六十四条 因污染环境和破坏生态造成损害的，应当依照《中华人民共和国侵权责任法》的有关规定承担侵权责任。

(二)《中华人民共和国民法典》

第一千一百六十五条 行为人因过错侵害他人民事权益造成损害的，应当承担侵权责任。依照法律规定推定行为人有过错，其不能证明自己没有过错的，应当承担侵权责任。

(三)《中华人民共和国民法典》

第一千一百六十八条 二人以上共同实施侵权行为，造成他人损害的，应当承担连带责任。

(四)《最高人民法院关于审理环境民事公益诉讼案件适用法律若干问题的解释》

第十八条 对污染环境、破坏生态，已经损害社会公共利益或者具有损害社会公共利益重大风险的行为，原告可以请求被告承担停止侵害、排除妨碍、消除危险、恢复原状、赔偿损失、赔礼道歉等民事责任。

（五）《最高人民法院关于审理环境民事公益诉讼案件适用法律若干问题的解释》

第二十三条　生态环境修复费用难以确定或者确定具体数额所需鉴定费用明显过高的，人民法院可以结合污染环境、破坏生态的范围和程度、生态环境的稀缺性、生态环境恢复的难易程度、防治污染设备的运行成本、被告因侵害行为所获得的利益以及过错程度等因素，并可以参考负有环境保护监督管理职责的部门的意见、专家意见等，予以合理确定。

六、选择该案件的原因

长江流域是我国重要的生态资源，长江水生生物资源维持着长江生态系统平衡，坚持生态优先和保护优先，应当是我们一直以来践行的准则。保护长江生态资源要求我们必须彻底遏制非法捕捞行为，加大对非法捕捞行为的惩戒力度，堵塞需求源头，让环境污染者承担生态资源损害赔偿责任，杜绝非法收购行为的发生。本案的判决明确了特殊情形下收购者的侵权责任，为追究生态破坏共同侵权者赔偿责任提供了实践样本，为今后类似案件起到了示范作用。

案例六　某市人民检察院第一分院诉某化工有限公司水污染环境责任纠纷环境民事公益诉讼案①

一、基本案情

公益诉讼起诉人诉称：①判令被告赔偿因违法排放工业有毒废水产生的生态环境损害费434275.45元。②判令被告承担评估费74000元、公告费750元。③判令被告向社会公众赔礼道歉。事实与理由：2013年至2014年期间，被告原法定代表人王某某为减少企业污染治理成本，指使他人在厂区外修建应急池，在厂区内修建一条暗管从对硝基苯乙酮车间连接至应急池，并设置阀门。应急池与观察井相连，观察井系被告排放经处理达标废水的装备，观察井与长江直接连接。2015年4月至8月14日，被告在未通过环境影响评估的情况下进行对硝基苯乙酮的生产，并将产生的废液通过暗管偷排，并于2015年8月14日晚偷排时被公安机关查获。经检测，该废液中含有有毒物质硝基苯类、总氰化物、锰等，含量严重超标。经委托评估，被告外排对硝基苯乙酮母液中硝基苯类浓度超过基线水平584倍，导致暗管排放口附近长江水域生态环境受到损害，以最低违法排放废液量1542.5吨、单位虚拟治理成本40.22元/吨、环境功能区敏感系数7计，造成的生态环境损害量化数额为434275.45元。公益诉讼起诉人认为，被告的

①　案例来源：中国裁判文书网，https：//wenshu. court. gov. cn/website/wenshu/181107ANFZ0BXSK4/index. html？docId＝X6ph9aqvnw＋FfzHbTlWI62PebSXVyquL3aFU9e1fRu1ulhJYLsht/J/dgBYosE2gr0ZPqNAgXLnOu6ZV0ksUCqti2H4c2hjgKIdP/6Vj75ZEHNtyib4qWLz9os3gBFUM，2022年10月24日访问。

行为对长江水域造成严重污染，破坏了长江生态环境，损害了社会公共利益，依法应当承担侵权责任。公益诉讼起诉人在依法履行诉前公告程序后，无适格主体提起诉讼，社会公共利益仍处于受侵害状态。现根据《中华人民共和国民事诉讼法》第五十五条第二款的规定，向本院提起诉讼。

被告辩称，虽然被告有排放污水到长江的行为，但所排放到长江的污水经过自然净化后，水质并未受到影响，现损失已不复存在，不应按虚拟治理成本法计算的损失赔偿；若法院认定应赔偿，望考虑目前被告的实际困难情况，在赔偿金额上予以减少或在支付期限上、支付方式上予以考虑，如分期付款、栽种等值金额林木等。

法院经审理查明：原某化工有限公司为减少污染治理成本，在公司厂区外修建应急池，并在公司厂区内修建一条暗管从对硝基苯乙酮车间连接至应急池，并设置阀门。该应急池与观察井相连，观察井系公司排放经过处理达标废水的装备，该观察井与长江直接连接。2015 年 4 月至 8 月 14 日，原某化工有限公司在未通过环境影响评估的情况下进行对硝基苯乙酮的生产，将生产过程中产生的废液通过暗管排放到应急池暂存，并多次将应急池内的废液直接排入长江，直至 2015 年 8 月 14 日夜间被查获。该公司共生产对硝基苯乙酮 154.25 吨，因生产工艺中用水量不衡定，故产生的废液总量准确数值现已无法查明，综合在案证据，废液总量至少 1542.5 吨，至多 2313.75 吨。经监测，该废液内含有有毒物质硝基苯类、总氰化物、锰、锌、铅、镍等，其中硝基苯类含量 3.38×10^3 mg/L、总氰化物含量 15mg/L、锰含量 117mg/L，分别超过"污水综合排放标准"一级标准 1690 倍、30 倍、58.5 倍。

2018 年 3 月 27 日，重庆市渝北区人民法院以〔2017〕渝 0112 刑初 573 号刑事判决，判处某化工有限公司原法定代表人王某某、安全环保部部长胡某、设备能源部部长白某、基建部工人邓某某刑罚，并认定某化工有限公司构成单位犯罪。

受公益诉讼起诉人委托，重庆市某科学研究院于 2018 年 6 月作出《鉴定评估报告》。该报告以《中华人民共和国环境保护法》《生态环境损害鉴定评估技术指南总纲》《环境损害鉴定评估推荐方法（第Ⅱ版）》等法律与技术规范为依据，以环境价值评估方法中的虚拟治理成本法为鉴定评估方法，以委托单位公益诉讼起诉人认定的数量确定污染物排放量为 1542.5 吨，以某化工有限公司治污设施实际运行成本及实际排放量确定单位虚拟治理成本为 40.22 元/吨，以受纳水体系Ⅱ类水域功能区确定环境功能区敏感系数为 7，作出鉴定评估结论："某化工有限公司外排对硝基苯乙酮母液中硝基苯类浓度超过基线水平 584 倍，导致暗管排放口附近长江水域生态环境受到损害，造成的环境损害量化数额共计 434275.45 元。"公益诉讼起诉人向重庆市某科学研究院支付鉴定评估费 74000 元。

2018 年 7 月 17 日，公益诉讼起诉人就被告污染环境的行为在《重庆晨报》上予以公告，至公告期满，未有相关机关或组织提起诉讼。公益诉讼起诉人支出公告费 750 元。

另查明：重庆某化工有限公司于 2016 年 6 月增加新的股东，注册资本由 238 万元增至 1000 万元，公司名称变更为被告名称；2016 年 12 月公司注册资本增至 2000 万元；2017 年 7 月，公司法定代表人由王某某变更为魏某。在此期间，被告陆续投入 1592 万余元用于生产线升级改造，其中包括对硝基苯乙酮生产线的升级改造，并通过了环境影响评价及安全条件审查。

二、判决结果

重庆市第一中级人民法院判决：

（1）被告赔偿生态环境修复费用 434275.45 元，此款限于本判决生效之日起十日内付至本院指定账户，用于修复被损害的生态环境。

（2）被告于本判决生效之日起十日内，在省级或以上媒体向社会公开发表经本院审核认可的赔礼道歉声明。

（3）被告于本判决生效之日起十日内向公益诉讼起诉人支付鉴定评估费用 74000 元、公告费 750 元。

一审判决后，双方当事人均未提出上诉。

三、判案焦点及理由

法院生效裁判认为：

（一）关于本案公益诉讼起诉人作为本案公益诉讼起诉主体是否适格

根据《中华人民共和国民事诉讼法》第五十五条第二款及《最高人民法院最高人民检察院关于检察公益诉讼案件适用法律若干问题的解释》第十三条的规定，人民检察院在履行职责中发现破坏生态环境和资源保护、食品药品安全领域侵害众多消费者合法权益等损害社会公共利益的行为，经公告程序后，在没有其他机关和组织提起诉讼的情况下，可以向人民法院提起诉讼。本案公益诉讼起诉人履行了相应诉前程序，针对其辖区内发生的破坏生态环境行为，提起本案环境民事公益诉讼主体适格，符合上述规定，法院予以支持。

（二）关于被告是否应承担因污染环境侵害公共利益的侵权责任

《中华人民共和国侵权责任法》（现已废止）第六十五条规定："因污染环境造成损害的，污染者应当承担侵权责任。"某化工有限公司通过暗管向长江水域直接排放含有有毒物质的废水，其行为违反了《中华人民共和国环境保护法》的规定，导致环境受到污染，构成侵权，对此产生的损害后果应承担侵权责任。长江流域作为生态环境的重要组成部分，在生态安全系统中起着重要的作用，其水体水质状况不仅关系到居民的用水安全，还关系到周边动、植物的生存环境和生物多样性发展。某化工有限公司排放的废水中含有的硝基苯类、总氰化物、锰、锌、铅、镍等有毒物质摄入后会严重危及人体健康和其他生物的生存，该公司将废水直排入长江，加重长江流域负荷，影响长江自净能力，对周边不特定公众的身体健康造成潜在危险，也可能造成水域内生物的死亡，某化工有限公司的违法排污行为已损害社会公共利益，应当依法承担侵害社会公共利益的民事责任。被告系由原重庆某化工有限公司更名，二者实为同一主体，故该民事责任应由被告即本案被告承担。

（三）关于被告承担民事责任的方式和范围

1. 生态环境损害修复费用

《最高人民法院关于审理环境民事公益诉讼案件适用法律若干问题的解释》第二十条第二款规定："人民法院可以在判决被告修复生态环境的同时，确定被告不履行修复义务时应承担的生态环境修复费用；也可以直接判决被告承担生态环境修复费用。"在本案中，受损生态环境主要是长江水体，因其具有流动性，受到污染的区域并不局限于被告排污区域周边，符合进行替代性修复的情形，加之被告本身并不具备生态环境修复的专业能力，故本案直接判决被告承担生态环境修复费用更为恰当。

《最高人民法院关于审理环境侵权责任纠纷案件适用法律若干问题的解释》第八条规定："对查明环境污染案件事实的专门性问题，可以委托具备相关资格的司法鉴定机构出具鉴定意见或者由国务院环境保护主管部门推荐的机构出具检验报告、检测报告、评估报告或者监测数据。"对于该修复费用的确定，公益诉讼起诉人委托了列入环境保护主管部门环境损害鉴定评估推荐机构名录的重庆市某科学研究院对涉案污染行为造成的生态环境损害量化数额进行了鉴定评估，作出了《鉴定评估报告》。该鉴定意见委托程序合法，作出的机构及人员具有相应资质，具备证据的合法性。鉴定评估项目负责人出庭作证，当庭接受了质询，进一步说明了鉴定意见的科学性和合理性。该鉴定意见运用虚拟治理成本法评估的环境损害量化数额由单位虚拟治理成本、污染物排放量及环境功能区敏感系数相乘得出，其所选用的环境损害量化方法及认定的单位虚拟治理成本、环境功能区敏感系数依据充分，具有客观性、科学性，属于评估鉴定机构依其专业能力履行工作职责的范围，依法应予采信；污染物排放量属事实认定问题，重庆市某科学研究院采用的污染物排放量系依委托单位公益诉讼起诉人认定的数量，该数量是否应予认定，法院作详细评述如下：

本案所涉污染物排放的精确实际数量因客观证据所限已无法查明，但污染物排放量的认定对损害后果的最终确定不可或缺。根据在案证据，对排放量的认定有两种路径：一是证据显示生产1吨对硝基苯乙酮会产生10~15吨废液，被告共生产154.25吨对硝基苯乙酮，由此认定排放的废液量为1542.5~2313.75吨；二是证据显示暂存废液的应急池容积为317.1m³，容量达80%时即排放，此时废液体积约为253.68m³，共排放七次或八次，共1775.76~2029.44m³，且被查处当天应急池中尚有不明数量的废液尚未排出。无论依何种路径计算，被告实际排污量均应不少于1542.5吨，故公益诉讼起诉人认定污染物排放量为1542.5吨证据充分，有相应事实依据。重庆市某科学研究院采用该排污量进行鉴定评估，法院予以采信。

《最高人民法院最高人民检察院关于检察公益诉讼案件适用法律若干问题的解释》第十八条规定，人民法院认为人民检察院提出的诉讼请求不足以保护社会公共利益的，可以向其释明变更。本案中，公益诉讼起诉人对污染物排放量就低予以认定，并以此评估损害后果，提起诉讼请求。法院亦对公益诉讼起诉人提出的诉讼请求是否足以保护社会公共利益予以关注。对此，法院认为，认定排污数量为1542.5吨的证据确实、充分，虽在民事诉讼程序中以高度可能性为案件待证事实证明标准，但具体到本案而言，生产154.25吨对硝基苯乙酮，产生的废液数量在 1542.5~2313.75 吨均有可能，除最低数值外，在该范围内认定为其他数量均具有或然性、不确定性。另一方面，环境公益诉讼不仅为弥补当前损失，也需着眼于生态环境的未来。被告作为民营企业，在污染行为被查处后，积极投入资金用于其对硝基苯乙酮生产线的升级改造，并通过了环境影响评价及安全条件审查，在继续服务于社会经济发展的同时，已消除了其生产经营行为污染环境、破坏生态的风险。故本案中公益诉讼起诉人就低认定排污量委托鉴定评估，并依此提起诉讼请求，要求被告赔偿生态环境损害费 434275.45 元，已经能够实现公益诉讼的目的，足以保护社会公共利益。

综上，《鉴定评估报告》认定的生态环境损害量化数额应予采信，公益诉讼起诉人要求被告赔偿生态环境损害费 434275.45 元的诉讼请求成立。根据《环境损害鉴定评估推荐方法（第Ⅱ版）》，虚拟治理成本是按照现行的治理技术和水平治理排放到环境中的污染物所需要的支出，故虚拟治理成本法所确定的生态环境损害费实质为拟修复环境所支出的费用，亦即《最高人民法院关于审理环境民事公益诉讼案件适用法律若干问题的解释》第二十条第二款所规定的生态环境修复费用。

被告关于污染已通过水体自净，并无损害后果，《鉴定评估报告》不应采信的答辩意见不能成立，法院不予支持。被告另提出其在污染行为发生后增资扩股，投入资金进行环保设备升级改造，目前经营困难，应减轻其赔偿责任及变更责任承担方式的答辩意见，对此，法院认为，被告的污染行为已造成相应损害后果，以上事实均旨在消除今后生产经营对生态环境破坏的风险，而非对已造成的损害后果进行填补，不能减轻其应承担的民事责任；本案损害赔偿量化数额相对被告的注册资金及生产经营规模而言亦非巨大，并无分期履行或以其他方式履行赔偿义务的必要性，故被告的该答辩意见法院不予支持。

2. 评估鉴定费用及公告费用

《最高人民法院关于审理环境民事公益诉讼案件适用法律若干问题的解释》第二十二条规定："原告请求被告承担检验、鉴定费用，合理的律师费以及为诉讼支出的其他合理费用的，人民法院可以依法予以支持。"公益诉讼起诉人为提起本案诉讼，依法委托重庆市某科学研究院进行鉴定评估，并在报刊上发布公告，实际支出了鉴定评估费 74000 元、公告费 750 元，以上费用均有相关票据及支付凭证佐证，均属为诉讼支出的合理费用，被告对此亦无异议，故公益诉讼起诉人要求被告承担评估费 74000 元、公告费 750 元的诉讼请求成立。

3. 赔礼道歉

长江横贯我国南部，被赋予母亲河的美誉，沿江孕育各具特色的地域文化，承载着国人对于美好生态环境的希冀。被告违法排放并污染环境的行为，在侵害社会公共利益的同时，也侵害了社会公众享有美好生态环境的精神利益，其除承担赔偿损失的民事责任外，理应向社会公众赔礼道歉，以示真诚悔改其过错，并主动接受公众监督，此亦符合《中华人民共和国民法总则》第一百七十九条以及《最高人民法院关于审理环境民事公益诉讼案件适用法律若干问题的解释》第十八条的规定。故公益诉讼起诉人要求被告向社会公众赔礼道歉的诉讼请求成立。综合考量被告违法排污的具体情节、破坏生态环境的程度和范围以及社会影响，法院确定被告应在省级或以上媒体向社会公开赔礼道歉。

四、裁判要点的理解与说明

本案的裁判要点主要有两个方面：

（一）人民法院的释明权

《最高人民法院关于审理环境民事公益案件适用法律若干问题的解释》和《最高人民法院最高人民检察院关于检察公益诉讼案件适用法律若干问题的解释》规定，人民法院认为原告或公益诉讼起诉人提出的诉讼请求不足以保护社会公共利益的，可以向其释明变更或者增加诉讼请求。

（二）环境民事公益诉讼的救济对象

审查诉讼请求是否足以保护社会公共利益，首先应明确环境民事公益诉讼所保护的社会公共利益内涵，应包括社会公共利益的现实损害和受损风险两个方面。

五、相关法律依据

（一）《中华人民共和国环境保护法》

第四十二条第四款　严禁通过暗管、渗井、渗坑、灌注或者篡改、伪造监测数据，或者不正常运行防治污染设施等逃避监管的方式违法排放污染物。

第六十四条　因污染环境和破坏生态造成损害的，应当依照《中华人民共和国侵权责任法》的有关规定承担侵权责任。

（二）《最高人民法院关于审理环境侵权责任纠纷案件适用法律若干问题的解释》

第十三条　人民法院应当根据被侵权人的诉讼请求以及具体案情，合理判定污染者承担停止侵害、排除妨碍、消除危险、恢复原状、赔礼道歉、赔偿损失等民事责任。

（三）《最高人民法院关于审理环境民事公益诉讼案件适用法律若干问题的解释》

第二十条　原告请求恢复原状的，人民法院可以依法判决被告将生态环境修复到损害发生之前的状态和功能。无法完全修复的，可以准许采用替代性修复方式。人民法院可以在判决被告修复生态环境的同时，确定被告不履行修复义务时应承担的生态环境修复费用；也可以直接判决被告承担生态环境修复费用。生态环境修复费用包括制定、实施修复方案的费用和监测、监管等费用。

第二十二条　原告请求被告承担检验、鉴定费用，合理的律师费以及为诉讼支出的其他合理费用的，人民法院可以依法予以支持。

第二十四条　人民法院判决被告承担的生态环境修复费用、生态环境受到损害至恢复原状期间服务功能损失等款项，应当用于修复被损害的生态环境。其他环境民事公益诉讼中败诉原告所需承担的调查取证、专家咨询、检验、鉴定等必要费用，可以酌情从上述款项中支付。

六、选择该案件的原因

本案判决对被告积极主动履行自己的责任，采取相关措施防范环境污染风险的行为予以了一定程度上的肯定，体现了坚持保护生态环境兼顾民营经济发展的裁判思路，展现了人民法院服务保障高质量发展的司法作用，对审理同类案件具有一定的参考意义。

案例七　某志愿服务发展中心与某营养科技有限公司、某钢铁有限公司环境污染责任纠纷案①

一、基本案情

原告某志愿服务发展中心（以下简称某服务中心）支持起诉人某市人民检察院、支持起诉人某环境交流中心与被告某钢铁有限公司（以下简称"某钢铁有限公司"）、某营养科技有限公司（以下简称"某科技有限公司"）环境污染责任纠纷一案。原告作为专门从事环境保护的社会组织，特提起环境民事公益诉讼。

原告某服务中心指控：2018年7月3日，某市环境保护局在执行饮用水源常规监测中发现，某饮用水水源断面铊浓度范围超过集中式生活饮用水地表水特定项目铊标准限值0.8倍。该某饮用水水源断面为某市自来水厂的饮用水源取水点。2018年7月30日，经相关部门排查确定：被告某钢铁有限公司的生产区、被告某科技有限公司分别为某河铊浓度超标污染行为的污染者。2018年10月，经某环境科学研究所对该污染事件所作的《某河铊浓度超标事件应急处置阶段环境损害鉴定与影响后评估报告》（以下简称《后评估报告》）评估认定，此次污染事件共计造成应急处置阶段直接经济损失1592.62万元、某河生态环境损害约888万元。事件还造成该河段特征污染物在水生生物中累积，生态环境具有持续潜在的风险。

原告某服务中心支持起诉人某市人民检察院和某环境交流中心支持起诉意见：①本案系支持起诉人在履行检察职责中发现，并履行了立案审查、诉前公告等法定程序。在法定公告期内，原告某服务中心向支持起诉人提出函告，拟作为原告提起诉讼，根据相关法律规定，支持起诉人认为原告某服务中心具备对本案提起诉讼的主体资格，原告的起诉符合法律规定。②原告的各项诉讼请求均有事实和法律依据，依法应予支持。两被告未按环境影响评价要求堆放、存储瓦斯灰和建设完善雨污分流系统，是导致铊物质流入外环境，继

① 案例来源：中国裁判文书网，https://wenshu.court.gov.cn/website/wenshu/181107ANFZ0BXSK4/index.html? docId=bJZNHdNjlwcz4b+34stBH3ZaXuK40BIt36MWWwDUuDUcFmYITpmEJp/dgBYosE2gBqnNh2W5stjRKefZFinkr9pen5LAIWrSvb77MR4zDn4vzZVll2+TjBkQ89XsszRJ，2022年9月16日访问。

而造成环境损害的直接原因，两被告主观上有过错，客观上对环境造成了实质性的损害，应该承担民事侵权责任，且其侵害的是社会不特定多数人对环境的期待利益，具有损害社会公共利益的明显特征。

被告某钢铁有限公司辩称：①某河段不应设置为饮用水水源地。②某钢铁有限公司堆放瓦斯灰的行为与某地铊浓度超标不存在因果关系。某市生态环境局、某环境科学研究所作出的调查报告、评估报告等文件依据不足、结论错误。③本公司的排放完全合法合规，不存在主观过错，故本公司不应承担环境侵权赔偿责任或应减轻责任。④根本不存在侵权行为或危险状态仍持续问题，原告要求被告停止侵权行为及消除危险的诉讼请求没有事实及法律依据。⑤原告并非应急处置费的支出主体，其不具有请求赔偿应急处置费的主体资格。案涉事件发生后，某科技有限公司支出的费用更不应由某钢铁有限公司承担，且《后评估报告》对应急处置费的计算存在错误。⑥案涉事件未造成生态环境损害，原告无权主张生态环境损害费。《后评估报告》并未载明其他环境损害的存在，无须另行评估生态环境损害费用。⑦本案即便构成生态环境损害，亦不需开展生态环境补偿性恢复。⑧即便需要承担损害赔偿责任，亦应当按份承担责任，原告要求承担连带责任没有事实及法律依据。⑨本公司对案涉事件的发生不存在过错，原告无权要求本公司赔礼道歉。⑩案涉事件已经结束，生态环境已经恢复，本案无须进行鉴定评估、专家咨询及调查，故原告无权主张赔偿鉴定评估费、专家咨询费、调查所支出的各项费用。⑪案涉事件发生后，本公司进行技术改造，避免铊排放，支出了大量费用，明显降低了环境风险。根据最高人民法院环境公益诉讼典型案例裁判观点，即便本案需要承担赔偿责任，就技术改造支付的改造费用等也可以抵扣环境损害赔偿相关费用。

被告某科技有限公司辩称：①原告所诉某河段污染应急处置费、某河生态环境损害费等不应由本公司承担。②本公司已完善了雨污分流系统，对河流、土壤、地下水等外环境产生影响或危险的情形或事实不存在。③原告要求本公司在国家级的媒体上向社会公开赔礼道歉不成立。④原告的宗旨和业务无法体现其专门从事环保活动，是否符合主体资格，请法院依法审查。

法院经审理查明：某饮用水源断面为自来水厂的饮用水源取水点。2018年7月3日，某市环境监测站在对该饮用水水源地开展109项水质全分析监测时，发现水质中铊元素浓度值超过饮用水源水质控制标准0.065微克/升（标准限值为0.1微克/升）。某市生态环境局某分局请求某市生态环境局协助排查污染源后，初步判定河中的铊污染物主要来源于钢铁和硫酸锌生产企业。至7月30日，某市生态环境局先后对这些河的主要支流和沿线企业废水排放口进行采样监测。某环境监测站调查出具的报告让某市生态环境局进一步判定某钢铁有限公司、某科技有限公司为涉事企业。

2018年8月6日，某市生态环境局会同某市公安局、某省环境监察局对某钢铁有限公司的某个生产区进行现场检查，确认了某钢铁有限公司堆放瓦斯灰的行为和某河段铊浓度超标的事实。2018年7月16日，某市生态环境局对某钢铁有限公司某个生产区进行了检查，发现该公司原料堆场棚化改造的工程废水、块矿装卸时夹带的卸矿槽废水未被有效收集，渗流至原料堆场旁边的雨水沟，经泄洪闸排入某河，造成某河河水变红。2018年8月9日，某市生态环境局会同某区环境保护局对某钢铁有限公司某个生产区进行检查。认定现场情况如下：该单位擅自将 2461 吨高炉瓦斯灰堆存在货场，高炉瓦斯灰堆场未采取防治污染措施、未建设污染防治设施导致大雨时有部分废水排入某河。2018 年 8 月 7 日，某区环境保护局发现某科技有限公司有生活污水排放，未按照规定对所排放的水污染物开展自行监测，该公司锅炉软水池的返洗水未经处置，通过生活污水排口直接排入外环境。2018 年 6 月 1 日，某区环境保护局曾对某科技有限公司进行了检查，检查发现，公司部分厂房未密闭，产生的粉尘无组织排放。原料堆场未按管理规范要求堆存，地面扬尘严重；堆场地面、回转窑炉地面精细化管理措施未实施。风干系统和抑尘措施不到位，粉尘无组织排放。原料下料口振动筛收尘不彻底，粉尘无组织排放，未采取集中收集处理等措施，严格控制粉尘和气态污染物。2018 年 9 月 17 日，某市生态环境局对某科技有限公司进行了现场检查，某科技有限公司正对厂区雨污分流系统升级完善，彻底分开屋面雨水与地面雨水，雨水收集池检查并作防渗升级改造。水系统管理升级改造；改造升级作业区屋面水收集系统；完善和升级地面水收集系统；建立初期雨水钪等重金属处置装置；新建设 3t/h 生活污水处理站。

2018 年 10 月，某环境科学研究所作出《某河铊浓度超标事件应急处置结算环境损害鉴定与影响后评估报告》，该报告认定了本次铊污染事件是历史排铊、五十年一遇旱情和瓦斯灰受冲刷后进入某河综合叠加后造成的，且认定造成直接经济损失 1592.62 万元，还造成生态环境损害约 888 万元。2019 年 2 月，某环境科学研究所作出《某河铊浓度超标事件应急处置结算环境损害鉴定与影响后评估工作总评估报告》（以下简称总评估报告），该报告对于环境损害量化的评估结果与后评估报告一致。同时，该报告对某钢铁有限公司、某科技有限公司的相应整改情况进行了明确，在事件发生之后，某钢铁有限公司采取了调整采购计划、加强固体废物管理、雨污分流工程整改、污水处理能量提升工程建设等一系列整改措施，某科技有限公司采取了排水系统管理升级改造、强化工厂精细化管理等一系列整改举措。2019 年 4 月 28 日，某环境科学研究所向某市人民政府致《关于〈关于按照合同约定对某河铊超标事件进行生态修复评估的函〉的复函》，研究所就某市人民政府提出的"需提出生态修复方案并估算修复费用"问题进行了说明。

另查明，2016 年 7 月以来某饮用水水源地常规项监测结果显示，某断面大部分时间都检测出铊。某市生态环境局向某钢铁有限公司颁发的《排污许可证》、某市某区环境保护局向某科技有限公司颁发的《排放污染物许可证》均未涉及铊的排放问题。

再查明，2018 年 10 月 18 日，某市人民检察院作出《关于将某河流域铊污染环境案移交某服务中心的函》，决定将案件移交某服务中心办理，并在之后向某服务中心移交了相关证据材料。某服务中心系民办非企业单位，业务范围包括组织开展文明劝导、环境保护、文化教育、灾害救助等领域的志愿服务活动。

二、判决结果

某市中级人民法院一审判决如下：①被告某钢铁有限公司、某营养科技有限公司应继续完善雨污分流系统，避免对河流等外环境造成损害。②被告某钢铁有限公司、某营养科技有限公司应进一步排查危废堆放情况，消除对土壤、河流及地下水生态环境的潜在危险。③被告某钢铁有限公司于本判决生效之日起十五日内向法院指定账户支付直接经济损失费 4787170.70 元、生态环境损害费 7548000 元、评估费 2975000 元，合计 15310170.70 元。④被告某营养科技有限公司于本判决生效之日起十五日内向法院指定账户支付直接经济损失费 2359622.50 元、生态环境损害费 1332000 元、评估费 525000 元，合计 4216622.50 元。⑤被告某钢铁有限公司、某营养科技有限公司于本判决生效之日起十五日内分别向原告某志愿服务发展中心支付其为本案调查和诉讼所支出的费用 6800 元、1200。⑥被告某钢铁有限公司、某营养科技有限公司于本判决生效之日起十五日内通过国家级媒体向公众赔礼道歉（内容须经法院审定）。⑦驳回原告某志愿服务发展中心的其他诉讼请求。

后被告不服判决，向某省高级人民法院上诉，某省高级人民法院判决如下：①维持某市中级人民法院〔2019〕赣 03 民初 13 号民事判决第一项、第二项、第五项。②撤销某市中级人民法院〔2019〕赣 03 民初 13 号民事判决第六项、第七项。③变更某市中级人民法院〔2019〕赣 03 民初 13 号民事判决第三项为：某钢铁有限公司于本判决生效之日起十五日内向某市中级人民法院指定账户支付直接经济损失费 3868846.14 元、生态环境损害费 7548000 元、评估费 2975000 元，合计 14391846.14 元。④变更某市中级人民法院〔2019〕赣 03 民初 13 号民事判决第四项为：某营养科技有限公司于本判决生效之日起十五日内向某市中级人民法院指定账户支付直接经济损失费 2197565.22 元、生态环境损害费 1332000 元、评估费 525000 元，合计 4054565.22 元。⑤驳回某志愿服务发展中心的其他诉讼请求。

某营养科技有限公司不服某省高级人民法院〔2020〕赣民终 355 号民事判决，向中华人民共和国最高人民法院申请再审，中华人民共和国最高人民法院于 2021 年 12 月 17 日作出裁定：驳回某营养科技有限公司的再审申请。

三、判案焦点及理由

（一）一审争议焦点

根据双方的诉辩意见，本案一审的争议焦点：一是两被告是否实施了环境侵权行为，并导致某河铊浓度超标事件的发生；二是某河铊浓度超标事件的损害后果应如何确定；三是两被告的责任以及承担方式应如何确定。

1. 两被告是否实施了环境侵权行为，并导致某河铊浓度超标事件的发生

（1）环境侵权行为通常表现为，某一方向环境中排放物质或能量的行为致使该物质或能量在环境中的数量、浓度超出了适用于该环境的质量标准或超出人类生产生活适用的标准。本案中，某钢铁有限公司是集烧结、炼铁、炼钢、轧钢为一体的大型钢铁企业，根据生产工艺，在生产过程中产生机头灰尘、瓦斯灰等废渣，而某科技有限公司企业原料主要为瓦斯灰，两被告在生产过程中产生含铊废水并外排，即存在历史排铊的情形。根据查明的事实，在某河铊浓度超标事件发生之前，某钢铁有限公司某个生产区将 1926.06 吨高炉瓦斯灰露天堆存于原料堆场西南侧排水渠旁，某个生产区擅自将 2461 吨高炉瓦斯灰堆存在阳干 600 米货场，两处堆放场地均未采取防渗漏、防流失等防治污染措施，且厂区雨污分流系统不完善，遇雨水天气、生产区内部分车辆冲洗废水、地面冲洗废水、原料及废

渣溶水存在随雨水地表径流排入外环境的现象。某科技有限公司未按照规定对所排放的水污染物开展自行监测，公司锅炉软水池的返洗水未经处置，通过生活污水排口直接排入宝海小河。根据事件处置阶段的监测结果显示，某钢铁有限公司某个生产区内排水渠（铊浓度最高为 43.5μg/L），某河入河口（铊浓度最高为 15μg/L），某个生产区废水排口（铊浓度最高为 0.64μg/L），某河入河口（铊浓度最高为 1.45μg/L）、某科技有限公司锅炉软水池（铊浓度为 6.12μg/L）等相应监测点位均监测出铊因子，而根据水流路径显示，某钢铁有限公司两个厂区含铊废水经过厂区排污口进入某河干流后向下游迁移汇入某河。某科技有限公司含铊废水最终将汇入某河。由此两被告均存在排放含铊废水的情形，且该铊因子将通过水流路径到达某饮用水水源断面。

（2）《最高人民法院关于审理环境侵权责任纠纷案件适用法律若干问题的解释》第十条规定："负有环境保护监督管理职责的部门或者其委托的机构出具的环境污染事件调查报告、检验报告、检测报告、评估报告或者监测数据等，经当事人质证，可以作为认定案件事实的依据。"本案中，某市生态环境局作为依法负有环境保护监管职能的行政机关，参与了某河铊浓度超标事件的应急处置和污染源排查，掌握事件处置的相应基础数据，其在针对本次事件所作出的调查报告、应急处置报告中均明确了某钢铁有限公司、某科技有限公司为涉事企业，亦针对两家企业进行了行政处罚。某环境科学研究所实质上亦参与了本案铊浓度超标事件现场应急处置工作，对于污染源排查以及应急处置阶段形成的相应监测数据，可以作为认定本案事实的基础，该研究所接受政府部门委托作出的《后评估报告》对于两被告存在历史排铊以及新增排铊的事实予以了明确，认定了两被告此次违法排污与历史排污以及流域旱情严重等因素综合叠加后造成本次铊浓度超标事件。

（3）《最高人民法院关于审理环境侵权责任纠纷案件适用法律若干问题的解释》第七条规定，污染者举证证明下列情形之一的，人民法院应当认定其污染行为与损害之间不存在因果关系：①排放的污染物没有造成该损害可能的。②排放的可造成该损害的污染物未到达该损害发生地的。③该损害于排放污染物之前已发生的。④其他可以认定污染行为与损害之间不存在因果关系的情形。本案中，两被告并未提交有效证据证明存在上述情形。另外，某饮用水源断面为某自来水厂的饮用水源取水点，对水源监测以《地表水环境质量标准》中规定的集中式生活饮用水地表水源地特定项目标准限值为依据并无不当，其设置是否符合饮用水水源地设置条件不属于本案审查的范畴，被告某钢铁有限公司提出的某河段不符合饮用水水源地设置条件的抗辩理由不能成立。

综上，两被告提出的未实施污染环境行为且和本案所涉的铊浓度超标不存在因果关系的主张不能成立。

2. 某河铊浓度超标事件的损害后果应如何确定

（1）直接经济损失的认定。《最高人民法院关于审理环境侵权责任纠纷案件适用法律若干问题的解释》第八条规定，对查明环境污染案件事实的专门性问题，可以委托具备相关资格的司法鉴定机构出具鉴定意见或者由国务院环境保护主管部门推荐的机构出具检验报告、检测报告、评估报告或者监测数据。依据该规定，某环境科学研究所接受某市人民政府委托作出的《总评估报告》《后评估报告》可以作为本案确认铊浓度超标事件损害结果的依据。因本案铊浓度超标事件，某两省均遭受损失，相关损失申报分别由某两省环境保护科学院负责收集整理，且经过某环境科学研究所依据完整性、规范性、逻辑性原则进行了审核，剔除了重复申报、逻辑错误的相关信息，予以确认。根据评估报告显示，本次某河铊浓度超标事件应急处置阶段共造成直接经济损失 15926083.31 元，其中，某省境内直接经济损失为 5276412.2 元，另一省直接经济损失 10649671.11 元。该部分损失主要是为了防止污染扩散、保障饮水、污染源排查等而支出的相应费用，属于因该铊浓度超标事件而造成的直接损失。

（2）生态环境损害费的认定。生态环境损害是因污染环境、破坏生态造成大气、地表水、地下水、土壤、森林、草原、湿地等环境要素和植物、动物、微生物等生物要素的不利改变，以及上述要素构成的生态系统功能退化。具体到本案中，本案所涉铊浓度超标事件的最直接后果表象为水源中铊元素浓度值超出《生活饮用水卫生标准》规定的 0.0001mg/L，而降低该浓度值最直接的方式为阻断污染源、水源稀释，而该稀释行为，即被告某钢铁有限公司所认为的实际应急过程中调水 250 万立方米的行为实质是应急处置的相应手段，由此产生的水资源费用并非生态环境损害费。《生态环境损害鉴定评估技术指南总纲》第 8.2.1 规定，替代等值分析法包括资源等值分析法、服务等值分析法和价值等值分析法。第 8.2.2 规定，如果受损的生态环境以提供资源为主，采用资源等值分析方法；如果受损的生态环境以提供生态系统服务为主，或兼具资源与生态系统服务，采用服务等值分析法。本案所涉铊浓度超标事件造成某河段特征污染物在水生生物中累积，潜在生态风险升高，以《生活饮用水卫生标准》为参照值，新增加排铊量进入某河，实质上造成了生态环境提供水资源的能力受损，评估机构采用资源等值分析方法，通过确认两被告向某河新增铊排放量，以稀释受污染的水量所消耗的水资源来量化生态环境损害数额并无不当。另外，评估报告确认了本次事件仅开展基本恢复，无须开展补偿性恢复和补充性恢复，且基本恢复方案选择自然恢复措施，但自然修复并不代表污染行为并未对生态环境造成损害。基于此，法院对评估报告认定的事件造成某河生态环境损害约 888 万元予以认定，该生态环境损害费 888 万元即为生态环境修复或恢复费用。

（3）鉴定评估费、专家咨询费、原告调查及诉讼所支出的各项费用的问题。2018 年 8 月 23 日，某市人民政府与某环境科学研究所签订《环境保护部某环境科学研究所科研项目合同书》，该委托事项系某河铊浓度超标事件生态环境损害鉴定与影响后评估，属于本案所涉铊浓度超标事件所造成的侵权损失范畴，虽然某市人民政府暂未全部付清该款项，但根据项目合同书的约定，支付评估费属于某市人民政府的应负义务，且金额 350 万元已经明确，对此予以认定。对于专家咨询费，原告并未提供相应证据证明，不予支持。本案系公益诉讼案件，原告在本案中提交的证据多为某市人民检察院移交，且其提交的部分差旅费票据产生于本案所涉铊浓度超标事件之前，故原告的部分差旅费票据不能证明与本案诉讼的关联，考虑到原告需到某市接收相应证据、参加庭前会议、现场查看、开庭而确需支出相应的费用并有相应发票佐证，且同时考虑到原告在法院还提起有其他环境民事公益诉讼，结合原告出庭人数、往返某市的高铁票、机票价格等，法院认定原告为本案调查及诉讼所支出的各项费用为 8000 元。

综上，两被告环境侵权造成的损害后果中直接经济损失为 15926083.31 元、生态环境损害为 888 万元、评估费 350 万元、原告为调查及本案诉讼所支出的费用 8000 元，以上合计 28314083.31 元。

3. 两被告的责任以及承担方式应如何确定

《中华人民共和国侵权责任法》（现已废止）第六十五条规定，因污染环境造成损害的，污染者应当承担侵权责任。《最高人民法院关于审理环境侵权责任纠纷案件适用法律若干问题的解释》第一条规定，因污染环境造成损害，不论污染者有无过错，污染者应当承担侵权责任。污染者以排污符合国家或者地方污染物排放标准为由主张不承担责任的，人民法院不予支持。本案中，两被告的行为导致铊浓度超标事件的发生，应当承担侵权责任，至于两被告主观上是否具有过错、某省是否制定了铊元素的工业排放标准等，不影响两被告责任的承担。

（1）两被告责任承担比例。《中华人民共和国侵权责任法》第八条规定："二人以上共同实施侵权行为，造成他人损害的，应当承担连带责任。"第十一条规定："二人以上分别实施侵权行为造成同一损害，每个人的侵权行为都足以造成全部损害的，行为人承担连带责任。"第十二条规定："二人以上分别实施侵权行为造成同一损害，能够确定责任大小的，各自承担相应的责任；难以确定责任大小的，平均承担赔偿责任。"《最高人民法院关于审理环境侵权责任纠纷案件适用法律若干问题的解释》第三条第二款规定："两个以上污染者分别实施污染行为造成同一损害，每一个污染者的污染行为都不足以造成全部损害的，被侵权人根据侵权责任法第十二条规定请求污染者承担责任的，人民法院应予支持。"

结合本案来看，对于铊浓度超标事件的发生，某环境科学研究所通过对本次事件铊浓度对比分析，认定两被告此次违法排污与历史排污以及流域旱情严重等因素综合叠加后造成本次铊浓度超标事件。在旱情客观存在的情况下，两被告的历史排铊量和新增排铊量导致了案涉事件的发生，两被告之间没有环境污染行为的共同意思联络，基于某科技有限公司单独的排铊行为并不会导致本案铊浓度超标事件的发生，根据上述法律规定，两被告对侵权责任的承担不宜为连带责任。正常情形下，两被告的排铊量将直接影响到水流中铊浓度的变动，某环境科学研究所建议以企业铊排放通量来划分两被告的责任虽然具有一定的合理性，但未考虑某钢铁有限公司某厂区新增铊排放量对某河段铊浓度超标事件发生的直接影响，综合两被告的排放通量、历史铊排放量对河流中铊浓度的影响等因素，法院认定被告某钢铁有限公司对于本次铊浓度超标事件所造成的损害后果承担责任的比例为85%、某科技有限公司承担责任的比例为15%。

（2）两被告责任承担方式和金额。《中华人民共和国侵权责任法》第十五条规定，承担侵权责任的方式主要有：①停止侵害。②排除妨碍。③消除危险。④返还财产。⑤恢复原状。⑥赔偿损失。⑦赔礼道歉。⑧消除影响、恢复名誉。以上承担侵权责任的方式，可以单独适用，也可以合并适用。《最高人民法院关于审理环境民事公益诉讼案件适用法律若干问题的解释》第十八条规定，对污染环境、破坏生态，已经损害社会公共利益或者具有损害社会公共利益重大风险的行为，原告可以请求被告承担停止侵害、排除妨碍、消除危险、恢复原状、赔偿损失、赔礼道歉等民事责任。

具体到本案：关于原告提出的要求两被告立即建设和完善雨污分流系统，停止对河流等外环境的侵权行为的请求。雨污分流系一种排水体制，指将雨水和污水分开，各用一条管道输送，进行排放或后续处理的排污模式，可以避免污水直接进入河道造成污染。具体到本案中，在铊浓度超标事件发生后，两被告进行了相应整改，法院予以肯定。但从根本上解决生态环境问题，需要一个较长的努力过程，源头预防是根本之策，两被告作为生产型企业，在生产经营过程中将不可避免地涉及废水排放、危废管理、生产资料存储等可能对生态环境造成损害的行为，生态环境的保护应贯穿于企业生产经营的每一个节点，雨污分流系统的建立有利于企业污水处理和水资源再利用效率的提高、有利于生态环境的保护，基于此，对原告要求两被告建设和完善雨污分流系统的主张法院予以支持，但现有证据无法证明两被告目前继续存在对河流等外环境的侵权行为，根据两被告的整改情况，其已经建立了雨污分流系统并进行了相应的完善，但完善指待完备美好、使趋于完美，应是持续和不断增进的过程，由此，结合原告该项诉讼请求，在对两被告整改举措充分肯定的基础上，仍有必要以判决的形式提示和要求两被告根据生产经营情况继续完善雨污分流系统，避免对河流等外环境造成损害。

关于原告提出的要求二被告立即依法清除、处置堆存的危险废物，消除对土壤、河流及地下水生态环境的危险的请求。两被告在应急处置阶段已经进行了相应的整改，对于堆存的相应瓦斯灰亦进行了处置，2019年7月25日，法院组织双方当事人对某钢铁有限公司某些生产区，某科技有限公司生产厂区进行了现场查看，可以明确对于某钢铁有限公司某个生产区、某个生产区原堆存的瓦斯灰已经进行了处置，某科技有限公司生活污水排口已经用水泥封住，由此，针对本案所涉铊浓度超标事件，两被告已经清除、处置了堆存的危险废物。但相应的环境保护举措，并不能仅仅局限于某一事件发生之后的补救，两被告的生产经营活动具有持续性，在生产过程中仍存在生产资料或者生产废料的堆积、存放，两被告应严格按照生态环境保护的要求加强危废管理，进一步排查危废堆放情况，消除对土壤、河流及地下水生态环境存在的潜在危险。

关于原告提出的要求两被告支付应急处置费（直接经济损失费）的请求。保护生态环境，是每一个企业在生产经营过程中应该坚持的原则，技术改造、产业升级等均是企业为了降低环境风险所采取的措施，应予以支持和鼓励，但作为环境侵权案件，在事件发生之后所进行的相应技术改造等，并不能减少已发生的侵权行为所造成的损失，故对于某钢铁有限公司主张的技术改造费用可以抵扣环境损害赔偿的主张，法院不予支持。

本案某河铊浓度超标事件的发生，直接导致了某两省多个单位参与了该次事件的应急处置，由此支出的工程建造费用、行政支出费、设备设施受到污染的更换费等均是为了尽快使某市饮用水水源恢复饮用水源各项检测标准而产生，该费用具有维护社会公共利益的属性。基于此，对于该次事件而导致的直接经济损失在本案中集中进行处理亦有助于损失的统一确认，原告作为公益组织提起该主张并无不当，但原告并非该费用的支出主体，其不具有接受该赔偿费用的权利，根据查明的事实，直接经济损失费的支出单位包含了某市自来水公司等多个单位，故对于该费用，两被告应该支付给法院指定账户，后续根据案件执行情况结合查明的应急单位支出情况再行处理。两被告作为侵权主体，同时在事件发生后开展了应急处置工作，对其支出的费用应放在整个直接经济损失中综合进行评价。根据查明的事实，直接经济损失为15926083.31元，根据两被告的责任承担比例，某钢铁有限公司应承担的金额为13537170.81元、某营养科技有限公司应承担的金额为2388912.50

元，其中某钢铁有限公司在应急中支出 328750000.11 元、某营养科技有限公司支出 29290 元，故对于直接经济损失费某钢铁有限公司还需支付 4787170.70 元、某营养科技有限公司还需支付 2359622.50 元。

关于原告提出的生态环境受到的损害至恢复原状期间的生态系统服务功能损失费 888 万元（生态环境损害费）的请求。《最高人民法院关于审理环境民事公益诉讼案件适用法律若干问题的解释》第二十条规定，原告请求恢复原状的，人民法院可以依法判决被告将生态环境修复到损害发生之前的状态和功能。无法完全修复的，可以准许采用替代性修复方式。人民法院可以在判决被告修复生态环境的同时，确定被告不履行修复义务时应承担的生态环境修复费用；也可以直接判决被告承担生态环境修复费用。第二十四条规定，人民法院判决被告承担的生态环境修复费用、生态环境受到损害至恢复原状期间服务功能损失等款项，应当用于修复被损害的生态环境。本案中，前述法院已经对该 888 万元生态环境损害费的性质以及金额予以了认定，其中某钢铁有限公司应承担的金额 754.8 万元、某科技有限公司应承担的金额为 133.2 万元，由于本案所涉铊浓度超标事件造成的生态损害跨某两省，故该 888 万元生态环境损害费应用于两省生态环境资源的修复和保护，对于该款项，两被告应该支付给法院指定账户，后续根据案件执行情况结合查明的两省所受生态环境损害情况予以处理。

关于原告提出的鉴定评估费、调查及诉讼所支出的费用的问题。评估费 350 万元，应由被告某钢铁有限公司支付 297.5 万元，某科技有限公司支付 52.5 万元。该评估费的实际支出主体和负担主体为某市人民政府，原告不具有接受该费用的权利，该款项应由两被告支付至法院指定账户，后续根据案件执行情况予以处理。原告为本案诉讼支出的费用 8000 元，由被告某钢铁有限公司向其支付 6800 元、某科技有限公司向其支付 1200 元。

关于原告提出的两被告对其所实施的污染环境、破坏生态、损害社会公共利益的行为，在国家级的媒体上向社会公开赔礼道歉的请求。本案所涉铊浓度超标事件跨某两省，且某市饮用水水源地受到影响，影响范围较广，较大地损害了社会公共利益，故原告可以请求两被告承担赔礼道歉等民事责任，法院对该请求予以支持，两被告应通过国家级媒体向社会公众赔礼道歉。

（二）二审争议焦点

根据双方的诉辩意见，本案二审的争议焦点为：一是某钢铁有限公司、某营养科技有限公司应否承担环境污染赔偿责任？如应承担，该责任如何确定？二是案涉《后评估报告》确定的生态环境损害费金额及直接经济损失数额有无依据？三是评估费和应急处置费应否在本案中处理？四是某服务中心的费用支出应如何认定？五是某服务中心要求某钢铁有限公司、某营养科技公司建设和完善雨污分流系统、消除危险、赔礼道歉的请求应否得到支持？

1. 关于某钢铁有限公司、某营养科技有限公司应否承担环境污染赔偿责任问题

（1）某钢铁有限公司的环境违法行为与本案损害结果之间是否具有因果关系。一审法院已查明，某钢铁有限公司作为大型钢铁企业，在日常生产过程中会产生机头灰尘、瓦斯灰等含铊废渣，存在排铊风险。经某市环保局现场了解，某钢铁有限公司某个生产区于

2018年6月25日至7月23日，将总量为1926.06吨的高炉瓦斯灰临时露天堆放，露天临时堆场未按照危险废物管理要求采取防治措施，未建设废水集中收集设施，未实施雨污分流，废水随地面径流通过堆场边的排水渠直接排入某河。铊超标事件应急处置期间，某环境监测站监测数据显示，2018年7月28日至2018年8月3日，某小区生活废水经某钢铁有限公司某个生产区入某河排口的铊浓度值在4.22~43.5μg/L，与某小区生活废水在流经某钢铁有限公司某个生产区之前的铊浓度值相比，波动异常明显。2018年7月26日至2018年8月4日，流经某钢铁有限公司某个生产区的某河在汇入某河前100米处监测点位检测出的铊浓度值在3.34~16.9μg/L，仍远超于《生活饮用水卫生标准》规定的生活饮用水铊标准限值0.0001mg/L即0.1μg/L。2018年8月9日，某市环保局现场发现该公司某生产厂区将2461吨布袋除尘灰（瓦斯灰）露天堆存，该堆场未采取防流失、防渗漏等措施，未建设雨篷防雨，地面未硬化，未完善雨污分流，雨水冲刷、淋溶废水及地面径流废水通过自然形成的无任何防渗漏措施的泥土沟渠进入污水处理站，车辆运输进出夹带含瓦斯灰的泥水覆盖厂区道路，大雨时有部分废水排入日星河。事件应急处置阶段，某环境监测站监测报告数据显示，2018年7月21日至2018年8月11日，某河入河口监测点检测的铊浓度平均值达0.6356μg/L（铊浓度最高为1.45μg/L），高于生活饮用水铊标准限值0.1μg/L。某钢铁有限公司某个生产区的含铊废水注入某河后，进入某江，流至某断面。

综上，某服务中心所提交的证据，能够证明某钢铁有限公司存在违法排铊行为，且该违法行为客观上造成了某断面铊浓度超标事件，以及事件应急处置期间各项经济财产损失及生态环境损害的事实。故某服务中心关于某钢铁有限公司环境违法行为与本案损害结果之间具有因果关系的理由成立。某钢铁有限公司所提某市环保局调查报告、监测报告等未详细说明某钢铁有限公司堆存的瓦斯灰中铊元素的存在形式、浓度、溶解性、总量等问题，不属某服务中心的举证责任范围。对某钢铁有限公司关于某服务中心举证责任未完成的上诉理由，法院不予支持。

（2）某营养科技有限公司的环境违法行为与本案损害结果之间是否具有因果关系。某营养科技有限公司系一家以瓦斯灰、氧化渣为主要生产原料的企业。结合某营养科技有限公司2018年多次因环境违法行为被某区环保局责令整改的事实，表明某营养科技有限公司生产过程中存在违法排铊的风险。本次事件应急处置阶段，某环境监测站监测数据显示，2018年7月20日至2018年8月2日，某营养科技有限公司厂区上游铊浓度值均未超过生活饮用水铊标准限值，但某营养科技有限公司厂区下游约10米处河段铊浓度值在0.13~12.7μg/L，平均值达5.06μg/L，某河流经某营养科技有限公司厂区前后的水体铊浓度值波动明显。2018年7月31日，某营养科技有限公司生活污水排口前6米处水体铊浓度值14.2μg/L，某营养科技有限公司生活污水排口水体铊浓度值2.72μg/L，某营养科技有限公司生活污水排口下游5米处水体铊浓度值19.7μg/L。2018年8月3日，某营养科技有限公司1#排放口水体铊浓度值6.12μg/L，某营养科技有限公司2#排放口水体铊浓度值29.88μg/L。某营养科技有限公司附近多个点位的监测数据显示铊浓度值均远超生活饮用水铊标准限值。根据水流路径显示，某营养科技有限公司含铊废水经某河汇入某江，而后进入某江，流至某断面。

综上，某服务中心所提交的证据，能够证明某营养科技有限公司存在违法排铊行为，且该违法行为客观上造成了某断面铊浓度超标事件，以及事件应急处置期间各项经济财产损失及生态环境损害的事实。故某服务中心关于某营养科技有限公司环境违法行为与本案损害结果之间具有因果关系的理由成立。某营养科技有限公司所提其公司所有生产废水、地面冲洗水和雨水不外排，且生产工艺符合环评要求，锅炉软水池返洗水不是生产废水，某河早在2018年6月就已断流的抗辩，与事实不符。2018年8月4日某河部分河段断流系因事件应急处置期间采取筑坝方式人为强制截流所致。某断面铊浓度超标事件发生于2018年7月3日，某营养科技有限公司提供的视频、照片、证人证言等证据，无法证明在2018年7月3日之前，某河存在持续断流的情形。对某营养科技有限公司关于其与本次事件不存在因果关系的上诉理由，法院不予支持。

（3）是否存在其他污染源。2018年7月20日至2018年7月30日，某市环保局组织人员分别对某河某断面上游主河道、某河的11条支流及某河沿线污染源进行拉网式排查，共排查企业20余家，对120个监测点位开展12批次采样监测，获取监测数据183个。其中，虽有部分企业铊浓度超过《生活饮用水卫生标准》铊浓度限值0.1μg/L，但因没有直接排放路径进入本次事件污染水域，某市环保局判定部分企业排铊行为与造成本次事件之间不存在因果关系，并确认某钢铁有限公司、某营养科技有限公司及某市污水处理厂为污染企业。随后查明，某市污水处理厂出水口铊浓度异常，系因铺设于某河河床的城镇污水收集管网存在破损或渗漏情况，导致某河含铊河水通过管网进入该厂而引起的。因此，本次事件污染企业为某钢铁有限公司、某营养科技有限公司，并不存在其他的污染源。此外，《总评估报告》中提及的某化工有限公司等部分涉铊企业虽检测出铊浓度超标，但相关检测数据并非取自排水口，也无法证明上述企业有污染路径排放至本案所涉水域。故对某钢铁有限公司、某营养科技有限公司认为本案存在其他污染源的主张，法院不予支持。

2. 关于《后评估报告》确定的生态环境损害费金额及直接经济损失数额有无依据问题

（1）《后评估报告》认定某钢铁有限公司、某营养科技有限公司新增排铊14.8kg是否准确。《后评估报告》确定的生态环境损害费用，系依据某钢铁有限公司、某营养科技有限公司在应急处置期间的新增排铊量计算得出的，某钢铁有限公司、某营养科技有限公司对此均提出异议。对某钢铁有限公司所提异议，法院认为，首先，根据《突发环境事件应急监测技术规范》第6.2条有关"为迅速查明突发环境事件污染物的种类（或名称）、污染程度和范围以及污染发展趋势，在已有调查资料的基础上，充分利用现场快速监测方法和实验室现有的分析方法进行鉴别、确认"的规定，以及该技术规范第7.2.4有关"对已通过计量认证/实验宝认可的监测项目，监测报告应符合计量认证/实验室认可的相关要求；对未通过计量认证/实验室认可的监测项目，可按当地环境保护行政主管部门或任务下达单位的要求进行报送"的规定，某环境监测站虽不具备以"电感耦合等离子体质谱法"监测铊浓度的资质，但在突发事件应急处置过程中，因事态突发、污染物瞬变、数据采集时效等原因而必须采取应急监测的情况下，某环境监测站根据某市环保局要求采取的应急型监测行为及出具的检测报告，可以作为有关单位参考的依据。《后评估报告》根据某环境监测站提供的监测数据所做出的相关结论具有事实和法律依据。其次，某钢铁有限公司二审提供的其公司某个生产区瓦斯灰转移联单不足以采信。况且，该转移联单记载的瓦斯灰转移日期起始于2018年8月20日，而本次事件应急处置结束时间为2018年8月21日。某钢铁有限公司在2018年7月3日至8月20日长达50天的时间内未转移瓦斯灰及底土，该证据无法证明某钢铁有限公司在应急处置期间无铊排放的主张。再次，依据某环境监测站提供的某河入某河河口前100米、某河入河口共计100余项监测数据，结合某河8月10日断流及当地水文、气象基本情况，运用水文比拟法和插值法计算出某钢铁有限公司新增排铊总量为19.42kg，具有科学依据。某钢铁有限公司二审单方提供的瓦斯灰检测数据，因无法证明检材的特定性，其依据该检测数值计算出的排铊量不具有参考价值，法院不予认可。

对某营养科技有限公司所提异议，法院认为，首先，某营养科技有限公司无法证明2018年8月4日之前某江即已断流的情况。根据某环境监测站的监测数据显示，某河出境断面直至2018年8月7日上午才断流，2018年7月30日至2018年8月6日持续监测到该断面铊浓度数值，某市环境监测中心站提供的《某地环境监测报告》中某江省监测点自2018年8月1日至2018年8月7日上午，仍持续监测到铊浓度数值。故某营养科技有限公司关于2018年7月3日至2018年8月22日某江断流的主张无法成立。其次，某营养科技有限公司以0.1m³/s的估算流量和某江入某河口的铊浓度值计算得出，2018年7月3日至8月22日期间某江的铊浓度通量总额为0.06279kg，属于认识错误。鉴于在某江入某河口上游，某省境内有一较大支流即某江汇入某河，河水流至，稀释了水体的铊污染物浓度，故某江入某河口的铊浓度监测数据变化不明显。由此，某江入某河口的监测数据不具有代表性，无法真实反映某营养科技有限公司排铊量对造成某江污染的实际情况。故《后评估报告》以某江省界断面的监测数据为依据，运用水文比拟法、插值法补全缺失数据，计算得出2018年7月3日至8月22日期间某江铊排放通量为4.9664kg，较为客观。

此外，经法院审查，某环境科学研究所系环境保护部（现为生态环境部）公布的第一批环境损害鉴定评估推荐机构之一，具备司法鉴定评估资质。某环境科学研究所接受某市人民政府的委托，根据本案实际情况，采用科学合理的评估方法做出了《后评估报告》《总评估报告》，评估人员一、二审均到庭接受了询问，某钢铁有限公司、某营养科技有限公司亦对两份评估报告进行了质证，故上述报告依法可以作为认定本案生态环境损害费金额的依据。某钢铁有限公司、某营养科技有限公司对《后评估报告》确定的生态环境损害费金额所提异议均不能成立，法院不予采纳。

（2）《后评估报告》认定的直接经济损失是否合理。对《后评估报告》认定的直接经济损失即应急处置费用，某钢铁有限公司、某营养科技有限公司均有异议。在充分听取各方意见并核查相关凭证后，法院认为，由于本次事件涉及某两省群众的生命健康安全，事发突然，时间紧急，且应急处置阶段持续时间长、涉及范围广、参与单位多等原因，应急处置期间人员、物资等投入难以做到提供详细的证明材料。故根据《突发环境事件应急处置阶段环境损害评估推荐方法》附则有关"对于各项应急处置费用或损害项的填报要求必须提供详细证明材料，提供详细证明材料确有困难的，由负责填写的单位加盖公章并对所填数据真实性负责"的规定，法院对某环境科学研究所关于应急处置阶段共造成直接经济损失1592.6万余元的结论，采取兼顾完整性、规范性、逻辑性原则予以审核后，适当予以了核减。经审核，该核减额共 1080381.84 元，其中某省直接经济损失核减了541691.84 元，某某省直接经济损失核减了 538690 元。核减后，法院确认本次事件应急处置阶段共造成直接经济损失为 14845701.47 元。即对某钢铁有限公司、某营养科技有限公司关于应核减部分直接经济损失费用的主张，法院予以部分支持。

此外，对于某营养科技有限公司关于某江以外的相关应急处置费用与其无关的上诉主张，法院认为，某钢铁有限公司、某营养科技有限公司分别实施的违法排铊行为造成了本案同一损害后果即某断面铊浓度超标事件的发生，各企业、单位为处置本次铊浓度超标事件所支出的合理费用均应列入损害后果范畴。基于环境污染的流动性、扩散性等特点，环境污染损害后果无法按水域范围严格划分责任，但可根据某钢铁有限公司、某营养科技有限公司各自的排铊量及各自对本次事件造成的影响等方面区分责任大小，并按责任比例对共同造成的环境污染损害后果承担按份责任。故对某营养科技有限公司认为其不应承担某江以外的应急处置费用的主张，法院不予支持。

（3）生态环境损害费采用资源等值分析法是否合理。某钢铁有限公司认为某环境科学研究所采用的资源等值分析方法计算出的需水量，与应急处置期间恢复到标准水质实际调配的 250 万立方米水资源相差巨大。法院认为，首先，根据《环境损害鉴定评估推荐方法（第Ⅱ版）》第 8.3.1.1 的规定"资源等值分析方法是将环境的损益以资源量为单位来表征，通过建立环境污染或生态破坏所致资源损失的折现量和恢复行动所恢复资源的折现量之间的等量关系来确定生态恢复的规模。资源等值分析方法的常用单位包括鱼或鸟的种群数量、水资源量等"。而《生态环境损害鉴定评估技术指南总纲》第 8.2.2 提出"优先选择资源等值分析方法和服务等值分析方法。如果受损的生态环境以提供资源为主，采用资源等值分析方法；如果受损的生态环境以提供生态系统服务为主，或兼具资源与生态系统服务，采用服务等值分析方法。"因此，本案生态环境损害费采用资源等值分析方法，符合评估技术规范要求，亦符合本案实际情况。其次，环境民事公益诉讼的目的是为了修复受损环境，维护社会公众环境权益。本案中，虽然案涉受污染河流经初步治理水质有所改善，但囿于环境修复的周期性、漫长性，已经排放至外环境的污染物，在短期内难以全面净化分解，原水域的生态环境系统仍需较长时间才能恢复平衡。本案应急处置期间，为了修复环境实际调配用水 250 万立方，只是实现了河水铊浓度指标不超标的基本要求，还不足以达到使周边生态环境及其提供的生态系统服务恢复至基线状态的水平。某钢铁有限公司、某营养科技有限公司的污染行为所造成的环境功能损害仍然客观存在，其仍应对本次污染行为造成的生态损害后果承担赔偿责任。故某钢铁有限公司认为应按实际调配水量计算生态环境损害费用的主张，法院不予支持。

3. 关于评估费和应急处置费应否在本案中处理问题

《最高人民法院关于审理环境侵权责任纠纷案件适用法律若干问题的解释》第十五条规定："被侵权人起诉请求污染者赔偿因污染造成的财产损失、人身损害以及为防止污染扩大、消除污染而采取必要措施所支出的合理费用的，人民法院应予支持。"法院认为，环境污染损害不同于一般民事侵权损害，其通常不是由污染物质直接作用于特定的人身和财产造成的，而是污染物经过迁移、转化、代谢、富集等一系列环节后，最终导致局部生态环境发生改变所引起的损害。因此，因环境污染受害的主体不仅包括具体的单位或个人，还包括因污染行为导致生存环境利益受损的不特定多数人或单位。社会组织作为维护社会公共利益的代表，在符合法律规定的条件下，可以代表社会公众提起环境民事公益诉讼。因此，依法享有提起环境民事公益诉讼权利的社会组织属于《最高人民法院关于审理环境侵权责任纠纷案件适用法律若干问题的解释》第十五条规定的"被侵权人"。本案中，《后评估报告》及《环境保护部某环境科学研究所科研项目合同书》确认的应急处置费和评估费均系为防止污染扩大、消除污染而采取必要措施所支出的合理费用，属于环境侵权损害的赔偿范围。故某服务中心依法享有向本案侵权人某钢铁有限公司、某营养科技有限公司要求支付应急处置费及评估费的权利。此外，某钢铁有限公司以某环境科学研究所未开具发票为由主张 350 万元评估费不应由其承担。法院认为，根据某市人民政府与某环境科学研究所签订的《环境保护部某环境科学研究所科研项目合同书》的合同约定及双方实际履行情况，某市人民政府虽有部分款项尚未支付，但其需向某环境科学研究所支付 350 万元评估费的合同义务已经确定。因某钢铁有限公司、某营养科技有限公司的侵权行为给某市人民政府造成的损失，应由实际侵权人承担。故某钢铁有限公司、某营养科技有限公司认为某服务中心不具备主张应急处置费及评估费的主体资格，且评估费 350 万元未实际支付不应认定，没有事实和法律依据，法院不予支持。

4. 关于某服务中心的费用支出应如何认定问题

一审法院根据某服务中心提交的票据复印件，结合某服务中心出庭人数、次数、时长以及往返两地的高铁、飞机市场价格等实际情况，综合认定某服务中心为本案调查及诉讼所支出的各项费用为 8000 元，并无不当。对某钢铁有限公司认为某服务中心支出费用没有事实根据的主张，法院不予支持。

5. 关于某钢铁有限公司、某营养科技有限公司的责任确定问题

（1）干旱能否成为免除或减轻责任的事由。某钢铁有限公司上诉主张，本案存在五十年一遇的干旱等气象灾害，应适当减轻某钢铁有限公司的责任。法院认为，《中华人民共和国侵权责任法》（现已废止）第六十六条规定："因污染环境发生纠纷，污染者应当就法律规定的不承担责任或者减轻责任的情形及其行为与损害之间不存在因果关系承担举证责任。"根据某市环保局、某环境科学研究所等出具的调查报告、评估报告可知，2018年某市降水较 2017 年大幅降低，2018 年 1—7 月月均流量均小于 2017 年，其中 2018 年 6 月和 7 月仅占 2017 年同期的 18.6% 和 22.9%。流域旱情严重导致水体自净能力减弱，流域沿线企业与往年同等生产经营条件下排污的行为，在干旱年份更易引发环境污染风险。在此气候环境下，某钢铁有限公司、某营养科技有限公司理应采取减少污染排放、加大环境监测、改进生产工艺等必要措施预防或降低环境污染风险，但二公司仍实施非法堆存危险废物、违法排放含铊废水等行为，致使本次铊浓度超标事件发生，造成社会生产、生活巨大财产损失，也给民众生命安全带来潜在危险。因此，自然干旱不能成为是某钢铁有限公司、某营养科技有限公司的免责事由，如无某钢铁有限公司、某营养科技有限公司的新增排铊及历史排铊行为，仅在干旱条件下不足以发生本次事件；自然干旱亦不能成为某钢铁有限公司、某营养科技有限公司减轻责任的事由，只有在受害人具有重大过失时才能减轻侵权人的责任，而本案并无证据证明受害人存在重大过失。因此，对某钢铁有限公司、某营养科技有限公司认为干旱可以免除、减轻责任的主张，法院不予支持。

（2）某钢铁有限公司、某营养科技有限公司技术改造费用能否抵扣生态环境修复费用。根据《环境损害鉴定评估推荐方法（第Ⅱ版）》的规定，生态环境损害的修复包括环境修复和生态恢复。环境修复是指生态环境损害发生后，为防止污染物扩散迁移、降低环境中污染物浓度，将环境污染导致的人体健康风险或生态风险降至可接受风险水平而开展的必要的、合理的行动或措施；生态恢复是指生态环境损害发生后，为将生态环境的物理、化学或生物特性及其提供的生态系统服务恢复至基线状态，同时补偿期间损害而采取的各项必要的、合理的措施。二审举证期限届满后，某钢铁有限公司、某营养科技有限公司向法院提交了其与本案相关的生产设施设备、技术改造合同及付款凭证。法院认为，某钢铁有限公司、某营养科技有限公司为减少污染改进生产工艺和设施的努力值得肯定，但其未提交行政主管部门或资质机构出具的项目环保验收意见，对其技术改造后的实际成效、环境影响等方面缺乏评判依据，无法证明其已履行了生态环境修复的主体责任。故对某钢铁有限公司要求在生态修复费用中抵扣技术改造费用的主张，法院不予支持。

（3）某钢铁有限公司、某营养科技有限公司责任比例的分配。某营养科技有限公司以《后评估报告》对某江的流量和新增排铊量计算错误为由，主张其承担15%的责任比例过高。法院认为，一方面，某营养科技有限公司关于2018年7月3日至8月22日期间某江铊浓度通量的抗辩，经查不能成立；另一方面，企业新增排铊量并非划分本案环境侵权责任大小的唯一依据。一审法院在综合考量各企业的历史排放量、环境影响程度、主观过错、责任承担能力等因素后，确认某钢铁有限公司、某营养科技有限公司分别按85%、15%的比例承担本次事件环境污染责任，并无不当。

综上，法院二审确认，本次铊超标事件造成直接经济损失费用14845701.47元、生态环境损害费用888万元、评估费350万元、某服务中心支出费用8000元。按照某钢铁有限公司承担85%、某营养科技有限公司承担15%的责任比例，某钢铁有限公司应负担直接经济损失费3868846.14元（14845701.47元×85%-其已支出的8750000.11元）、生态环境损害费7548000元、评估费2975000元、某服务中心支出费用6800元；某营养科技有限公司应负担直接经济损失费2197565.22元（14845701.47元×15%-其已支出的29290元）、生态环境损害费1332000元、评估费525000元、某服务中心支出费1200元。

6. 某钢铁有限公司、某营养科技有限公司是否需要继续完善雨污分流系统、消除危险、赔礼道歉

（1）上述二公司是否需继续建设和完善雨污分流系统。本次事件发生后，某钢铁有限公司、某营养科技有限公司根据相关整改要求，投入人力、物力建立或改善了厂区雨污分流系统，该行为值得肯定。但雨污分流系统建成后，实际投入使用的过程中，是否仍会产生生产废水、生活废水混流等情形，需要在日后生产经营活动中持续跟进并随顺环境变化不断调整、完善。因此，为切实降低再污染风险，某钢铁有限公司、某营养科技有限公司仍有必要继续建设和完善雨污分流系统。

（2）上述二公司是否需要继续消除危险。《最高人民法院关于审理环境民事公益诉讼案件适用法律若干问题的解释》第十八条规定："对污染环境、破坏生态，已经损害社会公共利益或者具有损害社会公共利益重大风险的行为，原告可以请求被告承担停止侵害、排除妨碍、消除危险、恢复原状、赔偿损失、赔礼道歉等民事责任。"消除危险包括消除

现实危险和消除潜在危险两种情形。本次事件应急处置阶段虽已结束，某钢铁有限公司、某营养科技有限公司亦采取了必要措施，本案现实危险已得到有效控制。但本次事件造成的损害后果具有长期性、隐蔽性、潜伏性、不可逆转性等特点，且二公司的生产经营活动与铊元素紧密关联，潜在危险仍然存在。为此《总评估报告》亦针对多家涉铊企业提出了风险警示和防控要求，旨在避免类似环境污染事件的再次发生。与普通民事案件不同，环境保护案件的审理更应注重保护优先、预防为主法律原则的适用。因此，仍有必要以判决的方式提醒某钢铁有限公司、某营养科技有限公司继续排查危废管理、堆放、处置等情况，消除潜在危险，以持续有效地行动真正落实保护环境的主体责任。

（3）上述二公司是否需要赔礼道歉。根据《最高人民法院关于审理环境侵权责任纠纷案件适用法律若干问题的解释》第十三条有关"人民法院应当根据被侵权人的诉讼请求以及具体案情，合理判定污染者承担停止侵害、排除妨碍、消除危险、恢复原状、赔礼道歉、赔偿损失等民事责任"的规定，责任人在环境侵权案件中承担的法律责任方式有多种，赔礼道歉只是其中的一种责任承担方式。在环境侵权案件中应否适用，关键在于是否对社会公众享有美好生活的权益造成精神损害。法院认为，首先，自本次事件应急响应结束后至本案二审审理时，暂无证据证明因本次铊超标事件引发其他生态环境损害严重后果。故因某钢铁有限公司、某营养科技有限公司违规排铊的行为，给社会民众及生态环境造成的损害相对可控，未产生持续的不良影响。其次，本次事件的发生系因天气干旱、历史排铊、新增排铊等多种因素叠加引起的。某钢铁有限公司、某营养科技有限公司在本案中被判赔偿直接经济损失费、生态环境损害费等费用，系上述二公司对其新增排铊等违法行为所承担的侵权责任。在此情况下，要求二公司就本次事件造成的全部损害后果在国家级媒体上向社会公开赔礼道歉，过于严苛。再次，在事件应急处置期间及事后，某钢铁有限公司、某营养科技有限公司均积极配合整改，停产停业整顿，改进生产工艺，为此花费大量人力、物力消除事件造成的现实危险和潜在风险，以弥补因自身经营管理不善给生态环境及社会民众造成的不利影响，亦付出了相当代价。某钢铁有限公司在其某厂区建设的某工业旅游景区，已获批国家3A级旅游景区，该举措对改善当地生态环境，满足社会公众生态需求具有积极意义。因此，企业的实际行动相比赔礼道歉更能弥补民众的精神权益损害。此外，法院在审理环境公益诉讼案件时，既要考虑社会公众的生态环境利益，也应考虑企业经济利益和长远发展。且公益诉讼制度的目的与企业发展的目标是一致的，都是为了社会进步和满足人民群众对美好生活的向往。本案中，某钢铁有限公司、某营养科技有限公司需对其违法行为承担相应的法律责任毋庸置疑。对本次事件给社会公众精神权益造成的损害，某钢铁有限公司、某营养科技有限公司已在采取积极行动进行弥补。在此情况下，再以判决方式要求二公司在国家级媒体公开赔礼道歉，不利于企业的后续发展。故对某钢铁有限公司、某营养科技有限公司请求撤销赔礼道歉的诉请，法院予以支持。但某钢铁有限公司、某营养科技有限公司仍应继续加大环保投入，规范自身经营行为，积极履行社会责任和环境保护主体责任。

四、裁判要点的理解与说明

该案例的裁判要点确认：①环境污染侵权行为的认定以及环境违法行为与损害结果之

间因果关系如何确认。②生态环境损害费金额及直接经济损失数额有无依据问题。③环境污染赔偿责任的确定与承担。

现针对裁判要点涉及的相关问题进行说明：

（一）关于环境侵权行为的认定与污染行为与损害直接是否存在因果关系的说明

环境侵权行为通常表现为，某一向环境中排放物质或能量的行为致使该物质或能量在环境中的数量、浓度超出了适用于该环境的质量标准或超出人类生产生活适用的标准。

《最高人民法院关于审理环境侵权责任纠纷案件适用法律若干问题的解释》第七条规定，污染者举证证明下列情形之一的，人民法院应当认定其污染行为与损害之间不存在因果关系：①排放的污染物没有造成该损害可能的。②排放的可造成该损害的污染物未到达该损害发生地的。③该损害于排放污染物之前已发生的。④其他可以认定污染行为与损害之间不存在因果关系的情形。本案中，两被告并未提交有效证据证明存在上述情形。

某服务中心所提交的证据，能够证明某钢铁有限公司、某营养科技有限公司存在违法排铊行为，且该违法行为客观上造成了某断面铊浓度超标事件，以及事件应急处置期间各项经济财产损失及生态环境损害的事实。故某服务中心关于某钢铁有限公司、某营养科技有限公司环境违法行为与本案损害结果之间具有因果关系的理由成立。

（二）关于环境损害费用与直接经济损失费用数额确定的说明

《最高人民法院关于审理环境侵权责任纠纷案件适用法律若干问题的解释》第八条规定，对查明环境污染案件事实的专门性问题，可以委托具备相关资格的司法鉴定机构出具鉴定意见或者由国务院环境保护主管部门推荐的机构出具检验报告、检测报告、评估报告或者监测数据。生态环境损害是因污染环境、破坏生态造成大气、地表水、地下水、土壤、森林、草原、湿地等环境要素和植物、动物、微生物等生物要素的不利改变，以及上述要素构成的生态系统功能退化。《生态环境损害鉴定评估技术指南总纲》第8.2.1规定，替代等值分析法包括资源等值分析法、服务等值分析法和价值等值分析法。第8.2.2规定，如果受损的生态环境以提供资源为主，采用资源等值分析方法；如果受损的生态环境以提供生态系统服务为主，或兼具资源与生态系统服务，采用服务等值分析法。本案所涉铊浓度超标事件造成某河及某河部分河段特征污染物在水生生物中累积，潜在生态风险升高，以《生活饮用水卫生标准》为参照值，新增加排铊量进入某河，实质上造成了生态环境提供水资源的能力受损，评估机构采用资源等值分析方法，通过确认两被告向某河新增铊排放量，以稀释受污染的水量所消耗的水资源来量化生态环境损害数额并无不当。

（三）关于环境污染的责任确定与承担的说明

《中华人民共和国侵权责任法》第六十五条规定，因污染环境造成损害的，污染者应当承担侵权责任。《最高人民法院关于审理环境侵权责任纠纷案件适用法律若干问题的解释》第一条规定，因污染环境造成损害，不论污染者有无过错，污染者应当承担侵权责任。污染者以排污符合国家或者地方污染物排放标准为由主张不承担责任的，人民法院不予支持。本案中，两被告的行为导致铊浓度超标事件的发生，应当承担侵权责任，至于两被告主观上是否具有过错、某省是否制定了铊元素的工业排放标准等，不影响两被告责任的承担。

《中华人民共和国侵权责任法》第八条规定："二人以上共同实施侵权行为，造成他人损害的，应当承担连带责任。"第十一条规定："二人以上分别实施侵权行为造成同一损害，每个人的侵权行为都足以造成全部损害的，行为人承担连带责任。"第十二条规定："二人以上分别实施侵权行为造成同一损害，能够确定责任大小的，各自承担相应的责任；难以确定责任大小的，平均承担赔偿责任。"《最高人民法院关于审理环境侵权责任纠纷案件适用法律若干问题的解释》第三条第二款规定："两个以上污染者分别实施污染行为造成同一损害，每一个污染者的污染行为都不足以造成全部损害的，被侵权人根据侵权责任法第十二条规定请求污染者承担责任的，人民法院应予支持。"《中华人民共和国侵权责任法》第十五条规定，承担侵权责任的方式主要有：①停止侵害。②排除妨碍。③消除危险。④返还财产。⑤恢复原状。⑥赔偿损失。⑦赔礼道歉。⑧消除影响、恢复名誉。以上承担侵权责任的方式，可以单独适用，也可以合并适用。《最高人民法院关于审理环境民事公益诉讼案件适用法律若干问题的解释》第十八条规定，对污染环境、破坏生态，已经损害社会公共利益或者具有损害社会公共利益重大风险的行为，原告可以请求被告承担停止侵害、排除妨碍、消除危险、恢复原状、赔偿损失、赔礼道歉等民事责任。

五、相关法律依据

(一)《中华人民共和国侵权责任法》

第十五条　承担侵权责任的方式主要有：①停止侵害。②排除妨碍。③消除危险。④返还财产。⑤恢复原状。⑥赔偿损失。⑦赔礼道歉。⑧消除影响、恢复名誉。

以上承担侵权责任的方式，可以单独适用，也可以合并适用。

第六十五条　因污染环境造成损害的，污染者应当承担侵权责任。

第六十六条　因污染环境发生纠纷，污染者应当就法律规定的不承担责任或者减轻责任的情形及其行为与损害之间不存在因果关系承担举证责任。

第六十七条　两个以上污染者污染环境，污染者承担责任的大小，根据污染物的种类、排放量等因素确定。

(二)《中华人民共和国环境保护法》

第五十八条　对污染环境、破坏生态，损害社会公共利益的行为，符合下列条件的社会组织可以向人民法院提起诉讼：①依法在设区的市级以上人民政府民政部门登记。②专门从事环境保护公益活动连续五年以上且无违法记录。

符合前款规定的社会组织向人民法院提起诉讼，人民法院应当依法受理。

提起诉讼的社会组织不得通过诉讼牟取经济利益。

（三）《中华人民共和国民事诉讼法》

第十五条 机关、社会团体、企业事业单位对损害国家、集体或者个人民事权益的行为，可以支持受损害的单位或者个人向人民法院起诉。

第二百条 当事人的申请符合下列情形之一的，人民法院应当再审：①有新的证据，足以推翻原判决、裁定的。②原判决、裁定认定的基本事实缺乏证据证明的。③原判决、裁定认定事实的主要证据是伪造的。④原判决、裁定认定事实的主要证据未经质证的。⑤对审理案件需要的主要证据，当事人因客观原因不能自行收集，书面申请人民法院调查收集，人民法院未调查收集的。⑥原判决、裁定适用法律确有错误的。⑦审判组织的组成不合法或者依法应当回避的审判人员没有回避的。⑧无诉讼行为能力人未经法定代理人代为诉讼或者应当参加诉讼的当事人，因不能归责于本人或者其诉讼代理人的事由，未参加诉讼的。⑨违反法律规定，剥夺当事人辩论权利的。⑩未经传票传唤，缺席判决的。⑪原判决、裁定遗漏或者超出诉讼请求的。⑫据以作出原判决、裁定的法律文书被撤销或者变更的。⑬审判人员审理该案件时有贪污受贿，徇私舞弊，枉法裁判行为的。

第二百零四条 人民法院应当自收到再审申请书之日起三个月内审查，符合本法规定的，裁定再审；不符合本法规定的，裁定驳回申请。有特殊情况需要延长的，由法院院长批准。

因当事人申请裁定再审的案件由中级人民法院以上的人民法院审理，但当事人依照本法第一百九十九条的规定选择向基层人民法院申请再审的除外。最高人民法院、高级人民法院裁定再审的案件，由法院再审或者交其他人民法院再审，也可以交原审人民法院再审。

（四）《最高人民法院关于审理环境民事公益诉讼案件适用法律若干问题的解释》

第三条 设区的市，自治州、盟、地区，不设区的地级市，直辖市的区以上人民政府民政部门，可以认定为环境保护法第五十八条规定的"设区的市级以上人民政府民政部门"。

第十一条 检察机关、负有环境保护监督管理职责的部门及其他机关、社会组织、企业事业单位依据民事诉讼法第十五条的规定，可以通过提供法律咨询、提交书面意见、协助调查取证等方式支持社会组织依法提起环境民事公益诉讼。

第十四条 对于审理环境民事公益诉讼案件需要的证据，人民法院认为必要的，应当调查收集。

对于应当由原告承担举证责任且为维护社会公共利益所必要的专门性问题，人民法院可以委托具备资格的鉴定人进行鉴定。

第十八条 对污染环境、破坏生态，已经损害社会公共利益或者具有损害社会公共利益重大风险的行为，原告可以请求被告承担停止侵害、排除妨碍、消除危险、恢复原状、赔偿损失、赔礼道歉等民事责任。

六、选择该案件的原因

企业排放污水等污染物时要避免对河流等外环境造成损害，本案在确定生态环境污染损害责任以及环境违法行为与损害结果之间是否具有因果关系上客观公正，其方法值得被借鉴。生态环境是生存基础，生态环境还是人类文明发展的基础，保护生态环境，是每一个企业在生产经营过程中应该坚持的原则。

案例八　某环境科学研究中心、某沥青制品有限公司环境污染民事公益诉讼案①

一、基本案情

原告某环境科学研究中心诉称：被告某沥青制品有限公司是生产销售沥青混凝土、建筑材料，以及建筑工程施工的企业。被告某沥青制品有限公司在 2016 年 3 月即因项目未经批准投入建设，被环保部门行政处罚，并责令停止项目生产。截至 2016 年 12 月被告某沥青制品有限公司仍未办理项目环评审批等手续，但其违法生产的行为并未停止。2018 年 3 月，被告某沥青制品有限公司投资 1000000 元，在某地建设沥青搅拌站，根据《建设项目环境影响评价分类管理名录》的要求，该项目应填报建设项目环境影响报告表。2019 年 3 月环保部门现场检查，发现该项目未经审批，未环评，更无环保设施同时设计、施工和安装。检查同时发现，被告某沥青制品有限公司存贮重油罐在 3 月 2 日发生泄漏，重油泄漏后流到厂区内，经雨水冲刷排至厂内低洼处的积水坑。被告某沥青制品有限公司通过水泵直接将积水坑内的水抽至厂区外，排至下游某村的沟渠，外排含重油的污水约 100 吨。经检测，排往沟渠水环境污染物石油类、苯并（a）芘均超过《污水综合排放标准》排放一级标准限值。面对村民的强烈要求，被告某沥青制品有限公司采取一定措施防止了损害继续扩大。被告某沥青制品有限公司的行为损害了环境公共利益，在各部门的督促下虽有一定整改，但其未批先建、未验先投，以及超标排污的行为已严重损害环境公益。根据我国《中华人民共和国侵权责任法》（现已废止）第六十五条，以及《最高人民法院关于审理环境民事公益诉讼案件适用法律若干问题的解释》第十八条的规定，因污染环境造成损害的，污染者应当承担侵权责任。原告是在民政部门注册成立的，维护社会公共利益，且从事环境保护公益活动的社会组织，依据《最高人民法院关于审理环境民事公益诉讼案件适用法律若干问题的解释》第一至第五条的规定，具有提起环境民事公益诉讼的主体资格。请求人民法院支持原告的诉讼请求，判令被告某沥青制品有限公司承担全部的侵权法律责任，维护社会公共利益。

被告某沥青制品有限公司辩称：①原告没有依法提供证据证明其具备环境民事公益原

---

①　案例来源：中国裁判文书网，https：//wenshu. court. gov. cn/website/wenshu/181107ANFZ0BXSK4 /index. html？ docId ＝ H4KnwA06Y1F16p7u0LzLquXBpIXT ＋ v71KrRuo37DjyKc2O/jE3DKm5/dgBYosE2gBqn Nh2W5stjRKefZFinkr9pen5LAIWrSvb77MR4zDn5x9ezoqTmB3qa8xhffvCwl，2022 年 9 月 16 日访问。

告主体资格，本案原告主体不适格，应当依法裁定驳回原告的起诉。②原告在本案中提出的判令被告停止超标排污以及未验先投损害环境公益的违法行为，在环保手续完成前应当停止生产的请求没有事实依据和法律依据，应不予支持。③原告在本案中提出的判令被告对其损害环境公益的行为在全国主流媒体向社会公众赔礼道歉的请求没有合法依据，应不予支持。④原告在本案中提出的判令被告消除危险、赔偿损失共计1000000元的请求没有事实和法律依据，应不予支持。⑤原告诉讼请求判令被告承担本案检验、鉴定费用，合理的律师费以及原告为诉讼支出的差旅费等费用共计200000元，原告这一主张没有证据支持，违反环境公益诉讼原告不应谋求经济利益的原则。综上，原告提出的诉讼请求没有事实和法律依据，依法应予驳回。

法院经审理查明：

（一）某沥青制品有限公司基本情况

被告某沥青制品有限公司成立于2016年3月16日，工商登记的经营范围为：沥青混凝土生产、销售；沥青路面施工设备租赁；交通标志标线工程施工；建筑工程施工，市政工程、绿化工程、园林工程、机电安装工程（以上范围不含许可、审批项目）施工；防腐保温工程、钢结构工程、管道安装工程、室内外装潢工程（以上范围不含许可、审批项目）施工；建筑材料生产（涉及许可审批的项目凭有效许可证经营）。被告某沥青制品有限公司共有两个厂区。

（二）某厂区重油泄漏的情况

2019年3月2日，某沥青制品有限公司位于某地的存贮重油罐发生泄漏，重油泄漏后流到厂区内，经雨水冲刷排至厂内低洼处的积水坑。2019年3月3日某沥青制品有限公司通过水泵直接将积水坑内含有重油的污水抽至厂区外，流入下游某村的沟渠，引发某村村民强烈投诉。2019年3月4日，接某村村民投诉，某市环境监察支队、某市环境保护局某分局环境执法人员对被告厂区现场检查中发现，被告某沥青制品有限公司厂区内重油罐发生泄漏，经雨水冲刷流至公司低洼处积水坑（无硬化、防渗漏设施），积水坑中有两台水泵（1用1备）连接1根软管（约100米）通至厂区围墙外，将积水坑含有重油的污水抽至厂区外流入某村沟渠，抽水时间约2小时，抽水量约100吨。某市环境监测中心站于2019年3月4日下午分别对该厂区重油泄漏处、厂区内积水坑1#点、2#点、某村村边沟渠进行了现场取样，检测结果显示：PH值分别为10.79、10.34、10.31、10.10均已超过排放限值。COD分别为3.92×10^3mg/L、1.84×10^3mg/L、2.81×10^3mg/L、1.38×10^3mg/L，石油类分别为12.8mg/L、12.4mg/L、12.9mg/L、12.4mg/L。苯并（a）芘分别为12.6mg/L、0.00095mg/L、0.000363mg/L、0.000136mg/L。COD分别超过GB8978-1996《污水综合排放标准》一级标准限值的38倍、17.4倍、27倍、12.8倍。石油类分别超过GB8978-1996《污水综合排放标准》一级标准限值1.6倍、1.5倍、1.6倍、1.5倍。苯并（a）芘分别超过GB8978-1996《污水综合排放标准》一级标准值的4.2×10^5倍、30.7倍、11.1倍、3.5倍。

2019年3月8日，某区安全生产监督管理局作出《行政处罚决定书》，认为被告某沥青制品有限公司未组织制定并实施本单位生产事故应急救援预案，决定对被告某沥青制品有限公司罚款 15000 元。被告某沥青制品有限公司于 2019 年 3 月 15 日缴纳了该笔罚款。

2019 年 3 月 12 日，某市环境保护局作出《某市环境保护局责令改正违法行为决定书》，责令被告某沥青制品有限公司在收到决定书之日起立即停止违法行为。

2019 年 3 月 22 日，被告某沥青制品有限公司委托某某环境科技有限公司对地表水和地下水的 PH 值、挥发酚、化学需氧量、苯并（a）芘、氰化物、石油类、甲醇、三氯甲烷、苯、甲苯、乙苯、苯乙烯、二甲苯、异丙苯、四氯化碳等 15 项指标进行检测，某某环境科技有限公司于同日出具〔2019〕03032-W081 号《检测报告》，检测出 1#厂区积水池、1#~4#某村地下水、5#某某湾地下水的挥发酚、化学需氧量、氰化物、石油类、甲醇、苯并（a）芘、甲苯等七项指标均存在不同程度超标。

2019 年 3 月 25 日，被告委托某某环境科技有限公司再次对水质进行采样检测，出具的〔2019〕03068-W103 号《检测报告》显示，1#、2#、3#水井地下水、厂区内水坑废水的挥发酚、石油类、化学需氧量、甲醇等五项指标仍存在超标，苯并（a）芘仅在厂区内水坑废水检出。其他监测点的 PH 值、苯并（a）芘指标已达标。

2019 年 3 月 29 日，被告某沥青制品有限公司委托某评估集团有限公司对因被告某沥青制品有限公司原因造成某村内养猪户的经济损失进行评估，该评估公司出具国宏信桂林（价）字〔2019〕第 017 号《价格评估报告书》，评估结论为：因某沥青制品有限公司原因造成某村内养猪户的经济损失，包括：①某村养猪场内因此原因死亡的生猪市场价格在价格评估基准日的市场价格合计为 11800 元。②受影响养猪户运水养猪等的误工费在价格评估基准日的市场价格合计为 10800 元。④收影响的每头生猪的打针、吃药的单价在价格评估基准日的市场价格为 15 元/头猪。

2019 年 4 月 9 日，某市生态环境局作出《某市生态环境局行政处罚事先（听证）告知书》，并于 2019 年 4 月 28 日作出《某市生态环境局行政处罚决定书》，以被告某沥青制品有限公司违反《中华人民共和国水污染防治法》第三十三条"禁止向水体排放油类、酸液、碱液或者剧毒废液"的规定，认为被告某沥青制品有限公司"①对企业现场进行复核检查，该公司仍处于停产状态，重油泄漏点已进行了修复，对原泄漏的重油已收集处理完毕。由于近期雨水较多，该公司积水坑内已无浮油存在。②对受影响的村民提供了生活用水和饮用水，聘请评估公司对村民的损失情况进行了评估，目前正在逐步进行补偿。③积水坑内积水经两次检测，各项指标已达标。④结合积极改正违法行为及惩治与教育相结合的原则，可适当减少一些处罚金额。结合《某市环境保护局行政处罚自由裁量标准》第 GL01HB-CF-0087 裁量标准的规定，对被告处以行政处罚：罚款贰拾万元"。被告某沥青制品有限公司于 2019 年 5 月 9 日缴纳了该笔 200000 元罚款。

2019 年 5 月 29 日，被告某沥青制品有限公司委托某技术检测有限公司对某村地下水、井水进行采样检测，某技术检测有限公司出具编号为 W021905060《检测报告》，结论为：地下水质量综合类别定为 GB/T14848-2017《地下水质量标准》Ⅴ类，Ⅴ类指标为嗅和味、总大肠菌群、菌落总数。

2019 年 8 月 29 日，被告某沥青制品有限公司与受影响的某村 8 户养猪户签订《环境污染赔偿协议书》，由被告某沥青制品有限公司赔偿 8 户养猪户损失共计 64500 元，8 户养猪户不再追究被告某沥青制品有限公司的任何赔偿责任。

（三）某某厂区未批先建、占用集体土地的情况

被告某沥青制品有限公司位于某地的沥青搅拌站建设项目，在未依法报批建设项目环境影响评价文件、未经环保部门审批的情况下，2018 年 3 月开始动工建设，项目投资约 1000000 元。某区环境保护局于 2019 年 3 月 11 日现场检查时发现了被告某沥青制品有限公司的该未批先建的违法行为，于 2019 年 4 月 22 日作出《行政处罚决定书》，以被告某沥青制品有限公司的行为违反《中华人民共和国环境保护法》第十九条和《中华人民共和国环境影响评价法》第十六条的规定，决定对被告某沥青制品有限公司罚款 10000 元。被告某沥青制品有限公司于 2019 年 4 月 29 日缴纳了该笔罚款。

2019 年 8 月 26 日，某区自然资源局发现被告某沥青制品有限公司两次在某砖厂旁擅自占用集体土地 4958 平方米建沥青搅拌站，对被告某沥青制品有限公司作出《接收调查通知书》，并于 2019 年 9 月 5 日作出《行政处罚决定书》，根据《中华人民共和国土地管理法》第七十六条和《中华人民共和国土地管理法实施条例》第四十二条及《某地国土资源常用行政处罚裁量基准》，非法占用土地违法类型中"违反土地利用总体规划，擅自将农用地改为工业用地"的规定，决定对被告某沥青制品有限公司作出如下处罚：①责令某沥青制品有限公司退还非法占用集体土地 4958 平方米。②限期 7 日内自行拆除非法占用集体土地上的建（构）筑物和其他设施，并恢复土地原状。③对某沥青制品有限公司非法占用的集体土地 4958 平方米处以每平方米 10 元罚款，共计人民币 49580 元。被告某沥青制品有限公司于 2019 年 11 月 8 日缴纳了该笔罚款，并停止了在某村的沥青搅拌项目。

（四）某沥青制品有限公司新建项目申请环评的情况

2020 年 4 月 24 日，某市生态环境局作出《关于新建年产 30 万吨沥青制品建设项目环境影响报告表的批复》，对被告某沥青制品有限公司申请的新建年产 30 万吨沥青制品建设项目批复如下："（一）该项目租用大约 30000 平方米。该项目年产 30 万吨沥青制品。总投资 1200 万元，其中环保投资 118.1 万元。该项目在全面落实《报告表》提出的各项生态保护和污染防治措施后，对环境不利影响可得到一定的缓解和控制，我局同意你单位按照《报告表》中所列建设项目的性质、规模、地点、环境保护对策措施及下列要求进行项目建设。（二）项目建设和运行管理中应重点做好如下工作：（1）水污染防治。（2）大气污染防治。（3）严格控制噪声排放。（4）固体废物污染防治。（5）环境风险防控。（三）项目建设必须严格执行环境保护设施与主体工程同时设计、同时施工、同时投产使用的环境保护'三同时'制度。你公司应将环境保护设施建设纳入施工合同，确保在项目建设过程中同时组织实施上述环境保护措施。项目竣工后，必须按规定程序进行项目竣工环境保护验收。经验收合格后，方能正式投入运行，并按照相关要求办理《危险废物经营许可证》。"《排污许可管理条例》（国务院令第 736 号）于 2021 年 3 月 1 日起施行后，被告某沥青制品有限公司于 2021 年 5 月 13 日依法申领了《排污许可证》。

（五）某环境科学研究中心的主体情况及费用支出情况

某环境科学研究中心于 2007 年 12 月注册，是由祖某某利用非国有资产、自愿举办、从事非营利性服务活动的民办非企业单位。登记业务范围为：江河水系污染状况调查、检测及防护研究；绿色生物及化学环保项目研究；其他环保科普传媒活动推广。某环境科学研究中心提交的 2014 年至 2018 年的年检报告均显示年检合格，并当庭提交了 2019 年年检结论通知书，显示 2019 年度检查结论亦为合格。还提交了其五年内未因从事业务活动违反法律、法规的规定而受到行政、刑事处罚记录的声明。

2019 年，该协会工作人员在网络上看到被告因重油泄漏遭到行政处罚的情况，其成员前往被告厂区周边走访村民并了解污染情况。原告认为被告存在未批先建、未验先投，以及超标排污的行为已严重损害环境公益，遂向法院提起环境民事公益诉讼。庭审后，法院组织双方当事人于 2021 年 4 月 25 日到被告某厂区及周边查看现场，现场已整改完毕。

某环境科学研究中心在庭审中主张本案合理的律师费及为诉讼支出的差旅费，截至本案判决前某环境科学研究中心均未提交任何其已实际支出的律师费和差旅费凭证。

二、判决结果

某市中级人民法院作出一审判决：一、从某市的生态环境公益基金中支付原告某环境科学研究中心律师费和差旅费 5000 元；二、驳回原告某环境科学研究中心的其他诉讼请求。

三、判案焦点及理由

根据双方的诉辩意见，本案裁判中的争议焦点：一是某沥青制品有限公司的行为是否损害了生态环境公共利益；二是某沥青制品有限公司应如何承担法律责任。

（一）某沥青制品有限公司的行为是否损害了生态环境公共利益

根据《中华人民共和国环境保护法》第五十八条、《最高人民法院关于审理环境民事公益诉讼案件适用法律若干问题的解释》第一条之规定，只有对生态环境公共利益造成损害的污染环境、破坏生态的行为，才是环境公益诉讼的适用对象。就本案而言，应首先明确某沥青制品有限公司实施的环境污染行为，再进一步评判其是否损害了生态环境公共利益。

环境污染是指工矿企业等单位所产生的废气、废水、废渣、粉尘、垃圾、放射性物质等有害物质和噪声、震动、恶臭排放或传播到大气、水、土地等环境之中，使人类生存环境受到一定程度危害的行为。本案中，某沥青制品有限公司的某厂区于 2019 年 3 月 2 日发生了重油泄漏，重油泄漏后流到厂区内，经雨水冲刷排至厂内低洼处的积水坑。翌日，某沥青制品有限公司将积水坑内含有重油的污水抽至厂区外，流入下游某村的沟渠。

经环保部门对该厂区重油泄漏处、厂区内积水坑、某村村边沟渠进行了现场取样检测结果显示：COD 分别超过 GB8978-1996《污水综合排放标准》一级标准限值的 38 倍、17.4 倍、27 倍、12.8 倍。石油类分别超过 GB8978-1996《污水综合排放标准》一级标准限值 1.6 倍、1.5 倍、1.6 倍、1.5 倍。苯并（a）芘分别超过 GB8978-1996《污水综合排放标准》一级标准值的 4.2×105 倍、30.7 倍、11.1 倍、3.5 倍。上述行为违反了《中华人民共和国固体废物污染环境防治法》（2016 年修正）第十七条第一款"收集、贮存、运输、利用、处置固体废物的单位和个人，必须采取防扬散、防流失、防渗漏或者其他防止污染环境的措施；不得擅自倾倒、堆放、丢弃、遗撒固体废物"和《中华人民共和国水污染防治法》（2017 年修正）第三十三条第一款"禁止向水体排放油类、酸液、碱液或者剧毒废液"的规定，属于环境污染行为。

　　我国现有立法并没有对生态环境公共利益损害作出明确的界定，但从 2014 年《环境损害鉴定评估推荐方法（第 II 版）》第 4.1 条将"环境损害"界定为"因污染环境或破坏生态行为导致人体健康、财产价值或生态环境及其生态系统服务的可观察的或可测量的不利改变"，第 4.5 条将"生态环境损害"界定为"由于污染环境或破坏生态行为直接或间接地导致生态环境的物理、化学或生物特性的可观察的或可测量的不利改变，以及提供生态系统服务能力的破坏或损伤"，2016 年《生态环境损害鉴定评估技术指南总纲》第 3.2 条将"生态环境损害"界定为"因污染环境、破坏生态造成大气、地表水、地下水、土壤等环境要素和植物、动物、微生物等生物要素的不利改变，及上述要素构成的生态系统功能的退化"等规定来看，在对生态环境公共利益损害作出界定时，应重点审查以下两个方面：第一，损害是否表现为对生态环境在物理、化学、生物特性方面的不利改变，并且通过上述不利改变使环境整体性能严重退化或使某种生态服务功能丧失；第二，损害的后果在技术上是否可量化评估。如果对环境的不利改变微小，或者损害无法以现有的科技认知水平进行评估，则不能认定对生态环境公共利益造成损害。本案中，某沥青制品有限公司发生重油泄漏事故后，接受某区安全生产监督管理局和某市环境保护局作出的行政处罚，按要求进行整改。某市生态环境局于 2019 年 4 月 28 日作出的《某市生态环境局行政处罚决定书》中已查明"重油泄漏点已进行了修复，对原泄漏的重油已收集处理完毕。由于近期雨水较多，该公司积水坑内已无浮油存在；积水坑内积水经两次检测，各项指标已达标"。某沥青制品有限公司于 2019 年 5 月 29 日委托某技术检测有限公司对某村地下水、井水进行采样检测，结论为"地下水质量综合类别定为 GB/T14848-2017《地下水质量标准》V 类，V 类指标为嗅和味、总大肠菌群、菌落总数。"本案中，原告某环境科学研究中心并未提供证据证明某沥青制品有限公司因此次重油泄漏事故造成了附近地区水环境的不利改变并降低了地区享有水生态环境的供给服务功能、支持服务功能和良好生态环境存在价值，故某沥青制品有限公司的环境污染行为并未构成对生态环境公共利益的损害。

　　某环境科学研究中心在诉讼中提出申请对被告某沥青制品有限公司涉案重油泄漏给生态环境造成的损失和环境受损至恢复原状期间的服务功能损失数额进行司法鉴定。首先，某市生态环境局于 2019 年 4 月 28 日作出的《某市生态环境局行政处罚决定书》中已查明"积水坑内已无浮油存在；积水坑内积水经两次检测，各项指标已达标"。某沥青制品有限公司于 2019 年 5 月 29 日委托某技术检测有限公司对某村地下水、井水进行采样检测，结论为总大肠菌群、菌落总数超标，未查出其他有毒有害成分超标。退一步而言，"超标与否"主要是行政法上的概念，其决定了排污者是否承担行政责任以及承担行政责任的范围，但超标并不必然表示存在民事公益诉讼中的生态环境公共利益损害。某环境科学研究中心如主张本案存在生态环境公共利益损害，应举证证明某沥青制品有限公司的重油泄漏事故导致了周边生态环境存在"质"的不利改变和生态功能"量"的严重减退。否则，仅凭生态环境中某项指标超标并不能直接证明存在民事公益诉讼中的生态环境公共利益损害。其次，根据《最高人民法院关于审理环境民事公益诉讼案件适用法律若干问题的解释》第十四条"对于审理环境民事公益诉讼案件需要的证据，人民法院认为必要的，应当调查收集。对于应当由原告承担举证责任且为维护社会公共利益所必要的专门性问题，人民法院可以委托具备资格的鉴定人进行鉴定"的规定，人民法院可以委托进行鉴定，但此项权利并非毫无限制。在判断是否启动鉴定程序时，除考察鉴定事项是否属于专门性问题，还应同时兼顾诉讼效率与诉讼正当性要求。本案中，某环境科学研究中心并未提交证据证明涉案重油泄漏厂区及附近存在持续污染或其他严重污染后果，在此情况下，某环境科学研究中心要求对某沥青制品有限公司涉案重油泄漏给生态环境造成的损失和环境受损至恢复原状期间的服务功能损失数额进行司法鉴定，法院不予准许。

（一）某沥青制品有限公司应如何承担法律责任

第一，如前所述，某沥青制品有限公司的重油泄漏行为属于环境污染行为，但并未构成对生态环境公共利益的损害。由于某沥青制品有限公司的重油泄漏行为已经在行政机关的监督下进行了停业整顿，按要求完成整改，各项指标已达标，即某沥青制品有限公司的超标排污行为已不存在，且不构成对周边环境的危险。在此情况下，某环境科学研究中心要求某沥青制品有限公司停止超标排污和消除危险的主张不成立，法院不予支持。

第二，鉴于某沥青制品有限公司的重油泄漏排污行为已经受到了相应的行政处罚，已整改完毕，且对周边受影响的村民进行了相应的补偿，某环境科学研究中心要求某沥青制品有限公司赔礼道歉的主张没有事实和法律依据，法院不予支持。

第三，因某沥青制品有限公司的环境污染行为并未构成对生态环境公共利益的损害，某环境科学研究中心要求某沥青制品有限公司赔偿损失的主张亦不成立，法院不予支持。

第四，关于某环境科学研究中心认为某沥青制品有限公司存在项目未经批准即投入建设、违法占用土地的行为，应责令某沥青制品有限公司停止生产的主张。根据查明的事实可知，某沥青制品有限公司未验先投和违法占用土地的行为已经受到土地主管行政部门的行政处罚，并已履行和整改完毕。且上述行为属于土地行政违法行为，应由土地行政执法部门进行查处，不涉及环境公共利益问题，不属于本案审查范围。

第五，关于某环境科学研究中心要求某沥青制品有限公司承担差旅费和律师费的问题。根据《最高人民法院关于审理环境民事公益诉讼案件适用法律若干问题的解》第二十四条的规定："人民法院判决被告承担的生态环境修复费用、生态环境受到损害至恢复原状期间服务功能损失等款项，应当用于修复被损害的生态环境。其他环境民事公益诉讼中败诉原告所需承担的调查取证、专家咨询、检验、鉴定等必要费用，可以酌情从上述款项中支付。"本案中，原告某环境科学研究中心的诉讼请求虽未获支持，但原告某环境科学研究中心是为公共利益提起本案诉讼，其在诉讼过程中的必要支出可以酌情从本市的生态环境公益基金中支付。鉴于原告某环境科学研究中心未提交律师费、差旅费的相关凭证，法院参考两地区间的动车票价格，并参照公务员出差标准进行计算，结合本案的难易程度，酌情支持原告某环境科学研究中心差旅费和律师费 5000 元。

四、裁判要点的理解与说明

该案例的裁判要点确认：①损害生态环境公共利益的行为判定。②是否具备提起环境民事公益诉讼的主体资格。现针对裁判要点涉及的相关问题进行说明：

（一）关于损害生态环境公共利益行为认定的说明

根据《中华人民共和国环境保护法》第五十八条、《最高人民法院关于审理环境民事公益诉讼案件适用法律若干问题的解释》第一条之规定，只有对生态环境公共利益造成损害的污染环境、破坏生态的行为，才是环境公益诉讼的适用对象。

环境污染是指工矿企业等单位所产生的废气、废水、废渣、粉尘、垃圾、放射性物质等有害物质和噪声、震动、恶臭排放或传播到大气、水、土地等环境之中，使人类生存环境受到一定程度危害的行为。

（二）关于具备提起环境民事公益诉讼的主体资格的说明

《中华人民共和国民事诉讼法》第五十五条规定了环境民事公益诉讼制度，明确法律规定的机关和有关组织可以提起环境公益诉讼。《中华人民共和国环境保护法》第五十八条规定："对污染环境、破坏生态，损害社会公共利益的行为，符合下列条件的社会组织可以向人民法院提起诉讼：（一）依法在设区的市级以上人民政府民政部门登记；（二）专门从事环境保护公益活动连续五年以上且无违法记录。符合前款规定的社会组织向人民法院提起诉讼，人民法院应当依法受理。"某环境科学研究中心提交的登记证书显示，某环境科学研究中心是在北京市朝阳区民政局登记的民办非企业单位。某环境科学研究中心提交的 2014 至 2019 年度检查证明材料，显示其在提起本案公益诉讼前五年年检合格。某环境科学研究中心还按照《最高人民法院关于审理环境民事公益诉讼案件适用法律若干问题的解释》第五条的规定提交了其五年内未因从事业务活动违反法律、法规的规定而受到行政、刑事处罚的无违法记录声明。据此，某环境科学研究中心符合《中华人民共和国环境保护法》第五十八条的规定，具备提起环境民事公益诉讼的主体资格。

五、相关法律依据

（一）《最高人民法院关于适用〈中华人民共和国民法典〉时间效力的若干规定》

第一条 民法典施行后的法律事实引起的民事纠纷案件，适用民法典的规定。

民法典施行前的法律事实引起的民事纠纷案件，适用当时的法律、司法解释的规定，但是法律、司法解释另有规定的除外。

民法典施行前的法律事实持续至民法典施行后，该法律事实引起的民事纠纷案件，适用民法典的规定，但是法律、司法解释另有规定的除外。

（二）《中华人民共和国侵权责任法》

第六十五条 因污染环境造成损害的，污染者应当承担侵权责任。

（三）《中华人民共和国环境保护法》

第五十八条 对污染环境、破坏生态，损害社会公共利益的行为，符合下列条件的社会组织可以向人民法院提起诉讼：

（1）依法在设区的市级以上人民政府民政部门登记。

（2）专门从事环境保护公益活动连续五年以上且无违法记录。

符合前款规定的社会组织向人民法院提起诉讼，人民法院应当依法受理。

提起诉讼的社会组织不得通过诉讼牟取经济利益。

（四）《最高人民法院关于审理环境民事公益诉讼案件适用法律若干问题的解释》

第十四条 对于审理环境民事公益诉讼案件需要的证据，人民法院认为必要的，应当调查收集。对于应当由原告承担举证责任且为维护社会公共利益所必要的专门性问题，人民法院可以委托具备资格的鉴定人进行鉴定。

第二十四条 人民法院判决被告承担的生态环境修复费用、生态环境受到损害至恢复原状期间服务功能损失等款项，应当用于修复被损害的生态环境。其他环境民事公益诉讼中败诉原告所需承担的调查取证、专家咨询、检验、鉴定等必要费用，可以酌情从上述款项中支付。

（五）《中华人民共和国民事诉讼法》

第五十五条 对污染环境、侵害众多消费者合法权益等损害社会公共利益的行为，法律规定的机关和有关组织可以向人民法院提起诉讼。

六、选择该案件的原因

本案例中的某沥青制品有限公司制造出的废水等污染物影响了周边生态环境，企业在生产经营过程中不仅要关注自身的经济利益，还要为长远发展考虑。保护生态环境，人人有责。该案例明确单位是否具备提起环境民事公益诉讼的主体资格以及对损害生态环境公共利益的行为判定，具有实践价值。

案例九 某生态文化服务中心、某纸业有限公司环境污染责任纠纷案①

一、基本案情

原告某生态服务中心诉称：2001 年被告建厂生产，因排放废水污染河水、噪音扰民等问题，长期被周边村民投诉举报，各级环保机关多次到现场核查，对被告存在的建设项目未批先建、超标排放等问题予以处罚，2013 年因被告排放污水污染大片农田，环保部发函给某环保厅，指导处理跨界环境污染纠纷。但经原告调研发现，被告依然在排放黑色污水，严重污染了河流、农田，而且散发臭味，导致村民有水不能用、有田不能种，很多村民罹患癌症，生活环境恶劣，周边村民怨声载道。被告厂外即是村民房屋、学校，因被告生产的原料是废纸，臭味非常严重，而且生产噪音很大，白天影响学生上课、居民生产、生活，晚上被告继续生产，严重影响村民休息。被告的厂房旁边就是村小学，儿童发育尚未成熟，各组织器官十分娇嫩和脆弱，噪声会损伤听觉器官，使听力减退或丧失。噪声还会影响少年儿童的智力发育，再加上难闻的气味，肯定会影响精力集中和学习效率，影响孩子健康成长。原告是依法在民政局登记成立的，维护社会公共利益，且连续五年从事环境保护公益活动的社会组织，成立以来无违法记录。被告实施了环境侵权行为，损害社会公共利益，根据我国《中华人民共和国侵权责任法》（现已废止）第六十五条，以及《最高人民法院关于审理环境民事公益诉讼案件适用法律若干问题的解释》第十八条的规定，因污染环境造成损害的，污染者应当承担侵权责任。原告现依据我国《中华人民共和国民事诉讼法》第一百一十九条之规定，向人民法院提起诉讼，请求人民法院支持原告的诉讼请求，判令被告承担全部的侵权法律责任，维护社会公共利益。

被告某纸业公司辩称：①原告不符合提起本案环境公益诉讼的主体资格。②原告起诉事实与实际不符。A. 答辩人排污是经过处理后且符合国家排放标准的废水，并非对村民的水、土等造成损害，答辩人提供的两次厂区附近地表、地下水检测报告充分证明答辩人排出的废水对上下游的水质并未造成损害。B. 答辩人每年都聘请第三方对排水、噪声等进行检测。经检测，工厂生产时环境噪声符合国家标准，并未超出国家标准。③答辩人排污并未对环境造成损害。答辩人排放完全按国家标准进行，特别是废水的排放，全程受到第三方的在线监测，所监测的数据实时传送到环境保护行政主管部门，当相关数据超过排放标准，监测系统将报警。④某县人民政府已支付 328 万元环境治理费用及其他费用。⑤原告起诉已超过法定诉讼时效期间。

法院经审理查明：被告某县某纸业有限公司，于 2000 年 11 月 22 日登记成立，经营

---

① 案例来源：中国裁判文书网，https：//wenshu. court. gov. cn/website/wenshu/181107ANFZ0BXSK4/index. html？docId = VQTcRSDTJBAdunDJLtxjnjLXn5OO2etvyaVQnoTvu + zmV27ZhsoGlp/dgBYosE2gBqnNh2W5stjRKefZFinkr9pen5LAIWrSvb77MR4zDn6gebVDKqnZXpTAjfnny33h，2022 年 9 月 16 日访问。

范围为箱纸板、高强瓦楞纸、牛皮纸、白板纸制造销售等。2006 年 8 月 22 日，被告因擅自停止运转大气污染物处理设施被有关部门处三万元罚款；2011 年度、2012 年一季度、2013 年四季度某省国控废水重点企业超标情况表中显示，被告排放废水存在超标；2014 年 6 月，被告因新建 5 万吨/年鞭炮包装纸生产线未获得环评审批，被责令停止建设后仍在违法建设，为淘汰类生产工艺；污水处理设施运行不正常；雨污分流不彻底，雨水口设置不规范被某省环境监察局、某县环保局多次下达责令整改通知，某县环保局针对某纸业公司扩建项目环评未报批擅自开工建设环境违法问题，责令停止生产并处以罚款 10 万元；针对未经批准闲置水污染处理设施的环境违法问题，罚款 8.9 万元。2014 年 7 月 14 日，某市环境保护局对被告年产 5 万吨鞭炮红纸原纸扩建项目通过竣工环境保护验收。2014 年 11 月 17 日，某市环境保护局对被告年产 5 万吨鞭炮红纸原纸扩建项目环境影响报告书进行批复，同意该项目按报告书提供对策及措施进行建设。2015 年 3 月 4 日，某县人民政府作为甲方与某市人民政府作为乙方签订《某两省跨界环境污染纠纷调处协议》（下文简称调处协议）。调处协议签订后，某县某镇人民政府向协议指定的原某市富某镇人民政府账户分别支付了污染赔偿款 208 万元和 25 万元，合计 233 万元。2019 年 1 月 21 日，某市人民政府、某村村民委员会作为原告，起诉被告某县人民政府、某县某某纸业有限公司，要求继续履行调处协议，支付补偿款 95 万元。某市人民法院于 2019 年 6 月 10 日作出〔2019〕湘 0281 民初 300 号民事判决书，认定该案系合同纠纷，某村委会与某纸业公司未在协议上签字盖章，并非合同当事人，依法不受协议约定条款的约束，不能依据该协议享有任何合同权利及承担任何合同义务。某县人民政府的下属机构某县某镇人民政府按照约定支付 233 万元，部分履行调处协议约定的付款义务，故判决某县人民政府向某市人民政府支付拖欠的 2015 年度至 2018 年度的环境污染补偿款 950000 元。2019 年 11 月 12 日，某市人民法院作出的〔2019〕湘 0281 执 1469 号结案通知书，〔2019〕湘 0281 民初 300 号民事判决书确定的内容已经全部执行完毕。2021 年 6 月 7 日，某县某镇人民政府出具书面说明：2015 年 3 月 12 日，我镇向某市财政其他账户支付 2080000 元；2015—2019 年支付某市人民法院转付至某市人民政府，共计 3326000 元，均来自某县某纸业有限公司淘汰落后产能专项资金。2018 年 5 月 19 日，被告对厂区周边的地表水、地下水委托鉴定，经检测下游地表、地下水符合标准。2019 年被告两次对废气、废水委托鉴定，检测结果均达标。2019 年 11 月 1 日，被告对噪声委托鉴定，检测结果达标。2020 年 9 月 24 日，被告对废气、废水委托鉴定，检测结果达标。2020 年 12 月 14 日，被告对废气、废水委托鉴定，检测结果达标。2021 年 1 月 13 日，被告对废水、废气、噪声委托鉴定，检测结果达标。2021 年 2 月 3 日，被告对废水委托鉴定，检测结果达标。

二、判决结果

某市中级人民法院于 2021 年 9 月 14 日作出一审判决：驳回原告某市某生态文化服务中心的诉讼请求。案件受理费 34240 元，由原告某市某生态文化服务中心负担。

三、判案焦点及理由

法院认为，本案系环境污染民事公益诉讼。本案裁判的争议焦点：一是原告是否为本案适格主体。二是原告诉请被告停止损害环境公益的行为，并消除危险、赔礼道歉能否得到支持。三是原告诉请被告赔偿328万元，并支付到某生态环境公益基金会的专用账户能否得到支持；原告诉请律师费等费用由被告承担能否得到支持。

（一）原告是否为本案适格主体

《中华人民共和国环境保护法》第五十八条规定，对污染环境、破坏生态，损害社会公共利益的行为，符合下列条件的社会组织可以向人民法院提起诉讼：①依法在设区的市级以上人民政府民政部门登记。②专门从事环境保护公益活动连续五年以上且无违法记录。符合前款规定的社会组织向人民法院提起诉讼，人民法院应当依法受理。提起诉讼的社会组织不得通过诉讼牟取经济利益。本案中，原告某生态服务中心系经某市民政局决定准许登记成立的民办非企业单位，其业务范围包括环境保护，且无证据证明其在提起本案诉讼前五年内因从事业务活动违反法律、法规的规定受过行政、刑事处罚，原告提起本案环境污染民事公益诉讼符合上述法律规定的诉讼主体资格，是本案适格原告。

（二）原告诉请被告停止损害环境公益的行为，并消除危险、赔礼道歉能否得到支持

停止侵害以侵权行为或者其他违法行为正在进行或仍在延续中为适用条件，对尚未发生或业已终止的侵权行为则不得适用。消除危险以有危险状态的存在，这一危险具有造成现实损害的可能性为适用条件。赔礼道歉以存在侵权行为，且侵权行为造成了精神损害为适用条件。本案中，原告认为被告存在水污染、大气污染和噪声污染，但未提交证据证明被告存在噪声污染和大气污染行为。关于水污染，虽然被告在2013年和2014年因排放废水超标被有关部门处罚，但因污染的客体水环境处于不断变化状态，并非固定不变的状态，原告并未提交证据证明被告至今仍存在污染环境的侵权行为及造成的环境损害，且被告提交的多个鉴定报告显示2019年至2021年2月，被告的废水、废气、噪声均达标，在此情况下，原告诉请被告停止损害环境公益的行为、消除危险、赔礼道歉，无事实和法律依据，法院不予支持。

（三）原告诉请被告赔偿328万元，并支付到某生态环境公益基金会的专用账户能否得到支持；原告诉请律师费等费用由被告承担能否得到支持

根据本案查明的事实，案涉328万元系某县人民政府根据调处协议向某市人民政府支付的款项，该款来源于被告的淘汰落后产能专项资金，原告针对调处协议中约定的并已支付至某市人民政府的款项诉请被告支付至某生态环境公益基金会的专用账户于法无据，不予支持。关于原告诉请被告承担律师代理费，除委托代理合同外，原告未提供相关的转款凭证、增值税发票等证据证明，法院不予支持。对于原告诉请的检测、鉴定、评估、专家咨询费因未实际发生，不予支持。原告为诉讼支出的差旅费，原告未明确具体金额亦未提

交证据证明，法院不予支持。

四、裁判要点的理解与说明

该案例的裁判要点确认：一、是否具备民事公益诉讼主体资格；二、诉请停止损害环境公益的行为，并消除危险、赔礼道歉能得到支持的情况。现针对裁判要点涉及的相关问题进行说明。

（一）关于具备民事公益诉讼主体资格认定的说明

《中华人民共和国环境保护法》第五十八条规定，对污染环境、破坏生态，损害社会公共利益的行为，符合下列条件的社会组织可以向人民法院提起诉讼：①依法在设区的市级以上人民政府民政部门登记。②专门从事环境保护公益活动连续五年以上且无违法记录。符合前款规定的社会组织向人民法院提起诉讼，人民法院应当依法受理。提起诉讼的社会组织不得通过诉讼牟取经济利益。

（二）关于诉请停止损害环境公益的行为，并消除危险、赔礼道歉能得到支持的情况的说明

停止侵害以侵权行为或者其他违法行为正在进行或仍在延续中为适用条件，对尚未发生或业已终止的侵权行为则不得适用。消除危险以有危险状态的存在，这一危险具有造成现实损害的可能性为适用条件。赔礼道歉以存在侵权行为，且侵权行为造成了精神损害为适用条件。

五、相关法律依据

（一）《中华人民共和国环境保护法》

第五十八条　对污染环境、破坏生态，损害社会公共利益的行为，符合下列条件的社会组织可以向人民法院提起诉讼：

（1）依法在设区的市级以上人民政府民政部门登记。

（2）专门从事环境保护公益活动连续五年以上且无违法记录。

符合前款规定的社会组织向人民法院提起诉讼，人民法院应当依法受理。

提起诉讼的社会组织不得通过诉讼牟取经济利益。

（二）《最高人民法院关于适用〈中华人民共和国民事诉讼法〉的解释》

第九十条　当事人对自己提出的诉讼请求所依据的事实或者反驳对方诉讼请求所依据的事实，应当提供证据加以证明，但法律另有规定的除外。

在作出判决前，当事人未能提供证据或者证据不足以证明其事实主张的，由负有举证证明责任的当事人承担不利的后果。

六、选择该案件的原因

本案例旨在明确民事公益诉讼是否具有主体资质以及诉请停止损害环境公益的行为、消除危险、赔礼道歉能得到支持的情况，适格主体才能够作为民事公益诉讼原告。本案中原告认为被告存在水污染、大气污染和噪声污染，但未提交证据证明被告存在污染环境的侵权行为及造成的环境损害，被告的废水、废气、噪声均达标，原告诉请被告停止损害环境公益的行为、消除危险、赔礼道歉，没有事实和法律依据。

案例十 某科学技术研究中心、某表面精饰厂
环境污染责任纠纷案①

一、基本案情

上诉人某科学技术研究中心称：某精饰厂超标排放废水、废气、随意堆放危废物，请求判令某精饰厂赔礼道歉并采取有效措施消除废水、废气等有害物对环境公益的危害风险，采取有效环保措施消除危废对土壤和地下水造成的损害，赔偿环境受到的损失以及环境受损至恢复原状期间服务功能的损失。

某精饰厂辩称：某精饰厂举证的证据能够证明已经整改，并缴纳罚款，没有造成损害后果。某精饰厂每年都会对土壤和地下水进行检测，结果是合格的，没有造成环境污染的事实。关于启动鉴定和举证责任的问题，某科学技术研究中心要求的材料多且不具体，也没有针对性，某精饰厂无法提供，某科学技术研究中心一审开庭前没有提出鉴定申请，鉴定也没有必要性。

法院经审理查明：某精饰厂是一家普通合伙企业，该企业于 2004 年开展环境影响评价，并于当年通过环境保护验收，经专项整治后，生产工艺、生产设备、污染防治措施、污染物排放方面与原环境和环保验收有较大变动，于 2012 年进行整治提升，编制了环境影响后评价报告，于 2013 年通过某市环境保护局备案。2013 年 4 月 25 日某精饰厂因存在不正常使用大气污染处理设施、超标排放污水环境违法行为而被责令限期治理整改，某市环境保护局对其作出行政处罚决定书。某精饰厂经过整改，于 2013 年 6 月 14 日通过了环保局的验收，恢复生产。2016 年 4 月 28 日某县环保局发现某精饰厂污泥堆放场地不符合危险废物贮存标准，作出行政处罚决定书：①责令立即停止随意堆放污泥行为。②及时清运库存污泥，交由有资质的单位处置。③处罚款人民币 60000 元。2016 年 6 月 28 日某县环保局进行了环境执法后督察，发现该厂已经整改到位。2017 年 8 月 1 日某精饰厂因涉嫌违反环评制度和建设项目"三同时"制度行为被某县环保局立案调查，于 2017 年 8 月 18 日作出行政处罚决定书：责令停止生产或使用，罚款人民币 105000 元，而后，某精饰

① 案例来源：中国裁判文书网，https：//wenshu.court.gov.cn/website/wenshu/181107ANFZ0BXSK4/index.html？docId = 9ukjTD + xVS/8agpqOjdv9yVouJCU7DshfZO5kwK + IwwiKoa1SvCWO5/dgBYosE2gBqnNh2W5stjRKefZFinkr9pen5LAIWrSvb77MR4zDn4PPFmr8PoalJKPayxR6Gy9，2022 年 10 月 21 日访问。

厂缴纳了罚款并拆除了超规模生产线。2017 年 8 月 9 日某县环保局对某精饰厂涉嫌未按规定进行突发环境事件应急预案备案行为进行立案调查，并作出行政处罚决定书，罚款 10000 元。2017 年 8 月 9 日，该厂因涉嫌随意堆放危险废物行为被某县环保局立案调查，并作出行政处罚决定书，罚款 80000 元。2019 年 6 月 13 日，该厂因涉嫌违反建设项目"三同时"制度行为和涉嫌违反环评制度行为被某县环保局立案调查，并分别作出行政处罚决定书，分别罚款 21300 元和 259200 元。

另查明：2019 年 6 月 20 日，某县环保局作出查封（扣押）决定书，决定对某精饰厂 203 车间、206 车间和镀镍铬车间 3 个配电箱予以查封（扣押），查封（扣押）期限从 2019 年 6 月 20 日起至 2019 年 7 月 19 日止。2019 年 7 月 11 日，某县环保局作出责令改正违法行为决定书，责令某精饰厂立即恢复原状及自收到《责令改正违法行为决定书》之日起六个月内补办环保验收手续。2019 年 10 月 12 日，某县环保局对某精饰厂进行执法后督查，认为该厂目前正在委托第三方重新进行核查并编制核查报告，并已于 2019 年 8 月 30 日缴纳罚款 28.05 万元。2015 年 9 月至 2020 年期间，原缙云县环境保护监测站出具的对某精饰厂废水污染源进行监督性监测的 15 份监测报告结论均为"本次所测某表面精饰厂总排放口废水监测项目中化学需氧量符合《污水综合排放标准》（GB8978-1996）表 4 三级规定的水污染物排放限值要求；总排放口其余监测项目均符合《电镀污染物排放标准》（GB21900-2008）表 2 规定的水污染物排放限值要求"。

二、判决结果

某市中级人民法院一审判决：驳回原告某科学技术研究中心的诉讼请求。案件受理费 19380 元，由原告某科学技术研究中心负担。

后被告不服判决，向某省高级人民法院上诉，某省高级人民法院判决：驳回上诉，维持原判。二审案件受理费人民币 19380 元，由上诉人某科学技术研究中心负担。

三、判案焦点及理由

（一）一审争议焦点

根据双方的诉辩意见，本案一审的争议焦点：一是某科学技术研究中心是否具有提起环境民事公益诉讼的主体资格；二是某精饰厂是否应对行政处罚决定书所认定的不正常使用大气污染处理设施和超标排放污水承担环境侵权责任；三是行政处罚决定书中所认定的某精饰厂环境违法行为是否造成了环境损害，是否应该承担环境侵权责任；四是某科学技术研究中心主张的检验费、鉴定费、律师费、差旅费、诉讼费等费用如何确定。

1. 关于某科学技术研究中心的主体资格问题

根据《中华人民共和国民事诉讼法》第五十五条的规定："对污染环境、侵害众多消费者合法权益等损害社会公共利益的行为，法律规定的机关和有关组织可以向人民法院提起诉讼。"本案中某科学技术研究中心是在某区民政部门登记的民办非企业单位，其章程确定的宗旨包括"公众环境宣传和环境教育活动及信息交流，提高公民环保意识；倡导和推广绿色生活方式，促进公民环保参与行动"等，应认定为"专门从事环境保护公益活动"的社会组织，其提起本案诉讼与其宗旨和业务范围具有关联性。某科学技术研究中心提交的起诉前连续 5 年的年度工作报告书，证明其连续 5 年从事环境保护公益活动，其亦提交了社会组织登记证书、由其法定代表人签章的 5 年内无违法记录的声明等证据，上述证据能够证明某科学技术研究中心符合法律及司法解释对环境污染公益诉讼原告的主体资格要求。该院对某科学技术研究中心的原告资格予以确认。

2. 关于某精饰厂是否应对行政处罚决定书所认定的不正常使用大气污染处理设施和超标排放污水承担环境侵权责任

《中华人民共和国环境保护法》第六十六条规定："提起环境损害赔偿诉讼的时效期间为三年，从当事人知道或者应当知道其受到损害时计算。"本案中从某科学技术研究中心提交的行政处罚决定书来看，某精饰厂不正常使用大气污染治理设施和废水超标排放发生在 2013 年 4 月份，该违法行为已经被责令限期治理整改。某精饰厂对该环境侵权请求权提出诉讼时效抗辩，符合法律规定，该院予以支持。

某科学技术研究中心认为某精饰厂超标排放废水废气的行为从 2013 年至今一直处于持续状态，根据《最高人民法院关于审理环境侵权责任纠纷案件适用法律若干问题的解释》第六条的规定，某科学技术研究中心应当提供证据证明某精饰厂 2013 年后依然存在不正常使用大气污染治理设施和废水超标排放的环境违法行为，现某科学技术研究中心未提供相关证据证明某精饰厂的污染行为持续至今，故某科学技术研究中心要求某精饰厂对行政处罚决定书所认定的不正常使用大气污染处理设施和超标排放污水承担环境侵权责任主张没有事实和法律依据，法院不予支持。

3. 关于行政处罚决定书中所认定的某精饰厂环境违法行为是否造成了环境损害，是否应该承担环境侵权责任的问题

本案属于环境侵权责任纠纷案件，该类案件侵权责任的构成要件包括三个方面：一是污染者有污染环境的行为；二是被侵权人有损害；三是污染者污染环境的行为与被侵权人的损害之间有因果关系。《最高人民法院关于审理环境侵权责任纠纷案件适用法律若干问题的解释》第六条规定："被侵权人根据侵权责任法第六十五条规定请求赔偿的，应当提供证明以下事实的证据材料：（一）污染者排放了污染物；（二）被侵权人的损害；（三）污染者排放的污染物或者其次生污染物与损害之间具有关联性。"根据该条规定，污染企业有污染行为与被侵权人有损害的基础事实的证明责任由原告来承担。对基础事实的证明在性质上属于本证，应当达到法官确信的证明程度。本案中某科学技术研究中心只是提供了行政处罚决定书，且均是因为违反了环境保护法律法规的管理性规定而作出的处罚，并不能从上述行政处罚决定书中得出某精饰厂有环境污染行为以及该污染行为造成了环境损害。故某科学技术研究中心依据上述行政处罚决定书要求某精饰厂承担环境侵权责任的主张法院不予支持。

4. 关于某科学技术研究中心主张的检验费、鉴定费、律师费、差旅费、诉讼费等费用如何确定问题

根据《诉讼费用交纳办法》第二十九条的规定，"诉讼费用由败诉方负担，胜诉方自愿承担的除外"。某科学技术研究中心要求某精饰厂承担本案诉讼费的主张该院不予支持。由于本案未在诉讼过程中进行检验或鉴定，没有产生检验、鉴定费，该院对此部分

无须进行裁决。至于某科学技术研究中心要求某精饰厂承担合理的律师费以及某科学技术研究中心为诉讼支出的差旅费等费用的主张，由于本案某科学技术研究中心的诉讼请求没有得到该院支持，故其律师费、差旅费等费用亦不予支持。综上所述，某科学技术研究中心要求某精饰厂承担环境侵权责任并承担律师费、诉讼费等相关费用的主张依据不足，该院不予支持。

（二）二审争议焦点

本案二审争议焦点：一是某科学技术研究中心提供的初步证据能否证明某精饰厂存在损害社会公共利益；二是对于某精饰厂是否具有损害社会公共利益重大风险的污染环境行为问题。

1. 对于某精饰厂是否存在损害社会公共利益的污染环境行为问题

《最高人民法院关于审理环境侵权责任纠纷案件适用法律若干问题的解释》第六条规定："被侵权人根据民法典第七编第七章的规定请求赔偿的，应当提供证明以下事实的证据材料：（一）侵权人排放了污染物或者破坏了生态；（二）被侵权人的损害；（三）侵权人排放的污染物或者其次生污染物、破坏生态行为与损害之间具有关联性。"《中华人民共和国侵权责任法》第六十六条规定："因污染环境发生纠纷，污染者应当就法律规定的不承担责任或者减轻责任的情形及其行为与损害之间不存在因果关系承担举证责任。"此为环境污染侵权纠纷中关于举证责任倒置的特殊规定。

本案某科学技术研究中心代表公共利益提起诉讼，仍然应当就社会公共利益受到损害和某精饰厂存在环境污染行为两项内容承担举证责任，在其完成两项举证责任后，举证责任才转移到某精饰厂。根据某科学技术研究中心的上诉理由结合其二审中的陈述，其认为某精饰厂主要存在以下污染环境的行为：一是 2015 年 9 月至 2017 年 9 月间擅自超规模扩大生产线；二是 2016 年后违反环评制度擅自更换生产线、增加电解槽容积，上述行为导致超规模生产部分产生相应的污染物，对环境造成污染；三是 2016 年和 2017 年存在随意堆放危险废物的行为，会污染堆场及周边土壤、地下水的环境。某科学技术研究中心一审时提供的初步证据，可以证明某精饰厂确实曾经存在未经环评审批或验收即擅自扩大生产线等环境违法行为，然该违法行为是否造成社会公共利益损害后果，某科学技术研究中心未提供初步证据予以证明。某科学技术研究中心主张依据常识可以推定损害存在。《最高人民法院关于民事诉讼证据的若干规定》第十条规定："下列事实，当事人无须举证证明：……（四）根据已知的事实和日常生活经验法则推定出的另一事实……前款第二项至第五项事实，当事人有相反证据足以反驳的除外……"案涉行政处罚决定书均是因为某精饰厂违反环境保护法律法规的管理性规定而做出的处罚，某科学技术研究中心未提供某精饰厂因超标或超总量排放受到行政处罚的证据，相反，根据法院调取的废水污染源监测报告，可以证明某精饰厂排放的废水均符合国家规定的水污染物排放限值要求，未对环境造成损害，足以反驳损害存在这一推定事实。而针对行政处罚涉及的随意堆放污泥及随意堆放危险废物的行为，某精饰厂已经提供其自行监测的地下水、土壤检测报告，可以反驳存在地下水、土壤污染的事实推定。在此情况下，某科学技术研究中心仍然负有环境公共利益损害事实存在的初步证明责任。在某科学技术研究中心未能进一步提供证据证明损害事实存在的情况下，原审法院未予准许某科学技术研究中心就侵害事实和侵害结果等提出的鉴定申请，并无不当。某科学技术研究中心应当承担举证不能的后果，原审据此驳回其赔礼道歉、赔偿损失的诉讼请求并无不当。

2. 对于某精饰厂是否具有损害社会公共利益重大风险的污染环境行为问题

某精饰厂在生产经营期间存在随意堆放污泥，违反环评制度和建设项目"三同时"制度超规模生产、未按规定进行突发环境事件应急预案备案等行为，具有损害社会公共利益的风险。但在上述行为发生后，某精饰厂立即做出整改，已停止随意堆放污泥，及时清运库存污泥，交由有资质的单位处置，停止生产并已拆除超规模生产线，委托第三方制定环境应急预案，特别是2019年针对行政处罚涉及的更换镀镍铬生产线和增加电解槽容积的行为，某县环保局已及时查封了超过环评规模生产的机器设备，责令某精饰厂补办环保验收手续，某精饰厂也已委托第三方重新编制核查报告并缴纳罚款，完成了整改工作，消除了对环境公共利益的危险。某科学技术研究中心主张存在损害社会公共利益的重大风险，缺乏事实依据，原审据此驳回其停止侵害、消除危险的诉讼请求并无不当。

四、裁判要点的理解与说明

该案例的裁判要点确认：一、是否具备提起环境民事公益诉讼的主体资格；二、行政处罚决定书所认定的环境违法行为是否造成环境损害，是否应该承担环境侵权责任。现针对裁判要点涉及的相关问题进行说明。

（一）是否具备提起环境民事公益诉讼的主体资格

《中华人民共和国民事诉讼法》第五十五条的规定："对污染环境、侵害众多消费者合法权益等损害社会公共利益的行为，法律规定的机关和有关组织可以向人民法院提起诉讼。"诉讼主体被认定为"专门从事环境保护公益活动"的社会组织，其提起诉讼与其宗旨和业务范围具有关联性，就能够证明该诉讼主体符合法律及司法解释对环境污染公益诉讼原告的主体资格要求。

（二）行政处罚决定书所认定的环境违法行为是否造成环境损害，违法主体是否应该承担环境侵权责任

侵权责任的构成要件包括三个方面：一是污染者有污染环境的行为；二是被侵权人有损害；三是污染者污染环境的行为与被侵权人的损害之间有因果关系。《最高人民法院关于审理环境侵权责任纠纷案件适用法律若干问题的解释》第六条规定："被侵权人根据侵权责任法第六十五条规定请求赔偿的，应当提供证明以下事实的证据材料：（一）污染者排放了污染物；（二）被侵权人的损害；（三）污染者排放的污染物或者其次生污染物与损害之间具有关联性。"根据该条规定，污染企业有污染行为与被侵权人有损害的基础事实的证明责任由原告来承担。对基础事实的证明在性质上属于本证，应当达到法官确信的

证明程度。本案中只提供了行政处罚决定书，且均是因为违反了环境保护法律法规的管理性规定而做出的处罚，并不能从上述行政处罚决定书中得出有环境污染行为以及该污染行为造成了环境损害。

行政处罚决定书可以证明曾经存在环境违法行为，然而该违法行为是否造成损害后果，需要提供初步证据予以证明。

五、相关法律依据

（一）《中华人民共和国环境保护法》

第六十六条　提起环境损害赔偿诉讼的时效期间为三年，从当事人知道或者应当知道其受到损害时起计算。

（二）《最高人民法院关于审理环境民事公益诉讼案件适用法律若干问题的解释》

第八条　提起环境民事公益诉讼应当提交下列材料：

（1）符合民事诉讼法第一百二十一条规定的起诉状，并按照被告人数提出副本。

（2）被告的行为已经损害社会公共利益或者具有损害社会公共利益重大风险的初步证明材料。

（3）社会组织提起诉讼的，应当提交社会组织登记证书、章程、起诉前连续五年的年度工作报告书或者年检报告书，以及由其法定代表人或者负责人签字并加盖公章的无违法记录的声明。

（三）《最高人民法院关于审理环境侵权责任纠纷案件适用法律若干问题的解释》

第六条　被侵权人根据侵权责任法第六十五条规定请求赔偿的，应当提供证明以下事实的证据材料：

（1）污染者排放了污染物。

（2）被侵权人的损害。

（3）污染者排放的污染物或者其次生污染物与损害之间具有关联性。

六、选择该案件的原因

经验告诉我们不能用损害环境的代价换取经济发展，企业的发展要符合我国的绿色低碳环保的发展理念，法律是道德的最低底线，是最后一道保障。无论是企业还是个人，都要重视环境保护，绿水青山就是金山银山。超标排放废水、废气、随意堆放危废物，危害环境，对土壤和地下水造成损害，水资源是有限的，我们要为子孙后代考虑。

案例十一　某环境研究所、某纺织印染有限公司
环境污染责任纠纷案①

一、基本案情

某环境研究所上诉称：被上诉人某纺织印染公司作为上游印染企业违法排污，给环境造成的损害，客观上会影响到下游污水处理厂的出水水质，需要被上诉人承担责任。请求判令被告停止侵权，立即停止排放超标污水等损害环境公益的违法行为；判令被告赔礼道歉，对其损害环境公益的行为在全国主流媒体向社会公众赔礼道歉；采取有效措施消除废水等有害物对环境公益的危害风险；判令被告赔偿损失等。

某纺织印染公司答辩称：双方争议的焦点在于 COD 排放标准，某污水处理厂设施纳管的 COD 标准是 500mg/L，答辩人排放标准提升后是 200mg/L，两者设计值指向的 COD 标准是一致的，即答辩人排放至二级处理厂其 COD 标准只要不超过 500mg/L 即可被二级处理厂处理好，然后再排放到外环境中。因此，虽然答辩人一级处理时有超过标准，但没有直接排放在外环境中，而是排放入管后，还有二级处理，虽违反强制标准会被行政处罚，但决不会对环境造成损害，也不存在对环境造成污染的风险。上诉人的诉请，无证据佐证，其诉请不能成立。

法院经审理查明：某环境研究所系在某民政局登记的社会团体法人，专门从事环境保护公益活动连续五年以上且无违法记录，具备提起环境民事公益诉讼的主体资格。某纺织印染有限公司于 2005 年 2 月 5 日经依法登记成立，主要经营范围为制造加工服装、纱线，销售化工原料、五金机电、纺织原料等，后于 2007 年 12 月 19 日变更经营范围为制造加工服装、纱线染色等。2007 年 8 月 3 日开始，被告将生产过程中排放的印染废水纳入某排水有限公司的管网进行处理。2014 年，某污水处理厂建设项目竣工验收，某纺织印染有限公司的印染废水经城市污水管网输送至某污水处理厂进行处理。2016 年被告对成衣染色整治提升技改项目进行了环境影响申报并经审批，环境保护设施已经竣工验收。2015 年 11 月 24 日，某环境保护局针对被告的人造丝染色项目建设项目未报批环境影响评价文件，擅自于 2007 年建成投产，且污染治理设施未经验收的行为，责令被告限于 2016 年 1 月 22 日前报批环评审批手续，并作出责令停止生产、罚款 10 万元的行政处罚决定。2016 年 9 月 20 日，某环境保护局在 2016 年 8 月 7 日夜间现场检查时发现被告在进行废水处理时，加入药剂不够，废水处理不均匀导致废水超标排放，责令被告立即正常使用废水处理设施，确保废水达标排放，并作出罚款 4308 元的行政处罚决定。2016 年 8 月 20 日某环境保护局对被告进行复查时，发现被告仍存在超标排放的行为，对被告作出自 2016 年 8 月 16 日起至 2016 年 8 月 20 日期间按日连续处罚 21540 元的行政处罚决定。2017 年 5 月 19

① 案例来源：中国裁判文书网，https://wenshu.court.gov.cn/website/wenshu/181107ANFZ0BXSK4/index.html? docId = 1ezqk3F + LTNjj8cor0yEXf5ZKpVLVNGco7dNBLAkUgxWG/sm4iqWBZ/dgBYosE2gBqnNh2W5stjRKefZFinkr9pen5LAIWrSvb77MR4zDn4PPFmr8PoalMTM7P5PXSrI，2022 年 10 月 24 日访问。

日，某环境保护局发现被告于 2017 年 4 月 4 日、4 月 6 日、4 月 7 日存在超标排放行为，责令被告严格按照规范运行废水处理设施，并对被告作出罚款 5130 元的行政处罚决定。2019 年 8 月 9 日，原告以被告存在上述违法行为构成环境民事侵权行为，应当承担全部民事侵权责任为由向该院提起环境民事公益诉讼，遂成讼。另查明，根据原告申请，该院依法委托某环保科技服务中心对被告在生产中排放废水的行为是否造成公共环境污染以及造成的损害后果进行鉴定。某环保科技服务中心向该院出具的回复函中载明：①根据送鉴材料，某纺织印染有限公司污水排放去向为经城市污水管网送某污水处理厂处理，该行为由某环境保护主管部门和某排水管理部门批准同意；根据送鉴材料，某纺织印染有限公司因不正常运行废水处理设施导致废水超标排放，所检主要污染物指标化学需氧量（COD）最大排放浓度为 329mg/L，虽超过《纺织染整工业水污染物排放标准》（GB4287-2012）表 2 规定的间接排放标准，但低于某污水处理厂设计纳管标准（化学需氧量（COD）500mg/L）的要求。根据调查了解，某污水处理厂的污水处理范围包括印染废水，且某纺织印染有限公司缴纳了污水处理费。某纺织印染有限公司纳管排入某污水处理厂的污水超过《纺织染整工业水污染物排放标准》（GB4287-2012）表 2 规定的间接排放标准的行为，根据《中华人民共和国水污染防治法》和《某省水污染防治条例》，由县级以上人民政府环境保护主管部门按照权限依法实施处罚。②根据《生态环境损害鉴定评估技术指南总纲》（环办政法〔2016〕67 号）"3.2 生态环境损害"的术语和定义（详见附件），生态环境损害所指的生态环境不包括"城镇污水集中处理设施"；根据《生态环境损害鉴定评估技术指南总纲》（环办政法〔2016〕67 号）"5.2.1 基线的确定方法、5.2.3 生态环境损害确认"技术规范条款（详见附件），某纺织印染有限公司纳管排入某污水处理厂的污水超过《纺织染整工业水污染物排放标准》（GB4287-2012）表 2 规定的间接排放标准的行为，无法确认生态环境基线和生态环境损害事实，因此无法开展该项司法鉴定委托的生态环境损害鉴定评估。③根据送鉴材料，无证据证明某纺织印染有限公司从 2007 年投产后将印染废水直接排入周边生态环境的行为及事实存在。因此无法确认某纺织印染有限公司的行为造成生态环境损害。后某环保科技服务中心将鉴定材料退回该院。

二、判决结果

某市中级人民法院一审判决：判决驳回某环境研究所的诉讼请求。案件受理费 13800 元，由某环境研究所承担。

后被告不服判决，向某省高级人民法院上诉，某省高级人民法院判决：驳回上诉，维持原判。二审案件受理费人民币 13800 元，由上诉人某环境研究所负担。

三、判案焦点及理由

（一）一审争议焦点

根据双方的诉辩意见，本案一审的争议焦点：一是关于某环境研究所是否具备提起本案环境民事公益诉讼主体资格的问题；二是关于被告是否存在环境民事侵权行为，是否存在造成公共环境的损害而应该承担民事责任的情形。

1. 关于某环境研究所是否具备提起本案环境民事公益诉讼主体资格的问题

《中华人民共和国环境保护法》第五十八条规定："对污染环境、破坏生态，损害社会公共利益的行为，符合下列条件的社会组织可以向人民法院提起诉讼：（一）依法在设区的市级以上人民政府民政部门登记；（二）专门从事环境保护公益活动连续五年以上且无违法记录。符合前款规定的社会组织向人民法院提起诉讼，人民法院应当依法受理。"

本案中，某环境研究所系在某民政局登记的社会团体法人，从业务范围和章程规定的设立目的来看，应认定其为专门从事环境保护公益活动的社会组织。且某环境研究所在提起诉讼时已提交了社会组织登记证书、章程、起诉前连续 5 年的年检报告书，以及由其法定代表人签字并加盖公章的无违法记录的声明，符合《最高人民法院关于审理环境民事公益诉讼案件适用法律若干问题的解释》第八条第三项的规定，故某环境研究所具备提起本案环境民事公益诉讼的主体资格。

2. 关于被告是否存在环境民事侵权行为，是否存在造成公共环境的损害而应该承担民事责任的情形

本案中，原告提供了 2015—2017 年的四份行政处罚决定书，认为被告存在上述违法行为即构成环境民事侵权行为，但环境行政责任并不当然构成环境民事责任，两种法律责任的构成要件并不完全相同。从被告提供的证据以及鉴定机构的回复函中载明的内容来看，无证据证明被告从 2007 年投产后将印染废水直接排入周边生态环境的行为及事实存在，无法确认被告的行为造成生态环境损害。因此，目前尚无充分证据证明"有社会公共利益受到损害"或"被告的行为已经损害社会公共利益或者具有损害社会公共利益重大风险"的情形发生。原告主张被告存在环境民事侵权行为，造成公共环境的损害而应承担停止侵害、赔礼道歉、消除危险、赔偿损失及支付至其恢复原状期间服务功能损失费的诉讼请求依据不足，法院不予支持。鉴于本案评估鉴定费并未实际发生，被告无须承担本案鉴定费用。对于原告主张的差旅费，因原告未提供相应依据，法院不予支持。原告主张的 8 万元律师代理费，结合本案实际以及原告的诉讼请求不能成立等情况，法院不予支持。

（二）二审争议焦点

本案二审的争议焦点：一是上诉人提交的初步证据能否证明某纺织印染公司存在环境污染行为以及该行为是否造成了环境损害的情形；二是被上诉人某纺织印染公司是否存在损害社会公共利益重大风险的行为情形；三是被上诉人某纺织印染公司是否需要承担环境污染侵权责任的问题；四是一审法院程序是否违法的问题。

1. 关于上诉人提交的初步证据能否证明某纺织印染公司存在环境污染行为以及上述行为造成了环境损害的问题

上诉人在一审时提供了 2015—2017 年的四份行政处罚决定书，用以证明被上诉人存在上述违法行为即构成环境民事侵权行为。从被上诉人提交的污水入网申请表、新环建字〔2016〕40 号和新环验〔2017〕36 号文件、废水处理工程设计方案等证据，可以证明被

上诉人自 2007 年 8 月经原某环境保护局批准,同意其生产过程中产生印染废水全部通过管网纳入某排水有限公司的管网进行处理,2014 年后纳入某污水处理厂集中处理排放,2016 年被上诉人由原来的纱线加工转产为纱线印染,对成衣染色整治提升技改项目进行了环境影响申报并经审批,环境保护设施已经竣工验收,其生产过程中产生项目生产废水及生活污水均纳入公司污水预处理系统预处理后,排入市政府集污管网,送至某污水处理厂集中再处理,项目污水纳管执行《纺织染整工业水污染排放标准》(GB4287-2012)中的相关标准要求,污水排放执行《城镇污水处理厂污染物排放标准》(GB18918-2002)中的相关标准要求。生态环境的破坏、损害从环境保护的相关法律规定看,一般应是指空气、地表水、沉积物、土壤、地下水等环境介质遭受破坏或损害。虽然被上诉人存在超标排放的行为,但目前尚无证据证明被上诉人的排污行为使周边的空气、地表水、沉积物、土壤、地下水等环境介质遭受破坏或损害。因此,被上诉人虽因配套的污染物处理设施未经验收及废水向某污水处理厂排放时 COD 超标被行政处罚,但因其污水并非直接向外排放到周边环境,而是全部通过某污水处理厂进行处理后才排入自然环境,故不能证明被上诉人存在将污水排入空气、地表水、沉积物、土壤、地下水等周边环境行为及事实存在,从而也无法确认被上诉人存在造成生态环境损害的事实。

2. 被上诉人是否存在损害社会公共利益重大风险的行为情形

上诉人认为被上诉人作为上游企业排出的特征性污染物,导致下游的某污水处理厂无法处理这些污染物排入外环境,存在社会公共利益重大风险情形,给生态环境带来损害。从一审法院调取的《关于某污水处理建设项目环境影响报告书审查意见的函》的第三条载明,接入污水处理厂的企业污水排放执行《污水综合排放标准》(GB8978-1996)三级标准。《污水综合排放标准》(GB8978-1996)三级标准,适用该标准表 4 第二类污染物最高允许排放浓度(1998 年 1 月 1 日后建设的项目)化学需氧量(COD)其他排污单位为 500mg/L。《某污水处理厂环境影响报告书》第 1.7.2.2 节污染物排放标准,表 1.7-4 中"进管企业污水,GB8978 三级标准"化学需氧量(COD)为 500mg/L。上诉人提交的原某环境保护局对被上诉人作出的四份行政处罚决定中,其中新环罚字〔2017〕第 35 号处罚决定认为被上诉人废水处理不均匀导致废水超标排放,构成不正常使用水污染物处理设施;新环连罚〔2016〕第 1 号处罚决定认为化学需氧量(CODcr)为 320mg/L,超过 GB4287-2012《纺织染整工业水污物排放标准》的间接排放量;新环连罚〔2016〕第 87 号处罚决定认为化学需氧量(CODcr)为 329mg/L,超过 GB4287-2012《纺织染整工业水污物排放标准》的间接排放量;新环连罚〔2015〕第 72 号处罚决定认为配套的污染物处理设施未经验收。因此,被上诉人排放的污水虽超过 GB4287-2012《纺织染整工业水污物排放标准》的间接排放标准,但并没有超过某污水处理厂进管企业污水的设计标准,且上诉人也没有提交证据证明除了上述处罚决定认定的化学需氧需 COD 超出标准外,被上诉人存在化学需氧量 COD 排放超过 500mg/L 或者超出 COD 化学需氧量之外的污染环境物质的排放行为,故上诉人就此提出的上诉理由不能成立。上诉人提出《纺织染整工业水污染物排放标准》与《城镇污水处理厂污染物排放标准》不一致,下游的某污水处理厂无法处理印染废水中的二氧化氯、硫化物等被上诉人产生的特定污染物的问题。如前所述,被上诉人将项目产生的生产污水进行预处理后,排入市政府集污管网，送至某污水处理厂集中再处理，已经环保部门审查和批准，故上诉人的该理由也不能成立。

3. 被上诉人是否需要承担环境污染侵权责任的问题

如前所述，被上诉人不存在环境污染行为造成环境损害及损害社会公共利益重大风险的行为情形，故其也不需承担环境污染侵权责任。

4. 一审法院程序是否违法的问题

上诉人主张一审法院程序违法的理由：一是没有调取被上诉人 2007 年建设项目环境影响报告书、批复和竣工验收通过文件；二是一审法院没有组织原、被告双方对鉴定检材进行质证，就直接作为鉴定的依据以及存在以鉴代审的情况。对第一个问题，一审法院认为被上诉人已经在举证期限内补充提交了相关证据，上诉人要求调取的证据不影响本案相关事实的认定，故不予准许。法院认为，根据新环连罚〔2015〕72 号行政处罚决定，2007 年印染厂是未经验收投入生产，因此上诉人请求调取的 2007 年验收文件根本不存在，且某纺织印染公司的生产污水并非直接排放，而是经批准排入市政府集污管网，送至污水处理厂集中再处理，因此，上诉人要求的证据与本案某纺织印染公司是否存在上诉人所称侵害行为之间无实质性的关联，故一审法院不予调取并无不当。对于第二个问题，原审法院虽没有在鉴定委托之前交双方当事人质证，但是鉴于本案实际上没有进行鉴定，而有关鉴定材料之后又作为本案证据在一审庭审时进行了质证，因此，上诉人的该理由也不能成立。但原审法院未依据在案证据而是依据鉴定回复函来认定没有证据证明某纺织印染公司存在超标排放行为存在不当。法院应予指正。

四、裁判要点的理解与说明

该案例的裁判要点确认：一、环境民事侵权行为如何判定；二、行政处罚决定书能否证明构成环境民事侵权行为。现针对裁判要点涉及的相关问题进行说明。

（一）环境民事侵权行为的判定

根据《最高人民法院关于适用〈中华人民共和国民事诉讼法〉的解释》第二百八十四条第（三）项和《最高人民法院关于审理环境民事公益诉讼案件适用法律若干问题的解释》第八条第（二）项的规定，环境保护法等法律规定的机关和有关组织对污染环境、侵害众多消费者合法权益等损害社会公共利益的行为，根据《中华人民共和国民事诉讼法》第五十五条规定提起公益诉讼，应有社会公共利益受到损害的初步证据或者提交被告的行为已经损害社会公共利益或者具有损害社会公共利益重大风险的初步证明材料。

（二）行政处罚决定书能否证明构成环境民事侵权行为

行政处罚决定书不能用以证明被上诉人存在违法行为，即构成环境民事侵权行为。行政违法行为应承担的行政责任与民事侵权行为应承担的民事损害赔偿责任是不能等同的，行政违法行为只要存在就应当承担行政责任，而民事侵权损害赔偿责任除了行为存在外还须以损害事实的存在为前提。

五、相关法律依据

（一）《中华人民共和国民事诉讼法》

第五十五条 对污染环境、侵害众多消费者合法权益等损害社会公共利益的行为，法律规定的机关和有关组织可以向人民法院提起诉讼。

（二）《最高人民法院关于审理环境民事公益诉讼案件适用法律若干问题的解释》

第二条 依照法律、法规的规定，在设区的市级以上人民政府民政部门登记的社会团体、民办非企业单位以及基金会等，可以认定为环境保护法第五十八条规定的社会组织。

第二十二条 原告请求被告承担检验、鉴定费用，合理的律师费以及为诉讼支出的其他合理费用的，人民法院可以依法予以支持。

六、选择该案件的原因

该案例说明行政处罚决定书等文书不一定能够用来证明存在违法行为，行政责任与民事责任不能等同，行政违法行为只要存在就应当承担行政责任，而民事侵权损害赔偿责任除了行为存在外还须以损害事实的存在为前提。本案例对于同类案件具有现实指导意义，具有较强的参考价值。

第二节 环境污染责任纠纷

案例十二 于某某诉某海产食品有限公司水污染责任纠纷案[①]

一、基本案情

被告某海产食品有限公司的经营范围为水产品养殖、收购、加工、冷冻、冷藏、销售等，其经营场所位于 B 市甲村，原告于某某家位于其前方坡下。

原告于某某认为被告某海产食品有限公司存在违法排污行为，于 2014 年 9 月 28 日将被告某海产食品有限公司诉至一审法院，以被告某海产食品有限公司的排污行为导致原告于某某家的井水硝酸盐氮超标 0.48 倍为由，要求被告某海产食品有限公司赔偿 2014 年至 2017 年的经济损失 87600 元。

[①] 案例来源：中国裁判文书网，https：//wenshu. court. gov. cn/website/wenshu/181107ANFZ0BXSK4
/index. html？docId = tLWwykCoBI4ybC4qGZvuNuzLaRPaOJzOnWlA + ugugtM0qjHNRgk2hp/dgBYosE2gTaHI50
gCz5XPM/17vU+UrQoVEtd32cdkAazPhcV8jmz6Nluobj1x3yNktKFJV8Wx，2022 年 10 月 24 日访问。

2020 年 10 月 16 日，原审原告于某某再次诉至一审法院，认为自 2018 年 1 月 1 日起至今，被告某海产食品有限公司仍没有将原告于某某家的井水恢复至硝酸盐氮不超标的状态。一审法院根据于某某的申请调取 B 市环境监测站于 2021 年 3 月 12 日出具的于某某家井水庄环监（水）字〔2021〕第 3 号监测报告，认为原告于某某家井水中的硝酸盐氮等符合生活饮用水卫生标准。原告于某某在原审第一次庭审中向一审法院申请对其井水中硝酸盐氮含量是否超标等进行鉴定，后因 B 市环境监测站已经出具监测报告，故在原审第二次庭审中撤回鉴定申请。

本案发回重审后，原告于某某选取了八家鉴定机构，除无资质做鉴定及需要当天采样当天检测的以外，原告于某某认为其他符合条件的鉴定机构鉴定费用过高，其不预交鉴定费用。同年 10 月 14 日，原告于某某向一审法院提交申请，内容为："因案件审理需要，需对于某某饮用水井水进行水质监测。因于某某系低保户且系受害人，为减轻于某某的诉累，特请求人民法院能委托 B 市环境保护局、B 市环境监测中心进行对于某某家中水质监测，以求作出公平、公正判决。"同年 12 月 27 日，一审法院函询 B 市生态环境局，商请该局是否可以进行井水监测。该局于 2022 年 1 月 13 日复函一审法院，内容为："根据我市机构改革工作要求，我局组建 B 市生态环境分局，实行局队合一，统一负责所辖区域内生态环境保护工作。如对监测结果有疑义，可依法申请省级环境监测部门复核，或申请司法鉴定机构鉴定。"在一审法院限定期限内，原告于某某未向一审法院提交异议申请。

法院经审理查明，本案在原审中，B 市环境监测站对原告于某某家井水水质进行监测，并于 2021 年 3 月 12 日出具庄环监（水）字〔2021〕第 3 号监测报告，报告显示原告于某某家井水中硝酸盐氮含量并未超过《生活饮用水卫生标准》中关于生活饮用水常规指标及限值。虽然在本案审理过程中，原告于某某多次向一审法院提交鉴定申请，要求有资质的鉴定机构对其井水水质另行进行司法鉴定，但因鉴定费等原因，于某某均放弃鉴定。

被告某海产食品有限公司不服一审判决后提出二审。

二、判决结果

B 市人民法院作出一审判决：一、被告某海产食品有限公司于判决发生法律效力之日起十日内赔偿原告于某某自 2018 年 1 月 1 日始至 2021 年 3 月 12 日止，每日经济损失 45 元，合计 52470 元；二、驳回原告于某某的其他诉讼请求。

A 省 B 市中级人民法院于 2022 年 6 月 29 日作出二审判决：驳回上诉，维持原判。

三、判案焦点及理由

（一）上诉人某海产食品有限公司是否应向被上诉人于某某赔偿 2018 年 1 月 1 日至 2021 年 3 月 12 日期间水污染造成的损失

生效判决判令"自 2015 年 2 月 6 日起至 2017 年 12 月 31 日止，上诉人在将被上诉人家井水恢复至硝酸盐氮不超标的状态前,每日赔偿被上诉人经济损失 45 元"。基于生效判决认定的事实及赋予上诉人的上述义务,上诉人某海产食品有限公司应举证证明其自 2018 年 1 月 1 日始已将被上诉人于某某家井水恢复至硝酸盐氮不超标的状态。但上诉人某海产食品有限公司未能提交井水监测报告等证据证明被上诉人于某某家井水自 2018 年 1 月 1 日始已恢复至硝酸盐氮不超标的状态,故上诉人某海产食品有限公司应承担举证不能的不利后果。一审判决判令上诉人某海产食品有限公司赔偿被上诉人于某某自 2018 年 1 月 1 日始至 2021 年 3 月 12 日止每日经济损失 45 元,有充分的事实及法律依据,二审法院予以维持。

因被上诉人于某某并未举证证明庄河市环境监测站于 2021 年 3 月 12 日出具监测报告后,井水仍存在污染的事实,则其应承担举证不能的法律后果,故对被上诉人于某某要求上诉人某海产食品有限公司给付 2021 年 3 月 12 日以后因水污染造成损失的请求,依据不足,不予支持。

四、裁判要点的理解与说明

判决承担责任的时间段是否具有周延性要结合当事人需要履行的义务类型综合考虑,完善污水处理设施以及井水水质改善是一个动态且漫长的过程,应当赋予受害人获得赔偿的持续性直至侵害人将义务履行完毕,有利于保障受害人的合法权益。

五、相关法律依据

(一)《中华人民共和国民法典》

第一千二百二十九条　因污染环境、破坏生态造成他人损害的,侵权人应当承担侵权责任。

第一千二百三十条　因污染环境、破坏生态发生纠纷,行为人应当就法律规定的不承担责任或者减轻责任的情形及其行为与损害之间不存在因果关系承担举证责任。

(二)《中华人民共和国民事诉讼法》

第六十七条第一款　当事人对自己提出的主张,有责任提供证据。

(三)《最高人民法院关于民事诉讼证据的若干规定》

第三十一条第二款　对需要鉴定的待证事实负有举证责任的当事人,在人民法院指定期间内无正当理由不提出鉴定申请或者不预交鉴定费用,或者拒不提供相关材料,致使待证事实无法查明的,应当承担举证不能的法律后果。

六、选择该案的原因

该案例旨在说明基于生效判决认定的事实及赋予当事人的义务,若当事人主张自己已履行完毕义务,需对此承担相应的举证责任,具有较强的实用价值和现实意义。

案例十三 林某某诉某生态养殖农场水污染责任纠纷案①

一、基本案情

原告林某某诉称其一直在水库从事养鱼养殖。2018 年 9 月，因国家整治要求，A 市 B 镇人民政府与原告协商同意《解除水库承包经营权协议书》，后以委托管护的方式要求原告林某某负责改善水库水质，实行生态养殖，并以生态投放收益作为原告的管护费用。被告的养殖场紧邻水库东岸，2020 年 7 月以来，由于被告某生态养殖农场（以下简称养殖农场）未及时将养鸡场的粪便进行无害化处理，存放的鸡粪由于连续下雨流入水库，致使水库里的鱼在 2020 年 7 月 13 日凌晨出现死亡。原告发现后，及时在专家的指导下开展救治。事故发生后，原告及时向 A 市 B 镇人民政府、A 市农业综合执法大队、A 市环境监测站报告了事故情况，相关部门的工作人员到现场查看情况。2020 年 7 月 14 日，A 市环境监测站到水库取样，对水质进行了检测并出具了检测报告。A 市农业综合执法大队接到报案后，派工作人员到现场进行了调查取证、原因分析及损失测算，见证 2020 年 7 月 14 日当天死鱼有一万余斤。死鱼情况持续了四天时间，相关部门工作人员两次到水库和被告处调查情况，并给被告送达《重点问题整改督办通知书》，组织双方就水库水质改善和死鱼损失赔偿事宜进行协商，但被告对原告损失不认可。原告认为由于被告在养殖过程中对产生的鸡粪没有及时采取有效措施进行无害处理，随雨水大量流入水库，污染的水质造成原告养殖的鱼类大量死亡，给原告造成了极大的经济损失。原告为维护自身合法权益，故诉至法院。

被告养殖农场辩称：①原告不是适格的被侵权主体，无权要求被告赔偿。②被告养殖农场的鸡粪流入水库属于不可抗力。③原告林某某主张的 444247 元损失没有事实依据，没有证据证实。④水库死鱼的主要原因：一是夏季气温高，下雨天气突变造成水体中溶解氧含量低；二是不可抗力，连续暴雨、大雨造成被告养殖农场被淹，养鸡场的鸡粪顺着排水沟流入水库；三是原告在水库中进行高密度养鱼，未设置增氧设备，并且事故发生后，原告也未采取积极处置措施。被告养殖农场没有故意向水库排污，农场的鸡粪因养殖农场被淹随着雨水流入水库属于不可抗力，原告林某某不是水库鱼类资源的所有者，原告对水库的死鱼有着不可推卸的责任，请求法院驳回原告的诉讼请求。

一审法院认定事实：2001 年 1 月 10 日，林某某与 A 市 B 镇人民政府签订《承包经营水库协议》，林某某在 A 市水库经营养殖。2018 年 9 月 15 日，因国家整治要求，A 市 B 镇人民政府与林某某签订《解除水库承包经营权协议书》，协议约定双方解除于 2001 年 1 月 10 日签订的《承包经营水库协议》，林某某自愿放弃水库养殖经营权；因林某某在水库内现存约 10 万斤商品鱼，为减少林某某损失，给予林某某一定捕捞期，但林某某应于

① 案例来源：中国裁判文书网，https：//wenshu. court. gov. cn/website/wenshu/181107ANFZ0BXSK4/index. html？ docId = dv6wNnAVYW + VbsE4nxfi2fe4KnSmrQNOQZn + + JWDxvCZ4/QNK3l + HJ/dgBYosE2g TaHI50gCz5XPM/17vU+UrQoVEtd32cdkAazPhcV8jmxX1E55Fl3ml4w4wPlHymu+，2022 年 10 月 24 日访问。

2018 年 12 月 31 日前全部捕捞完毕；在签订协议之日起，实行人放天养模式，禁止投饵、投料、投肥、投粪、私设养殖设施等违规违约行为。2018 年 9 月 27 日，A 市 B 镇人民政府与林某某签订《A 市 B 镇水库委托管护合同书》，约定管护对象为水库，面积 0.1 万亩，管理期限为 8 年，从 2018 年 1 月 1 日起至 2025 年 12 月 31 日止，林某某管护水库为无偿管护，A 市 B 镇人民政府不支付管护费用，各级水利部门专项经费除外；林某某必须负责日常值班，定期巡查，负责该水库水、雨、工作情况的上报工作，并做好巡查及涵闸运行记录；林某某不得在水库中投肥投料进行鱼类精养，水库中鱼类只能人放天养，相关鱼类收益由林某某所得，如林某某存在投肥投料进行鱼类精养的情况，A 市 B 镇人民政府将立即终止林某某管护权，所有损失由林某某自行承担。

林某某一审庭审中陈述事故发生时，水库中的鱼系解除协议中约定应捕捞的鱼。

2020 年 9 月 7 日，A 市农业综合执法大队出具的《关于水库渔业污染事故造成鱼类损失的测算报告》危害原因分析为：鱼类养殖水体氨氮应控制在 0.02mg/L 以下，最适范围不超过 0.2mg/L，达到 0.5mg/L 时鱼类就会氨氮中毒导致死亡。结合 A 市环境监测站提供的污水监测数据进行对比分析，水库的两个取样点水质监测的氨氮含量分别为 2.63mg/L、6.99mg/L，氨氮分别超中毒界限值 5.26 倍和 13.98 倍。初步分析，养殖农场流入水库的污水是导致鱼类大量死亡的主要原因。损失测算为：7 月 14 日，单位执法人员对水库的死鱼情况进行了记录，并拍摄了一些典型照片作证。因打捞死鱼现场鱼体腐烂，现场只能采用个体称重后计数的方法，再汇总进行测算，计数现场林某某全程参与，A 市环境监测站等相关职能部门及现场帮助打捞死鱼的附近村民现场作证，测算数据为 2020 年 7 月 14 日，白鲢约 350 尾、死鱼规格 10 斤左右、死亡重量约 3500 斤；花鲢约 670 尾、死鱼规格 10 斤左右、死亡重量约 6700 斤，并且备注 7 月 13 日、7 月 15 日虽有大量鱼死亡，但由于无佐证材料不计入此次测算范围"。报告附现场照片 10 张，照片中漂浮在水库里面的鱼和才打捞起来的鱼显示鱼的个体有大有小，但多数为大鱼。

一审法院认为：（1）林某某的主体资格。2018 年 9 月 15 日，林某某虽然与 A 市 B 镇人民政府签订了《解除水库承包经营权协议书》，约定解除原签订的《承包经营水库协议》，林某某自愿放弃了水库的养殖经营权。但 2018 年 9 月 27 日，林某某与 A 市 B 镇人民政府签订了《水库委托管护合同书》，约定林某某为无偿管护，林某某不得在水库中投肥投料投粪进行鱼类精养，水库中鱼类只能人放天养，相关鱼类收益归林某某所得。林某某现因水库中鱼死亡导致的损失，有权请求侵权人赔偿，故林某某的主体资格适格。

（2）水库的水被污染的原因。根据 A 市环境监测站出具的《监测报告》，2020 年 7 月 14 日水库的水被污染属实。A 市环境监测站的取样点 W2 处，是养殖农场的雨水排水沟，养殖农场也认可养殖农场的鸡粪随雨水从排水沟流入了水库，说明养殖农场的鸡粪是水库的污染源之一。林某某自己的证人证实其向林某某租赁的养猪场地势比养殖农场低，且养猪场的化粪池是敞开的。2020 年 7 月中旬，养殖农场的养鸡场被雨水所淹，地势更低的养猪场化粪池必然被淹，敞开化粪池的粪水也必然进入了水库，这也是水库的污染源之一。

（3）2020 年 7 月 13 日至 16 日张家冲水库鱼类死亡的原因。A 市农业综合执法大队出具《关于水库渔业污染事故造成鱼类损失的测算报告》中，虽然明确了养殖农场的鸡粪污染是导致鱼类大量死亡的主要原因，但得出这个结论的根据是 A 市环境监测站的《监测报告》，因 A 市环境监测站只是取了两个点进行监测，这两个点的氨氮含量不能证实水库其他水面的氨氮含量，《监测报告》只能证明水库已被污染的事实，而不能证实鱼类的死亡就是养殖农场的鸡粪污染造成的，故养殖农场的鸡粪污染是造成水库鱼死亡的原因之一。

林某某解除承包协议之前，水库的鱼类养殖系精养。解除承包协议之后，根据上级要求拆除了精养设备，但林某某在水库的鱼并没有减少，在遇到极端天气（7 月雨前的高温、低气压等），水中氧气缺乏，没有精养设备进行增氧，水中鱼类密度高必然会导致鱼类缺氧而浮头，这也是书库中某某类浮头死亡的原因之一。

（4）损失的认定。A 市农业综合执法大队出具的《关于水库渔业污染事故造成鱼类损失的测算报告》，该报告对 2020 年 7 月 14 日的死鱼进行了测算，并得出了当天的死鱼数量。林某某提供的现场照片中反映死鱼有大有小，而测算报告中只对重量为 10 斤左右的白鲢和花鲢进行了个体称重，并不能反映对死鱼进行清点测算的全过程，该测算报告存在一定的瑕疵，但 A 市农业综合执法大队作为一个执法部门，事故发生当天到现场进行了调查。在没有其他证据证实水库死鱼数量的情况下，对该测算报告中 2020 年 7 月 14 日死鱼的测算数量予以认定，即白鲢约 3500 斤，花鲢约 6700 斤。2020 年 7 月 13 日、7 月 15 日，A 市农业综合执法大队在报告中明确有大量死鱼，结合证人证言，确认这两天有大量死鱼。2020 年 7 月 16 日，考虑已是事故发生的第四天，加之林某某对水质进行了改善，此时即使存在死鱼的情形，也是少数。对此酌情认定死鱼的数量按 A 市农业综合执法大队测算报告按 3 天计算，即白鲢为 3500 斤/天×3 天＝10500 斤，花鲢为 6700 斤/天×3 天＝20100 斤。根据 A 市人民政府网站公布的 2020 年 7 月 13 日《A 市主要食品和副食品价格监测情况表》，林某某请求按 7 元/斤计算花鲢损失，其价格低于监测表中的价格，予以认定。白鲢价格按监测表中公布的价格 3.74 元/斤计算。林某某请求的鳊鱼、鲤鱼、鲫鱼、土鲢鱼、黄骨鱼的损失，因林某某没有提供相应证据予以证实，考虑到水库中实际肯定不止两种鱼类，必然存在其他鱼类，对此酌情认定其他杂鱼的损失为 5000 元。故水库中鱼类的损失为 20100 斤×7 元/斤+10500 斤×3.74 元/斤+5000 元＝184970 元。

（5）治理水库的费用。林某某请求养殖农场支付水库恢复水质的药费和施药人员工资。因水库所有权人为 A 市 B 镇人民政府，管理人为 A 市 B 镇水利服务中心，林某某只是根据委托管护合同，对水库进行日常的管护。且林某某提供的购买改善水质的药费发票名称为 A 市问安水利服务中心，故林某某无权要求养殖农场对此费用进行赔偿。

（6）林某某雇请人员捕捞死鱼的工资。因林某某按死鱼数量请求养殖农场赔偿损失，且正常情况下捕鱼林某某也要雇请人员，支付人员工资，林某某不能重复计算损失数额，故林某某请求的捕鱼费用，不予支持。

上诉人林某某因不服湖北省 A 市人民法院〔2021〕鄂 0583 民初 60 号民事判决，向湖北省 C 市中级人民法院提起上诉。

林某某上诉请求：撤销一审判决，重新作出判决（不服金额为 385636 元）。事实和理由：①一审对损害的责任比例认定不当。林某某一审中提交的证据足以证明是养殖农场流出的污水造成水库的鱼大量死亡的事实，已完成法律规定的举证责任。水某某类死亡与养殖农场污染水体的行为具有直接的因果关系，养殖农场污染水体的行为是造成损害发生的主要原因。养殖农场一审中提交的证据均不能证明其具有法律规定的不承担责任或者减轻责任的情形及其行为与损害之间不存在因果关系。而一审认为猪场是污染源之一，且认为天气、鱼类密度等因素也是鱼类死亡的原因之一，明显偏袒养殖农场。②一审对恢复水质的药费、施药人员和捕捞死鱼人员的工资未予认定，不符合关于环境污染损失赔偿范围的法律规定。林某某一审中提交的证据充分证明其及时实施了水体修复。虽然改善水质药物开具的发票名称不是林某某本人，但不能据此否认林某某没有实际发生修复水体的费用。该项费用是在政府工作人员督促下完成的。林某某发现死鱼后，随即邀请周边邻里帮忙撒药、捞鱼，这是为减少损失而采取的积极救助措施而支出的合理费用。故药费、施药人员和捕捞死鱼人员的工资应当赔付。

养殖农场辩称：①一审认定水库的水被污染是多个污染源造成的，符合客观事实。养殖农场一审提交的证据虽证明养殖农场的鸡粪随着雨水从排水沟流入水库系暴雨导致，同时也证明水库边有一个养猪场，养猪场的位置比养殖农场离水库更近，且养猪场地势比养殖农场低。林某某的证人曾某出庭证实 2020 年 7 月前养猪场有两头母猪及小猪，养猪场的化粪池原是敞开式的，在 2020 年 10 月后将化粪池建为密封式。因此，养殖农场养鸡场被雨水所淹，地势更低的养猪场化粪池必然被淹，敞开化粪池的粪水必然进入水库，曾某的养猪场是水库的污染源之一。以及张某受人雇请拖鸡粪倾倒在水库，也是水库的污染源之一。②A 市农业综合执法大队出具的《关于水库渔业污染事故造成鱼类损失的测算报告》不能作为划分赔偿责任比例的依据。林某某作为管库员没有认真履职，水库的鱼类密度大，且未设置增氧设备，其对水库大量死鱼发生有不可推卸责任。③一审不支持林某某的治理水库的费用及雇请捕捞死鱼的人员工资符合法律规定。综上，一审认定事实清楚，适用法律正确，请求二审驳回上诉请求，维持原判。

二、判决结果

湖北省 A 市人民法院于 2021 年 10 月 13 日作出一审判决：一、养殖农场于判决生效之日起十五日内一次性赔偿林某某管护的水库的鱼死亡的经济损失 58611 元；二、驳回林某某的其他诉讼请求。

湖北省 C 市中级人民法院于 2022 年 5 月 7 日作出二审判决：一、撤销湖北省 A 市人民法院〔2021〕鄂 0583 民初 60 号民事判决；二、养殖农场于本判决生效之日起十五日内赔偿林某某损失 104853.5 元（184970 元×65%－15377 元）；三、驳回林某某的其他诉讼请求。

三、判案焦点及理由

湖北省 C 市中级人民法院认为，本案为特殊侵权案件，适用无过错责任原则。根据《中华人民共和国侵权责任法》（现已废止）第六十六条规定，因污染环境发生纠纷，污染者应当就法律规定的不承担责任或者减轻责任的情形及其行为与损害之间不存在因果关系承担举证责任。因此，污染者应当就免责、减责的事由和因果关系方面承担举证责任。

虽然现有证据可以证明水库的水被污染是多个污染源造成，但是养殖农场现有举证不能证明从养殖农场流入水库的污水，不是导致水库大量死鱼发生的主要原因。因此，养殖农场应当承担举证不能的法律后果。故结合本案相关证据和案件具体情况，湖北省 C 市中级人民法院酌定养殖农场对林某某的损害承担 65% 责任。

至于水库大量死鱼发生是否与猪场、天气、鱼类密度等因素有关，并不影响本案的处理。林某某现有举证不能证明已发生的恢复水质的药费与本案有关联性，故其主张的恢复水质的药费和施药人员的工资，湖北省 C 市中级人民法院不予支持。即使林某某雇请人员进行捕鱼，并支付了工资，但是本案鱼的损失基本以当时市场价格进行计算，包含雇请人员进行捕鱼的工资成本，故捕捞死鱼人员的工资不能计入损失。

四、裁判要点的理解与说明

关于污染者的举证责任的说明：

本案中，根据 A 市 B 镇人民政府对林某某出具的《信访事项处理意见书》中有关水库死鱼原因的调查结果，并结合 A 市环境监测站出具的《监测报告》中监测结果和 A 市农业综合执法大队出具的《关于水库渔业污染事故造成鱼类损失的测算报告》中危害原因分析，足以证明水库大量死鱼发生的主要原因是从养殖农场流入水库的污水导致。再根据相关法律规定，被告应当承担举证不能的法律后果。

五、相关法律依据

《中华人民共和国侵权责任法》（现已废止）

第六十六条 因污染环境发生纠纷，污染者应当就法律规定的不承担责任或者减轻责任的情形及其行为与损害之间不存在因果关系承担举证责任。

六、选择该案的原因

该案中侵权行为与损害结果之间存在介入因素，即猪场、天气、鱼类密度等因素，但介入因素不应该成为侵权行为的免责事由，损害的发生但并不影响本案的处理。本案属于较为典型的存在介入因素的案例，对于介于因素是否会中断因果关系进行了详细说明，具有较强的参考价值。

第三章　水上环境典型行政案件

第一节　环境保护行政作为诉讼

案例一　吉林省 D 市人民检察院诉 D 市 C 乡人民政府不履行环境保护监督管理职责公益诉讼案①

一、基本案情

原告（二审上诉人、再审申请人）诉称：本院在开展行使检察监督专项活动中发现，D 市 C 乡境内存在擅自倾倒、堆放生活垃圾情况。根据《中华人民共和国固体废物污染环境防治法》《长春市市容和环境卫生管理条例》《中华人民共和国河道管理条例》等规定，被告境内的两处生活垃圾处理场均处于松花江两岸国堤之间，属于松花江河道管理范围，且均未采取防扬散、防流失、防渗漏或者其他防止环境污染的措施，既对周围环境产生危害，又对流域水体和行洪产生影响，可以确认被告未尽到监管职责违法。因被告对擅自倾倒、堆放垃圾的行为不依法履行监管职责，已经对辖区内环境造成污染，并可能对流域水体和河道行洪产生影响。在检察机关发出检察建议后，其仍未履行监管职责，造成国家和社会公共利益仍处于受侵害状态。

故向原审法院诉请：

（1）确认被告 D 市 C 乡人民政府不履行对垃圾处理的监管职责违法。

（2）判令被告 D 市 C 乡人民政府立即履行监管职责，对违法形成的垃圾场进行治理，恢复原有的生态环境。

被告（二审被上诉人、再审被申请人）辩称：被告依法不应承担对涉案地点垃圾的监管职责，原告起诉将被告确定为监管负责人没有法律依据，河道内垃圾的监管主体是水利行政机关；确定被告有监管职责违法有违行政行为内部的合理性；垃圾是多年形成的，要求被告短时间内彻底解决存在难度；对涉案垃圾，虽然被告不属于法律面的监管主体，但被告作为一级政府必须认真执行市里的工作部署，对涉案垃圾清理工作正在进行，再审

---

① 案例来源：中国裁判文书网，https：//wenshu. court. gov. cn/website/wenshu/181107ANFZ0BXSK4/index. html？docId=h7gy3em4cb97E2eeg7bS0h5k2m19lByRjJMzTQ3CZxU7bcmBTDyoKpO3qNaLMqsJXPKc3S5FLP4yBjYgTalW5VtgRigY0Si/koN4w/MsoGOULKw2PXSLBySbpoo8pJBC，2022 年 10 月 25 日访问。

期间已经全部清理完毕。

一审法院裁定没有查明事实部分。二审法院经审理查明：D 市人民检察院在 C 乡政府辖区内松花江河道管理范围内。垃圾为无序堆放，未作防渗漏、防扬散及无害化处理。D 市人民检察院向 C 乡政府发出检察建议书，建议依法履行统筹和监管职责，对违法存在的垃圾堆放场立即进行治理。2017 年 5 月 12 日 C 乡政府向 D 市检察院回复称 C 乡党委及政府制定了 C 乡垃圾堆放场整治方案。D 市人民检察院四次复查现场后，认为垃圾堆放点有二辆铲车在推土掩埋，有少量垃圾仍处于裸露状态，C 乡政府未依法履行监管职责，对违法形成的垃圾处理场未进行彻底整治，公共利益仍处于持续损害之中。

二、判决结果

（1）吉林省 D 市人民法院于 2017 年 12 月 25 日作出〔2017〕吉 0183 行初 42 号行政裁定：驳回公益诉讼人 D 市人民检察院的起诉。吉林省 D 市人民检察院不服原审裁定，提起上诉。吉林省长春市中级人民法院于 2018 年 4 月 20 日作出〔2018〕吉 01 行终 49 号行政裁定：驳回上诉，维持原裁定。

（2）吉林省 D 市人民检察院不服终审裁定，向检察机关申请监督，吉林省人民检察院向吉林省高级人民法院提出抗诉。吉林省高级人民法院于 2018 年 9 月 11 日作出〔2018〕吉行抗 4 号行政裁定，裁定由本院提审，并于 2019 年 12 月 30 日作出〔2018〕吉行再 21 号行政裁定：一、撤销 D 市人民法院〔2017〕吉 0183 行初 42 号行政裁定；二、撤销吉林省长春市中级人民法院〔2018〕吉 01 行终 49 号行政裁定；三、指令 D 市人民法院对本案进行审理。

三、判案焦点及理由

法院生效裁定认为：本案争议焦点是 C 乡政府对其辖区范围内环境卫生是否负具有"监督管理职责"。从《环境保护法》第六条第一款第二款，第二十八条、《村庄和集镇规划建设管理条例》第三十九条、《吉林省生态环境保护工作职责规定（试行）》《长春市生态环境保护工作职责规定（试行）》规定可知，环境是典型的公共产品，环境卫生的"监督管理职责"不同于行政机关的其他职责，具有一定复杂性，并非某一行政部门或某级人民政府独有的行政职责。因此，对于垃圾堆放等破坏辖区范围内环境卫生行为，乡级人民政府应当依法履行"监督管理职责"。本案中，案涉垃圾堆放地点位于 C 乡辖区，C 乡政府具有"监督管理职责"，D 市人民检察院提起的公益诉讼符合《行政诉讼法》规定的起诉条件，本案应予实体审理。一审驳回起诉、二审驳回上诉，适用法律错误，法院予以纠正。应当指出的是，法律、法规、规章或其他规范性文件是行政机关职责或行政作为义务的主要来源，这其中无论是明确式规定，或者是概括式规定，都属于行政机关的法定职责范畴，二审沿用"私益诉讼"思路审理"公益诉讼"案件，忽略了环境保护的特殊性，对乡级人民政府环境保护"监督管理职责"作出限缩解释，确有不妥，法院予以指正。一审裁定的法律文书在没有基本事实认定的情况下，就 D 市人民检察院提起的公益诉讼是否符合起诉条件进行论理阐述，缺少必要的事实要件，文书结构内容不完善，法院一并予以指正。

四、裁判要点的理解与说明

（一）一、二审沿用撤销诉讼的审查思路、以不属于受案范围为由裁定驳回起诉，适用法律错误

根据《行政诉讼法》和《检察公益诉讼解释》的相关规定，人民检察院对于生态环境和资源保护、食品药品安全、国有财产保护、国有土地使用权出让等领域负有监督管理职责的行政机关违法行使职权或不作为，在作出检察建议后，仍不履行职责的，依法提起行政公益诉讼。

根据上述规定，按照行政诉讼的类型化分类，公益诉讼通常属于课予义务诉讼，在课予义务诉讼中被告就原告请求事项是否具有相应职责，原则上属于实体审查内容，只有明显不属于行政机关权限范围的，才可以适用"速裁程序"。课予义务诉讼程序裁判规定，"行诉解释"第九十三条第二款规定："人民法院经审理认为原告所请求履行的法定职责或者给付义务明显不属于行政机关权限范围的，可以裁定驳回起诉。"一般情况下，对于行政机关是否具有法定职责或者给付义务，属于实体判断问题，应当采用判决方式，只有原告所请求履行的法定职责或者给付义务"明显"不属于行政机关权限范围的，才可以裁定驳回起诉。是否属于"明显"情形，应当由人民法院根据案件具体情况进行判断，但是不能滥用本款内容。

课予义务诉讼实体裁判规定，《行政诉讼法》第六十九条："行政行为证据确凿，适用法律、法规正确，符合法律程序的，或者原告申请被告履行法定职责或者给付义务理由不成立的，人民法院判决驳回原告的诉讼请求。"

课予义务诉讼案件中常常并不存在行政行为，如果仍沿用撤销诉讼审查思路，以受案范围、原告资格的审查路径在逻辑上难免陷入混乱，课予义务诉讼案件通常并不存在一个作为类的行政行为，如果仍习惯于"私益诉讼"的审查思维，狭义的理解只有具体且明确的规定才属于行政机关的法定职责，不能满足公益诉讼实践需要。承办人认为，检察机关依法负有公益诉讼的职责，法律、法规、规章对乡镇人民政府的环境保护监督管理职责均有相应规定情况下，一、二审以不属于受案范围驳回起诉，适用法律不当，裁定驳回起诉结果不当，法院应予纠正。抗诉机关的抗诉理由部分成立，法院应予支持。一审裁定没有法院查明事实部分，径行得出裁判结论不够严谨。

（二）乡人民政府具有环境保护的"监督管理职责"或"环境保护职权"

《环境保护法》明确了乡人民政府在农村环境保护中的相应职责。《环境保护法》第六条第二款规定："地方各级人民政府应当对本行政区域的环境质量负责。"该条款是对环境保护义务的规定。之所以法律规定地方政府要对环境质量负责，主要是因为：环境是典型的公共产品，政府作为公共物品的管理者应当对环境质量负责。由于影响环境质量的因素具有复杂性，能够承担起统筹协调各种资源，综合治理，改善环境质量责任的，除了政府以外没有其他主体。

五、相关法律依据

(一)《中华人民共和国环境保护法》

第六条第二款　地方各级人民政府应当对本行政区域的环境质量负责。

第二十八条第一款　地方各级人民政府应当根据环境保护目标和治理任务,采取有效措施,改善环境质量。

第三十三条第二款　县级、乡级人民政府应当提高农村环境保护公共服务水平,推动农村环境综合整治。

第三十七条　地方各级人民政府应当采取措施,组织对生活废弃物的分类处置、回收利用。

第六十八条　地方各级人民政府、县级以上人民政府环境保护主管部门和其他负有环境保护监督管理职责的部门有下列行为之一的,对直接负责的主管人员和其他直接责任人员给予记过、记大过或者降级处分;造成严重后果的,给予撤职或者开除处分,其主要负责人应当引咎辞职:

(1) 不符合行政许可条件准予行政许可的。

(2) 对环境违法行为进行包庇的。

(3) 依法应当作出责令停业、关闭的决定而未作出的。

(4) 对超标排放污染物、采用逃避监管的方式排放污染物、造成环境事故以及不落实生态保护措施造成生态破坏等行为,发现或者接到举报未及时查处的。

(5) 违反本法规定,查封、扣押企业事业单位和其他生产经营者的设施、设备的。

(6) 篡改、伪造或者指使篡改、伪造监测数据的。

(7) 应当依法公开环境信息而未公开的。

(8) 将征收的排污费截留、挤占或者挪作他用的。

(9) 法律法规规定的其他违法行为。

(二)《村庄和集镇规划建设管理条例》

第三十九条　有下列行为之一的,由乡级人民政府责令停止侵害,可以处以罚款;造成损失的,并应当赔偿:

(1) 损坏村庄和集镇的房屋、公共设施的。

(2) 乱堆粪便、垃圾、柴草,破坏村容镇貌和环境卫生的。

(三)《环境保护法》

第二十八条第一款　地方各级人民政府应当根据环境保护目标和治理任务,采取有效措施,改善环境质量。

本条是关于地方政府改善环境质量的规定,明确了各级人民政府是环境保护的主要责任主体。

第三十三条第二款　县级、乡级人民政府应当提高农村环境保护公共服务水平,推动农村环境综合整治。

该条款是关于农业与农村环境保护的规定，明确了具体担负起提高农村环保公共服务水平的责任主体是县、乡两级人民政府。

第三十七条　地方各级人民政府应当采取措施，组织对生活废弃物的分类处置、回收利用。

该条是关于地方政府组织处理生活废弃物的规定，明确了地方各级人民政府为责任主体。

第六十八条　地方各级人民政府、县级以上人民政府环境保护主管部门和其他负有环境保护监督管理职责的部门有下列行为之一的，对直接负责的主管人员和其他直接责任人员给予记过、记大过或者降级处分；造成严重后果的，给予撤职或者开除处分，其主要负责人应当引咎辞职……

地方各级人民政府、县级以上人民政府环境保护主管部门和其他负有环境保护监督管理职责的部门享有环境监督管理的权利，同时承担相应的环境监管带出，对于不依法履行监管职责的，应当承担相应的法律责任。

六、相似的本省或其他省份的相似公益诉讼案例

（一）外省案例

（1）2019年10月23日，D市Z县人民法院对该市首例行政公益诉讼案件作了判决，支持检察机关全部诉讼请求，确认：Z县Y镇人民政府在收到检察建议后仍然不完全不充分履职行为违法，责令被告在两个月内对Z县Y镇卫东桥周边建筑、生活垃圾按照国家相关标准规范处置，对污染破坏的环境进行治理和修复。

（2）贵州省L水市L特区人民检察院诉贵州省镇宁×族苗族自治县D镇人民政府环境行政公益诉讼案，是最高人民法院2017年3月7日公布的十起环境公益诉讼经典案例之一，在该案中法院认定："D镇政府选址堆放该镇生活垃圾的行为，是其实施社会管理和公共服务职能的行为，但其选址未经环境卫生主管部门指定，垃圾堆放场亦未采取防扬散、防渗漏、防流失、防雨等放置措施，造成较严重的环境污染。"最后判决确认D镇政府选址垃圾堆放场的行政行为违法，并限其依照专家意见及建议继续采取补救措施，确保该区域生态环境明显改善。

（3）甘肃省W县人民检察院诉W县T镇人民政府不履行法定职责案中，因乡镇政府对垃圾设置不合理、清理不及时，导致垃圾乱堆乱倒，河道垃圾较多堵塞桥下涵洞等影响生态环境、辖区环境卫生，法院判决确认被告W县T镇人民政府不全面履行辖区内环境卫生管理职责的行为违法；责令被告W县T镇人民政府全面履行辖区内环境卫生管理职责，在判决生效后两个月内整治辖区内环境卫生并清除野峪沟垃圾。

（4）湖北省T市人民检察院诉T市拖市镇人民政府不履行法定职责案中，法院认定："只有县级以上人民政府及其环境保护主管部门是负有环境保护职责的行政机关，而被告（天门市拖市镇人民政府）无环境保护的职责的辩称意见因其理解法律不全而不能成立。"

此外，还有安徽省L县人民检察院诉L县M镇人民政府不履行法定职责案、贵州省

P 县人民检察院诉 P 县 L 镇人民政府不履行法定职责案。

（二）本省案例

（1）吉林省 B 区人民检察院诉 J 市 H 镇人民政府不履行法定职责案中，法院认为："根据《吉林省城市市容和环境卫生管理条例》等规定，J 市 H 镇人民政府对其辖区内市容环境卫生具有监督管理职责，其未经相应程序，擅自将生活垃圾堆放在国有林地上的行为违法。公益诉讼人发出检察建议后，H 镇人民政府仍未及时采取有效措施对垃圾场进行清理整治，致使国家和社会公共利益仍持续处于被侵害状态，公益诉讼人请求确认被告行为违法并清理整治临时垃圾场的诉讼请求应予支持。"

（2）吉林省 T 县人民检察院诉 T 县 S 镇人民政府不履行法定职责案中，法院认为："依据《中华人民共和国环境保护法》第六条第二款、第三十七条，《吉林省城市市容和环境卫生管理条例》第三条第二款规定，S 镇人民政府有依法做好与城市市容和环境卫生管理有关工作的职责。"

七、选择该案件的原因

在"课予义务诉讼"中，对于行政机关是否具有法定职责或者给付义务，往往属于实体判断问题，一般采用判决方式，只有原告所请求履行的法定职责或者给付义务"明显"不属于行政机关权限范围的，才可以裁定驳回起诉。行政管理实践中，乡级人民政府作为我国行政体系中最为基础的一级，虽然极少作为一个独立主体出现的环境保护类的法律法规之中，但往往"隐身"于"国家""一切单位和个人""地方各级人民政府"这一类语文符号内。纵观《环境保护法》"地方各级人民政府"出现 16 次，"乡级人民政府" 1 次，由此可见，环境保护"监督管理职责"确实具有特殊性和复杂性。此外，与"私益诉讼"中要考虑原告的主观公权利不同的是，法律、法规、规章或其他规范性文件关于行政机关法定义务的概括式规定，也属于行政机关的法定义务范畴，行政机关怠于依法履行职责，被损害的往往是社会公共利益。因此，人民法院审理行政公益诉讼案件，应对《环境保护法》等法律、法规、规章或其他规范性中乡级人民政府环境保护"监督管理职责"进行全面解读，更符合我国公益诉讼的现实需要。

案例二　福建省某人民检察院诉某环保局行政公益诉讼案[①]

一、基本案情

2014 年 7 月 31 日，福建省三明市某环保局会同县公安局现场制止刘某某非法焚烧电子垃圾，当场查扣危险废物电子垃圾 28580 千克并存放在附近的养猪场。2014 年 8 月，

---

① 案例来源：中国裁判文书网，https：//wenshu. court. gov. cn/website/wenshu/181107ANFZ0BXSK4/index. html? docId = LPj + cEzjlINjCVLgx2c8sGj/a + QnxbLS0uETZcQ1JacPvTHHlA + s1ZO3qNaLMqsJXPKc3S5FLP4yBjYgTalW5VtgRigY0Si/koN4w/MsoGNhYo67lPyNUootkcG3DZ43，2022 年 10 月 25 日访问。

某环保局将扣押的电子垃圾转移至不具有贮存危险废物条件的 D 公司仓库存放。2014 年 9 月 2 日，某公安局对刘某某涉嫌污染环境案刑事立案侦查，并于 2015 年 5 月 5 日作出扣押决定书，扣押刘某某污染环境案中的危险废物电子垃圾。某环保局未将电子垃圾移交公安机关，于 2015 年 5 月 12 日将电子垃圾转移到不具有贮存危险废物条件的 G 公司仓库存放。

诉前程序。因刘某某涉嫌污染环境罪一案事实不清，证据不足，某人民检察院于 2015 年 7 月 7 日作出不起诉决定，并于 7 月 9 日向县环保局发出检察建议，建议其对扣押的电子垃圾和焚烧后的电子垃圾残留物进行无害化处置。2015 年 7 月 22 日，某环保局回函称，拟将电子垃圾等危险废物交由有资质的单位处置。2015 年 12 月 16 日，某人民检察院得知县环保局逾期仍未对扣押的电子垃圾和焚烧电子垃圾残留物进行无害化处置，也未对刘某某作出行政处罚。某人民检察院经调查核实，没有公民、法人和其他社会组织因县环保局非法贮存危险物品而提起相关诉讼。

二、判决结果

2016 年 3 月 1 日，明溪县人民法院依法作出一审判决，确认被告某环保局处置危险废物的行为违法。一审宣判后，某环保局未上诉，判决已发生法律效力。福建省某人民检察院诉县环保局不依法履行职责一案，受到社会各界广泛关注，产生积极反响。

三、判案焦点及理由

2015 年 12 月 21 日，某人民检察院以公益诉讼人身份向某人民法院提起行政公益诉讼，诉求法院确认某环保局怠于履行职责行为违法并判决其依法履行职责。某人民检察院认为：一、某环保局作为涉案电子垃圾的实际监管人，在明知涉案电子垃圾属于危险废物，具有毒性，理应依法管理并及时处置的情形下，没有寻找符合贮存条件的场所进行贮存，而是将危险废物从扣押现场转移至附近的养猪场、再转至没有危险废物经营许可证资质的 D 公司，后再租用同样不具资质的 G 公司仓库进行贮存，且未设置危险废物识别标志。某环保局的行为属于不依法履行职责的违法行政行为。二、某环保局作为地方环境保护主管部门，在检察机关对刘某某作出不起诉决定后，未对刘某某非法收集、贮存、焚烧电子垃圾的行为作出行政处罚，属于行政不作为。三、经检察机关发出检察建议督促后，某环保局仍怠于依法履行职责，使社会公共利益持续处于被侵害状态，导致重大环境风险和隐患。2015 年 12 月 29 日，三明市中级人民法院作出行政裁定书，指定该案由明溪县人民法院管辖。2016 年 1 月 5 日，某环保局向三明市环保局提出危险废物跨市转移，并于 1 月 11 日得到批准。2016 年 1 月 18 日，某公安局告知县环保局，某人民检察院对犯罪嫌疑人刘某某作出不起诉决定。1 月 23 日，某环保局对刘某某作出责令停止生产并对焚烧现场残留物进行无害化处理及罚款 2 万元的行政处罚。同日某环保局将涉案的 28580 千克电子垃圾交由福建 D 环保技术有限公司处置。鉴于某环保局在诉讼期间已对刘某某的违法行为进行行政处罚并依法处置危险废物，某人民检察院将诉讼请求变更为确认被告某环保局处置危险废物的行为违法。

四、裁判要点的理解与说明

（1）发出检察建议是检察机关提起行政公益诉讼的前置程序，目的是为了增强行政机关纠正违法行政行为的主动性，有效节约司法资源。

（2）行政公益诉讼审理过程中，行政机关纠正违法行为或者依法履行职责而使人民检察院的诉讼请求实现的，人民检察院可以变更诉讼请求。

五、相关法律依据

（一）《中华人民共和国固体废物污染环境防治法》（2013 年修正）

第十条 国务院环境保护行政主管部门对全国固体废物污染环境的防治工作实施统一监督管理。国务院有关部门在各自的职责范围内负责固体废物污染环境防治的监督管理工作。县级以上地方人民政府环境保护行政主管部门对本行政区域内固体废物污染环境的防治工作实施统一监督管理。县级以上地方人民政府有关部门在各自的职责范围内负责固体废物污染环境防治的监督管理工作。国务院建设行政主管部门和县级以上地方人民政府环境卫生行政主管部门负责生活垃圾清扫、收集、贮存、运输和处置的监督管理工作。

第十七条 收集、贮存、运输、利用、处置固体废物的单位和个人，必须采取防扬散、防流失、防渗漏或者其他防止污染环境的措施；不得擅自倾倒、堆放、丢弃、遗撒固体废物。禁止任何单位或者个人向江河、湖泊、运河、渠道、水库及其最高水位线以下的滩地和岸坡等法律、法规规定禁止倾倒、堆放废弃物的地点倾倒、堆放固体废物。

第五十二条 对危险废物的容器和包装物以及收集、贮存、运输、处置危险废物的设施、场所，必须设置危险废物识别标志。

第五十八条 收集、贮存危险废物，必须按照危险废物特性分类进行。禁止混合收集、贮存、运输、处置性质不相容而未经安全性处置的危险废物。贮存危险废物必须采取符合国家环境保护标准的防护措施，并不得超过一年；确需延长期限的，必须报经原批准经营许可证的环境保护行政主管部门批准；法律、行政法规另有规定的除外。禁止将危险废物混入非危险废物中贮存。

（二）《人民检察院提起公益诉讼试点工作实施办法》（2015 年 12 月 16 日最高人民检察院第十二届检察委员会第四十五次会议通过）

第四十条 在提起行政公益诉讼之前，人民检察院应当先行向相关行政机关提出检察建议，督促其纠正违法行为或者依法履行职责。行政机关应当在收到检察建议书后一个月内依法办理，并将办理情况及时书面回复人民检察院。

第四十一条 经过诉前程序，行政机关拒不纠正违法行为或者不履行法定职责，国家和社会公共利益仍处于受侵害状态的，人民检察院可以提起行政公益诉讼。

第四十九条 在行政公益诉讼审理过程中，被告纠正违法行为或者依法履行职责而使人民检察院的诉讼请求全部实现的，人民检察院可以变更诉讼请求，请求判决确认行政行为违法，或者撤回起诉。

六、选择该案件的原因

福建省政府下发文件充分肯定检察机关提起公益诉讼的积极作用，指出"该案充分体现了人民检察院作为国家法律监督机关，在促进依法行政、推进法治政府建设中发挥的积极作用。该案在福建省乃至全国都有典型的示范意义，建议由环境保护督察办公室在环保系统内通报，吸取教训"。并采纳检察机关跟进监督建议，要求"省环境保护督察办公室开展环境专项督察，对各地相关部门不积极落实环保法律法规等行政不作为加强督察，督促相关部门予以整改，严肃问责"。中央电视台等主流媒体均对该案办理进行报道并给予积极评价。

第二节　环境保护行政不作为诉讼

案例三　某环境保护局不依法履行
水环境保护法定职责公益诉讼案①

一、基本案情

上诉人（原审被告）：某环境保护局。

被上诉人（原审公益诉讼人）：某人民检察院。

某人民检察院向原审法院起诉请求：一、确认被告某环境保护局对S火车站排污不依法履行监管职责的行为违法；二、判令被告某环境保护局依法履行监管职责，切实纠正S火车站等单位违法排污行为，确保保护区水体不受污染。

原审经审理查明，西安铁路局下属机构S火车站于2001年筹建并运行，建成包西铁路线，2011年建成太中银铁路线并投入运行，S火车站未进行环保验收。S火车站内驻有7家单位排放污水（分别是西安铁路局绥德工务段、西安铁路局绥德电务段、西安铁路局绥德生活段、西安铁路局绥德供电段、西安铁路局延安车务段、西安铁路局新丰镇机务段绥德车间、西延铁路公安处绥德派出所）

2014年5月13日，被告某环境保护局接到自来水公司关于"五里店饮用水源地水质超标"的报告后，对水源地上游排污企业事业单位实施拉网式排查时发现，S火车站非法设置排污口直接将生活污水排放到五里店水源保护区，对水源造成污染。被告于2014年5月14日对S火车站作出（绥环发〔2014〕35号）《某环境保护局关于S火车站向水源地保护区排放生活污水环境违法行为的处理决定》，责令S火车站立即采取应急措施，停止向水源保护区排放污水，并于6月14日前拆除、关闭该排污口；采取其他方式排放生

① 案例来源：中国裁判文书网，https：//wenshu. court. gov. cn/website/wenshu/181107ANFZ0BXSK4/index. html？ docId＝7mxCG1kfqFKEcAqpWMHRBDdcri/ONCphZEAmPmjLzmeQFbWUF0hGjZO3qNaLMqsJXPKc3S5FLP4yBjYgTalW5VtgRigY0Si/koN4w/MsoGMjs+cqwW7bfurRIQp0iCzP，2022年10月25日访问。

活污水必须经其许可。2014 年 11 月 7 日被告作出关于建议责令限期拆除 S 火车站废水排污口的报告，建议某政府责令 S 火车站限期拆除水源保护区的废水排污口。2015 年 5 月、7 月，某政府就火车站排污问题与西安铁路局两次进行协商，未达成一致意见，S 火车站依然向水源保护区排放生活污水。2015 年 12 月 2 日被告向某人民政府书面请示，将 S 火车站在二级水源保护区内存在的废水排污口，报经现人民政府批准，拆除或者关闭。

公益诉讼人某人民检察院于 2016 年 4 月 11 日向被告发出绥检行建〔2016〕2 号检察建议书，建议被告对 S 火车站环境违法行为限期处理。被告于 2016 年 4 月 18 日作出书面回复，称其已经依法履行了职责，但认为被告对 S 火车站在饮用水水源保护区内擅自设置排污口的行为不具有行政处罚权，认为应由县级以上人民政府水行政主管部门处罚。2016 年 5 月 4 日公益诉讼人进行诉前程序组织勘验时，S 火车站主要有以下违法排放污水的行为：①在某五里店水源保护区无定河河道上非法排放污水，该排污点位于二级水源保护地。②在 S 火车站站前公路与沿河大道之间有 4 处利用排洪涵洞排放污水，该 4 处排污地点位于水源保护地之外。上述五处排污点均有不同程度的污水排放。此外，S 火车站利用在 S 火车站工务段围墙外的排污口排放污水，污水经排洪渠流入无定河河道，S 火车站工务段围墙外的排污口位于水源保护地之外。2016 年 5 月 12 日，受公益诉讼人委托经西安高新区中凯环境检测有限公司对 S 火车站的三处污水排放点现场进行抽样，经检测结果为：多项监测项目水污染超标。

2016 年 11 月 1 日，某政府研究决定，由某水务局牵头，其他部门配合，对在某五里店水源保护区无定河河道上非法设置的排污口进行封堵，11 月 6 日，封堵了该排污口。

公益诉讼人认为 S 火车站在饮用水水源保护区内违法排污的问题依然存在，被告并没有按照检察院建议的要求进行处理，公益诉讼人于 2017 年 1 月 3 日向法院提起公益诉讼。

在审理期间，被告于 2017 年 4 月 10 日对西安铁路局作出绥环罚〔2017〕1 号行政处罚决定书，认定：2016 年 12 月 27 日被告检查发现，隶属西安铁路局的七家单位，生活污水未经处理，通过暗管直接排入某某二级水源地保护区内，作出行政处罚如下：①责令西安铁路局于 2017 年 4 月 15 日前拆除暗管。②罚款 10 万元。2017 年 4 月 14 日经被告现场检查，该排污口已被封堵。2017 年 4 月 14 日起，S 火车站等单位的生活污水被拉运至某生活污水处理厂代为处置。现污水不再排入该水源保护区。

2017 年 11 月 27 日，某人民检察院撤回行政公益诉讼请求第二项诉讼请求。

二、判决结果

（1）某人民法院一审判决：确认被告某环境保护局对 S 火车站等单位向无定河四十铺饮用水水源保护区内排放污染水行为未依法履行环境保护监管职责的行为违法。

（2）榆林市中级人民法院二审判决：一审判决认定事实清楚，适用法律正确，审判程序合法，依法应予维持。依照《中华人民共和国行政诉讼法》第八十九条第一款第一项之规定，经合议庭评议，并报经法院审判委员会讨论决定，判决如下：驳回上诉，维持原判。二审案件受理费 50 元，由上诉人某某环境保护局负担。

三、判案焦点及理由

一审法院认为，根据《中华人民共和国环境保护法》《中华人民共和国水污染防治法》的规定，某环境保护局对本行政区域内的环境保护工作行使统一的监督管理权。根据《陕西省城市饮用水水源保护区环境保护条例》第二十五条规定，认为某环保局对 S 火车站在水源保护区的违法排污行为负有法定监管职责。《水污染防治法》第七十五条对关于在水源保护区内设置排污口的行为以及水源保护区之外违反法律法规和国务院环境保护主管部门的规定设置排污口或者私设暗管的处罚权已作出明确的规定，该条第 1 款虽然规定了在饮用水水源保护区内设置排污口的，由县级以上地方人民政府责令限期拆除及其规定罚款等处罚权，但对饮用水水源保护区内的违法行为的日常监管权，仍然属于被告某环保局行使，不能认为对该违法行为的处罚权属于某人民政府，对该区域的违法行为的监管权也转移到某人民政府。被告环保局在执行该监管职责时，怠于履行监管职责，对 S 火车站的违法排污行为未按照法律法规、规章的规定履行立案、调查、实施处罚、涉及违法依法应当实施行政拘留的案件移送公安部门等法定职责，被告疏于管理，未能有效行使环保行政管理职责，形成 S 火车站日常排污行为无视环保法律法规规定，从随意利用排洪涵洞排放污水，发展至随意设置排污口向无定河排污，导致出现污水排放超标危及供水安全的后果。遂判决确认被告某环境保护局对 S 火车站等单位向无定河四十铺饮用水水源保护区内排放污染水行为未依法履行环境保护监管职责的行为违法。

某环境保护局不服，提出上诉，请求撤销某某人民法院〔2017〕陕 0826 行初 1 号行政判决，并改判驳回某某人民检察院的诉讼请求。

二审判决对一审经审理查明的："西安铁路局下属机构 S 火车站于 2001 年筹建并运行，建成包西铁路线，2011 年建成太中银铁路线并投入运行，S 火车站未进行环保验收。S 火车站内驻有 7 家单位排放污水（分别是西安铁路局绥德工务段、西安铁路局绥德电务段、西安铁路局绥德生活段、西安铁路局绥德供电段、西安铁路局延安车务段、西安铁路局新丰镇机务段绥德车间、西延铁路公安处绥德派出所）"部分，因卷宗中无相应的证据支持，不予确认，二审经审理查明的其余事实与一审一致，法院予以确认。

二审判决认为：本案争议的焦点是上诉人某环境保护局对某五里店无定河水源地保护区的违法排污行为负有何种法定职责及是否全面履行了职责。《中华人民共和国环境保护法》第十条、《中华人民共和国水污染防治法》（2008 年修订）第八条的规定，县级以上人民政府环境保护主管部门对水污染防治实施统一监督管理。某环境保护局作为某环境保护主管部门，对辖区内的水污染问题负有统一监督管理的职责。

四、裁判要点的理解与说明

环境保护主管部门发现违法行为或者接到对违法行为的举报后，应当依法予以查处，依照《环境行政处罚办法》第十六条、第二十二条、第二十六条、第四十五条、第五十一条的规定，进行审查立案、调查取证、对违法污染行为作出处理建议报本级人民政府或者经本机关负责人审查后作出处理决定。本案中，某环境保护局于 2014 年 5 月 13 日接到自来水公司关于"五里店饮用水源地水质超标"的报告后，于 2014 年 5 月 14 日对 S 火车站作出绥环发〔2014〕35号《某环境保护局关于S火车站向水源地保护区排放生活污水环境违法行为的处理决定》，该处理决定责令S火车站立即采取应急措施，停止向水源保护区排放污水，并责令6月14日前拆除、关闭该排污口；采取其他方式排放生活污水必须经过许可。于2014年11月7日向某人民政府呈送了绥环字〔2014〕21号《某环境保护局关于建议责令限期拆除S火车站废水排污口的报告》。某人民政府于2016年11月6日组织环保、水利、公安等执法部门封堵了S火车站违法设在无定河河堤的排污口。某环境保护局对私设暗管向水源地保护区排放污水的违法行为进行了查处，于2017年4月10日对西安铁路局作出行政处罚决定，对隶属西安铁路局的七家单位将未经处理的生活污水通过暗管直接排入某某二级水源地保护区的行为进行了处罚，并限期拆除暗管。综上，某环境保护局在对某五里店无定河水源地保护区的违法排污行为履行职责的过程中，采取了一定的查处措施，但相对水污染的紧迫性，查处期限过长，且在采取这些查处措施过程中，在违法排污行为仍未得到有效制止的情况下，某环境保护局未进一步采取查处措施，导致违法排污行为长期得不到制止，使人民群众的饮用水安全得不到有效保障，损害了公共利益。某环境保护局辩称在饮用水水源保护区内设置排污口的，应当由县级以上地方人民政府责令限期拆除，拆除排污口并非其法定职责。经查，某环境保护局虽对前述排污口不负有拆除的职责，但其对涉嫌违法排污的行为负有日常监管、查处职责。某环保局虽在2014年5月14日对S火车站作出的《某环境保护局关于S火车站向水源地保护区排放生活污水环境违法行为的处理决定》中责令S火车站停止排污，却并未采取有力措施，及时予以执行，实质上并未达到保护水资源的履职目的，且处理决定未能查明事实、明确责任主体也是导致执行不力的因素。一审判决认定某环境保护局怠于履行法定职责，并确认某环境保护局对S火车站等单位向无定河饮用水水源保护区内排放污染水行为未依法履行环境保护监管职责的行为违法，并无不当。据此，上诉人所持请求及理由缺乏事实和法律依据，不能成立，依法不予支持。

五、相关法律依据

《陕西省城市饮用水水源保护区环境保护条例》

第二十五条 县级以上人民政府环境保护主管部门在城市饮用水水源保护区环境保护方面的主要职责是：

（1）组织有关部门拟定城市饮用水水源保护区环境保护规划，经同级人民政府批准后监督实施。

（2）依法监督执行污染物排放总量控制制度和实施排污许可证制度。

（3）组织城市对饮用水水源保护区及保护区内排污口的水质监测。

（4）监督检查有关城市饮用水水源保护区环境保护的法律、法规的实施。

六、选择该案件的原因

国家行政机关从事领域广阔的针对社会公共事务的执行、管理活动。为了保障这种执行、管理的顺利实施，国家法律授予行政机关针对违法行为作出相应的责令停止实施违法行为、限期整改、作出行政处罚等决定的职权。行政相对人不履行行政决定所设立的义务，有关国家机关应当及时依法强制其履行义务或达到与履行义务相同状态。如果行政机关在行政决定书中确认的义务得不到落实，行政机关对公共事务的管理亦将失去效力，公共利益将得不到有效保障。本案中，某环保局虽在 2014 年 5 月 14 日对 S 火车站作出的《某环境保护局关于 S 火车站向水源地保护区排放生活污水环境违法行为的处理决定》中责令 S 火车站停止排污，却并未采取有力措施，及时予以执行，实质上并未达到保护水资源的履职目的，且处理决定未能查明事实、明确责任主体也是导致执行不力的因素。某环保局的行为导致违法排污行为长期得不到制止，使人民群众的饮用水安全得不到有效保障，损害了公共利益，已然构成违法履职。

但本案某环境保护局在某人民检察院发出检察建议后，能够迅速争取某人民政府的支持。某政府组织环保、水利、公安等执法部门封堵了某火车站违法设在无定河河堤的排污口，使违法排污行为得到制止。在人民法院受理某人民检察院提起的本案公益诉讼后，某环境保护局能够积极采取日常监测、作出处罚决定、强制执行等多种措施，杜绝向无定河水源地违法排污，使人民群众饮用水安全得到有效保障。也体现了行政机关由怠于履职到积极履职的思想转变。通过本案的审判，形成了司法、检察、行政共同保护公益的合力。为无定河流域广大居民创造绿色、无污染的生态环境，取得了良好的法律效果和社会效果。

案例四　袁某某与南京市某合区环境保护局、N 市环境保护局要求环保局履行职责二审行政判决书[①]

一、基本案情

上诉人袁某某因诉被上诉人 N 市环境保护局（以下简称市环保局）、南京市某合区环境保护局（以下简称某合区环保局）不履行政府信息公开法定职责一案，不服南京市某合区人民法院〔2015〕六环行初字第 2 号行政判决，向法院提起上诉。法院依法组成合议庭，于 2016 年 4 月 28 日公开开庭审理了本案。上诉人袁某某，被上诉人市环保局的委托代理人李峰、樊莎莎，被上诉人某合环保局的委托代理人杨晓翠、林开祥到庭参加诉讼。本案现已审理终结。

原审法院查明，原告袁某某系某合区居民，在该村承包鱼塘。2014 年 6 月 9 日，扬子石化炼油厂发生爆炸，之后原告发现鱼塘有死鱼现象，怀疑与爆炸水污染有关，遂通过拨打 12345、向葛塘街道办事处信访等方式要求对爆炸产生污水污染鱼塘给予结论。2015 年 3 月 15 日，某合区葛塘街道办事处向原告出具《答复意见书》。原告不服，向南京市某合区人民政府提出复查申请，复查办公室作出不予受理决定。2014 年 7 月 19 日，两被

① 案例来源：中国裁判文书网，https：//wenshu. court. gov. cn/website/wenshu/181107ANFZ0BXSK4/index. html？docId = 43JN2gLEV9jLhwLh07 + ZnbbupOWnrVJHY0hxzqrKr6nsFm5meuV2LpO3qNaLMqsJXPKc3S5FLP4yBjYgTalW5VtgRigY0Si/koN4w/MsoGNDAteto4cQnrcKDcdnXzSJ，2022 年 10 月 25 日访问。

告的工作人员会同葛塘街道工作人员曾到原告鱼塘察看现场，并有取水样行为。2015 年 5 月 25 日，原告向市环保局申请公开扬子石化炼油厂爆炸事故 6 月 9 日至 18 日的水质采样检测记录、2014 年 7 月 19 日前往原告鱼塘取水鉴定的数据。同年 6 月 8 日，市环保局作出回复，内容主要为：①我局在 2014 年 6 月 9 日至 6 月 18 日对扬子石化炼油厂爆炸事故开展了环境应急监测，相关内容已在我局官方网站上及时发布，应急处理情况、水质监测数据所在网址分别……②您反映的 2014 年 7 月 19 日市环保局及街道工作人员一行 4 人赴您承包鱼塘开展水质鉴定一事，经我局核实，当时未对所采水样进行检测。

原审法院认为，被告市环保局作为扬子石化炼油厂爆炸水质监测数据的信息公开机关，2015 年 5 月 25 日收到原告袁某某水质采样监测记录公开申请后，应于 15 个工作日内予以答复，市环保局 6 月 8 日对原告的答复与客观事实不符，即仅有 6 月 11 日至 18 日的监测数据，缺同月 9 日和 10 日的数据，其行为违反了《中华人民共和国政府信息公开条例》第二十四条的要求，应认定为违法。诉讼中，市环保局当庭出示了相关数据，致原告的诉请得以实现。市环保局已明确答复未对 2014 年 7 月 19 日所采水样进行检测，故原告要求公开水质检测报告，缺乏前提事实依据。原审法院依法判决。

二、二审判决结果

（1）维持南京市某合区人民法院〔2015〕六环行初字第 2 号行政判决书的第一项、第二项，即 N 市环境保护局未在法定期限内公开马汊河 2014 年 6 月 9 日和 10 日水质监测数据的行为违法；驳回袁某某的其他诉讼请求。

（2）驳回上诉人袁某某对南京市某合区环境保护局的起诉。二审诉讼费 50 元，由上诉人袁某某负担。

本判决为终审判决。

三、判案焦点及理由

法院审理过程中，各方当事人围绕本案的争议焦点，即市环保局是否履行了政府信息公开的法定职责和市环保局、某合区环保局是否于 2014 年 7 月 19 日对上诉人鱼塘水样进行了提取并检测发表了辩论意见。上诉人袁某某除坚持上诉意见外，还认为没有证据证明己方拒绝被上诉人采水，被上诉人否认到鱼塘采水与事实不符，被上诉人应履行环保职责对所取水样进行检测。被上诉人市环保局除坚持答辩意见外，还认为己方收到上诉人提出的申请以后，在法定期限内针对上诉人的两个问题进行了答复，缺少的 2014 年 6 月 9 日、10 日的水质监测数据也在开庭时补充提交给了上诉人，故已履行了政府信息公开的法定职责。当时的取水行为并非专业采水规程的采水，而且并不是为了检测，而是街道人员为了现场察看水质的直观表现而进行的取水。被上诉人某合区环保局则坚持上诉人未向其申请政府信息公开，不应作为本案被告。

上诉人袁某某上诉称：一、原审法院认定事实错误。扬子石化发生爆炸后，上诉人损失惨重，上诉人通过各种渠道向有关部门反映，结果遭到多方推诿。两被上诉人在上诉人提供人证的情况下，竟然对自己做过的行为矢口否认，实在令老百姓心寒。原审法院认定两被上诉人有取水样行为，两被上诉人又推脱说水样是被葛塘街道取走的，明显混淆视听，扰乱是非。南京扬子石化爆炸案属于重大突发事件，被上诉人市环保局应当负责水样检测的工作，但该局居然在原审庭审中公然推卸责任，对已取水样不带回去化验。原审法院忽略了被上诉人应当对所采水样进行检测，及时提供检测报告的职责。故原审法院认定事实不清。二、原审法院适用法律错误，逻辑混乱。原审法院因为市环保局没有检测水样，就判定上诉人请求公开水样检测报告的行为没有法律依据实属可笑。被上诉人市环保局有义务对所采水样进行检测，并且提供检测报告，没有提供就应当是行政不作为，应当判定违法并且赔偿上诉人造成的损失。

被上诉人市环保局辩称：①没有相关行政法规规定要求环保局对于任何一起个人怀疑存在水体污染的投诉，都必须采水或者进行检测，是否需要采水或者进行检测由环保局根据现场情况来酌定，或者是由当事人依法委托。通过现场勘察，鱼塘及排灌站在河上游，并且距离爆炸点超过 5 千米，鱼塘现场观察没有任何排水口，也不从河里直接引水，且爆炸污水排口上游 1 千米监测显示是正常状态，不存在水体污染。故我方认为不存在扬子爆炸导致鱼塘水污染的情况，不需要进行检测。②采水需要专业人员用专业设备在特定情况下进行操作，现场勘验时街道人员为了察看情况随手用矿泉水瓶采水，并不是专业采水，不能用于环保检测。③我方收到上诉人提出的申请后，于法定期限内针对上诉人的两个问题进行了答复，缺少的 2014 年 6 月 9、10 日的水质监测数据也在原审法院开庭时补充提交给了上诉人，故而我方已履行了政府信息公开的法定职责。综上，我方认为行政行为合法，不存在不履行法定职责的情形，上诉人的请求没有任何事实和法律依据，请求二审法院予以驳回。

被上诉人某合区环保局辩称，原审法院认定事实清楚，证据充分，适用法律正确。因上诉人未向我方提出申请公开相关信息，因此我方不是适格被告，应予以驳回。

上诉人袁某某向法院提起上诉后，原审法院将各方当事人在原审中提交的证据材料均随案移送本院。

法院庭审中，各方当事人对原审判决认定的案件事实均无异议。法院依法予以确认。

四、裁判要点的理解与说明

法院认为，根据《中华人民共和国政府信息公开条例》第十七条的规定，行政机关制作的政府信息，应由制作该政府信息的行政机关负责公开。本案中，扬子石化炼油厂发生爆炸事故后，被上诉人市环保局下属监测站对相关水域进行了监测，故被上诉人市环保局具有公开其监测结果的法定职责。2015 年 5 月 25 日，上诉人袁某某向被上诉人市环保局申请公开扬子石化炼油厂爆炸事故 6 月 9 日至 18 日的水质采样监测记录和 2014 年 7 月 19 日前往原告鱼塘取水鉴定的数据。根据《中华人民共和国政府信息公开条例》第二十四条的规定，被上诉人市环保局应于 15 个工作日内予以答复。被上诉人市环保局虽然于 2015 年 6 月 8 日作出了回复，但该回复所称的市环保局官网公布的相关水域水质监测数据与客观事实不符，即官网上仅有 2014 年 6 月 11 日至 18 日的水质监测数据，缺少 2014 年 6 月 9 日和 10 日的水质监测数据。尽管被上诉人在原审法院庭审中当庭向上诉人袁某某提交了 2014 年 6 月 9 日和 10 日两天水质监测数据，但却因此而导致回复不符合《中华人民共和国政府信息公开条例》第二十四条的规定要求。故应认定被上诉人市环保局未完全履行政府信息公开的法定职责。原审法院据此认定被上诉人市环保局行为违法正确，应予维持。

根据《中华人民共和国政府信息公开条例》第二条的规定，政府信息是政府机关在履行职责过程中制作或者获得的，以一定形式记录、保存的信息。本案中，尽管被上诉人市环保局、某合区环保局和南京市某合区葛塘街道工作人员于2014年7月19日到上诉人袁某某鱼塘有过取水行为，但因上诉人袁某某未向被上诉人市环保局、某合区环保局提出对所取水样进行检测申请，故被上诉人市环保局、某合区环保局未对所取水样进行检测。上诉人袁某某在2015年5月25日向被上诉人市环保局申请公开2014年7月19日所采水样检测数据，缺乏前提事实依据。原审法院据此驳回其诉讼请求正确，应予维持。

因上诉人袁某某未向被上诉人某合区环保局申请政府信息公开，且对扬子石化炼油厂发生爆炸事故后相关水域水质进行监测并公布数据信息非某合区环保局的职责范围，故上诉人袁某某将某合区环保局列为本案被告无事实和法律依据，应依法驳回其对某合区环保局的起诉。原审法院未予驳回起诉不当，应予纠正。

五、相关法律依据

《中华人民共和国政府信息公开条例》

第二条 政府信息是政府机关在履行职责过程中制作或者获得的，以一定形式记录、保存的信息。

第十七条 行政机关制作的政府信息，应由制作该政府信息的行政机关负责公开。

第二十四条 被上诉人市环保局应于15个工作日内予以答复。

六、选择该案件的原因

该案例旨在明确当水体污染涉及公民切身利益时，相关行政机关必须依法履行自己的信息公开职责，便于公民、法人或者其他组织进行污染原因的确定，进而向相关主体请求赔偿。

案例五 X市人民检察院诉被告X市水务局不履行法定职责一案①

一、基本案情

公益诉讼人X市人民检察院诉被告X市水务局不履行法定职责一案，于2017年4月10日向法院提起行政公益诉讼。法院受理后，于2017年4月26日向被告送达了行政公益

---

① 案例来源：中国裁判文书网，https://alphalawyer.cn/#/app/tool/result/%7B%5B%5D,%7D/detail/DFAF835B0644DB791788261BF58A3904? focus = 1&queryId = 74b9d300541511edbd0f0c42a1121c94，2022年10月25日访问。

诉讼起诉书副本及应诉通知书。法院依法组成合议庭于 2017 年 5 月 26 日公开开庭审理了本案，公益诉讼人 X 市人民检察院指派检察员王力、徐文浩，被告 X 市水务局出庭应诉负责人副局长朱龙及其委托代理人张明乐到庭参加诉讼，法案现已审理终结。

公益诉讼人 X 市人民检察院诉称，法院在履行职责中发现，宣威市偏桥水库位于宣威市城西南热水镇境内与××区交界处，距宣威城 45km，建成于 1960 年，中型水库，总库容 3600 万 m³，珠江流域西江水系，为宣威市主城区 37 万人口集中式饮用水源地。偏桥水库周边有宣威市热水镇的色卡、吉科村委会，村庄人口密度大。流经吉科××村委会的河流直通偏桥水库，特别是流经色卡小集镇的龚家河沿岸，村民修建住房、餐馆、卫生所，生活废水及污水直排河道，河面可见塑料袋等各种垃圾物漂浮，该河流经色卡村委会后约 200m 便流入偏桥水库，入口处无任何防治污染设施，村间无垃圾处理及污水处理设施。库区周边村庄人口聚集区未建明显水源保护区标识、界桩、界碑、警示牌、隔离栏等水源保护设施，汇入水库的河道中农村生活污水、废水直排会对水库水质的安全造成污染隐患，危害饮用水水质安全。为切实保护好宣威市城区饮用水水资源，确保饮用水安全，法院于 2016 年 12 月 29 日向 X 市水务局发出检察建议，督促被告履行法定职责。2017 年 1 月 20 日，X 市水务局向法院作出《X 市水务局关于 X 市人民检察院检察建议书"宣检建字〔2016〕21 号"办理情况的回复》称，X 市水务局"争取资金 50 万元用于水库警示宣传牌，柜架护栏网、生活绿化……禁止在水源保护区内设置排污口"等。但根据法院跟进监督的情况，至今偏桥水库周边村庄仍有排污口直通河道，污水、废水直排、垃圾随意倾倒污染河水的现象依然存在，被告仍未依法全面履行职责。偏桥水库系宣威市城市集中式饮用水水源地，是宣威市城区用水取水水源，肩负着宣威市城区内 37 万人口的生活、生产用水，饮用水安全是关乎民生的一项重大工程，关系着每一位饮水居民的生命健康。认真落实水资源管理制度，依法加强对饮用水水源地的保护管理是 X 市水务局不可推卸的责任。本案中，负有监督管理职责的被告未依法全面履行职责，对存在的饮用水水源安全隐患问题进行监督管理，经法院发出检察建议后，偏桥水库周边村庄仍有排污口，污水、废水直排、垃圾随意倾倒的现象依然存在，被告仍未依法全面履行职责，致使国家和社会公共利益仍处于受侵害状态。请求法院判决：①确认 X 市水务局对偏桥水库周边村庄污水、废水直排、垃圾随意倾倒而怠于履行监管职责的行为违法。②判令 X 市水务局在一定期限内履行法定职责。

被告 X 市水务局于 2017 年 5 月 8 日向法院递交了答辩状，并在庭审中辩称，原告起诉的基本事实归纳为：宣威市偏桥水库作为集中式饮用水水源地，周边村庄人口密度大，特别是流入偏桥水库的龚家村沿岸村民修建住房、餐馆、卫生所等，生活废水、污水、生活垃圾直接排入河道，进入偏桥水库。负有监督管理职责，给水库水质造成污染隐患，危害饮用水水质安全，涉及的是饮用水水源污染防治工作的职责问题。被告认为，原告所诉的基本事实的确存在，但对水污染防治负有监督管理责任的不是被告。其理由是：一、被告不是水污染防治工作的责任主体。宣威市偏桥水库周边村庄人口密度大是客观存在的。曲靖市城市集中式饮用水水源地保护规划中，对宣威市偏桥水库保护周边的居民并没有列入移民搬迁规划。既有居民在水库周边居住，必然会产生生活污水和生活垃圾。如何处理"两污"以及对"两污"排放的监督管理，则是预防和消除水质污染隐患的重点。由谁来对水污染防治进行统一监督管理，不仅地方政府对各职能部门有明确的划分，国家法律也有明确的规定。根据《中华人民共和国水法》和宣威市人民政府的相关规定，被告对水资源负有保护的职责，但水资源保护职责并不完全包含水污染防治的职责。因此，国家在颁布了《中华人民共和国水法》的同时，又颁布了《中华人民共和国水污染防治法》，对水污染的防治工作又作了特别的规定。两者之间即成了普通法与特别法的关系。首先，从法定职责来说，根据《中华人民共和国水污染防治法》第八条第一款、第三款，第七十五条，云南省实施的《中华人民共和国水法》办法第二十一条第二款、第三十九条规定及宣威市人民政府部门职责的划分，对水源保护及水污染防治的法定职责、执法主体及职责划分等具作了明确规定。并且水资源保护的内容较为广泛，当然也包含防止水资源遭到破坏和污染。随着经济社会的发展，人们开发利用水资源的程度日益提高，随之而来的水污染日益严重，所以，国家把防治水污染作为专门问题进行立法，并就其实施监督管理的责任主体明确为环境保护主管部门。这就是从水行政广泛的保护职责，到具体各有关部门的具体分工，各负其责的关系。因此，水污染防治工作的责任主体不是答辩人，而是环境保护部门。二、我局对偏桥水库水资源保护方面所做的工作和努力：一是前期通过除险加固和周边治理，以及水功能的划分，经申报已纳入《曲靖市农村饮用水源点保护规划》。该规划已经曲靖市人民政府批准，明确了保护区面积、水质管理目标，保护措施等；二是于 2012 年争取资金 1157 万元，在偏桥水库径流区实施了吉科小流域水土流失综合治理，共完成坡耕地治理 6250 亩，配套建设了机耕道 26.03 千米、排水沟 2.03 千米、沉砂池 2 个、蓄水池 7 个；三是市发改局于 2013 年争取石沙漠化资金，在偏桥水库径流区实施色卡小流域治理，建成排洪沟 1530 米，封山育林 46500 亩，人工造林 6000 亩；四是 2015 年与卫计部门联合成立了水质检测中心，使水质检测工作常态化；五是 2016 年宣威市水务局争取水源地保护资金 120 万元，其中吉科××村每村安排资金 10 万元，用于生活垃圾清运，各村建生活垃圾收集点 2 个，垃圾运转堆放点 2 个，50 万元用于水库警示宣传牌，柜架护栏网、生活区绿化，50 万元用于沿蓄水 2700 万 m³ 回水线吉科段，清淤堆土植树安排，项目正在实施中；六是协调卫计局对色卡村医疗垃圾进行回收处理。三、目前偏桥水库的水质状况：宣威市偏桥水库的入库流域，虽然存在着原告所指控的一些违法排污现象，这一现象的确需要监督管理并从根本上加以治理。但由于水有一定的自身净化能力和库容的纳污能力，根据《曲靖市城市集中式饮用水源地保护规划》记载：（2012 年）偏桥水库水质现状评价：高锰酸盐指数 II 氨氮 II 磷 II。根据宣威市环境保护局提供的情况说明，2016 年、2017 年除磷上升为三类 III（达标范围）外，其他指标均一直处于良好的稳定状态。四、以后的工作目标和偏桥水库综合管理的建议：偏桥水库水资源的保护和水污染的防治工作，被告责无旁贷。根据《曲靖市城市集中式饮用水源地保护规划》，到2020 年城市集中式饮用水源地水质全面达标，水源环境污染状况得到全面控制，水源环境，质量状况得到全面改善，水质得到有效满足 2020 年实现小康社会目标对水源地，水质安全的需求。为实施上述规划目标任务，需要社会各方面的共同努力。协调各有关部门做好下列工作，并在各自职责范围内，对有水资源保护和水污染防治积极实施监督管理。我局作为水务部门，一是要严格贯彻落实《中华人民共和国水法》要求，禁止在水源保护区内设置排污口；二是要按照《中华人民共和国水土保持法》及《云南省水土保持条例》的规定，不断强化水源区的水土保持工作，禁止在水库校核洪水位线起向外延伸500米以内的地带取土、挖砂、采石；三是要进一步加大巡库力度，发现及时处理并上报；四是要科学制定偏桥水库防汛抗旱方案合理调度水资源。因公益诉讼人起诉我局主体不适格，请求法院驳回公益诉讼人对我局的起诉。

公益诉讼人X市人民检察院针对其诉讼请求向法院提交的证据如下：

第一部分证明社会公共利益受侵害的证据：

第一组：①曲靖市城市集中式饮用水水源地保护规划。②大中型水库大坝注册登记申报表。③云南省重点城市饮用水水源保护区划分结果表。④关于宣威市城区饮用水水源偏桥水库有关情况的说明。上述证据证明宣威市偏桥水库属宣威市城区饮用水水源地、中型水库及水源地保护区范围。

第二组：①关于偏桥水库高锰酸盐指数、总氮显著上升的情况说明。②2015年1月至2016年12月宣威市环境监测站对偏桥水库水质监测数据报告。上述证据证明偏桥水库周边村庄村民生活污水排入水库，会导致高锰酸盐和总氮指数升高，水质变差。

第三组：①2016年12月21日至2017年1月18日对色卡、吉科村委会村民段某伟、段某聪等14名村民的询问笔录。②宣威市第四届人民代表大会第三次会议关于加强城市生活用水水源点偏桥水库污染治理和生态保护议案的决议及草案。③2016年11月25日现场照片2张。④2016年12月14日现场照片6张。⑤2017年1月10日现场录像光盘一张。上述证据证明宣威市偏桥水库水质长期存在安全隐患。色卡、吉科村委会的村民生活污水、废水直接排入流经的河流，最后流入偏桥水库，影响饮用水水源产生安全。

第二部分证明监管主体责任的证据：

第一组：①X市水务局统一社会信用代码证。②宣威市政府宣政办发〔2011〕169号文件。③宣威市委宣办发〔2016〕118号文件。④关于宣威市城区饮用水水源偏桥水库有关情况说明。⑤X市水务局2017年1月10日会议纪要。⑥2016年12月20日对偏桥水库管理所副所长徐某的询问笔录。上述证据证明X市水务局对宣威市城区饮用水水源偏桥水库有监督管理的职责。

第二组：①2015年曲靖市城市集中式饮用水源地保护规划。②2015年曲靖市农村饮用水水源地保护规划。上述证据证明饮用水水源地保护规划，证明X市水务局对偏桥水库具有监管职责。

第三部分证明公益诉讼人履行诉前程序的证据：

第一组：①宣检建字〔2016〕21号《检察建议书》及《送达回证》。②《X市水务局关于X市人民检察院检察建议书"宣检建字〔2016〕21号"办理情况的回复》。③X市水务局2017年1月10日会议纪要。上述证据证明公益诉讼人已经依法履行诉前程序。

第四部分证明社会公共利益仍处于受侵害状态的证据：

第一组：①偏桥水库周边汇入河流水质委托检测结果部分项目超标情况说明。②蓝硕监字〔2017〕057号《检测报告》附《中华人民共和国国家标准——地表水环境质量标准》。③2017年3月20日对色卡、吉科村委会村民蒋某某、夏某某等5人的询问笔录。④2017年3月6日现场照片8张。⑤2017年3月20日现场照片23张。上述证据证明检察建议发出后，X 市水务局仍未依法全面履职，汇入偏桥水库河流入口处的水质检测结果显示部分数据仍超标，系农村生活污水污染所致，使国家和社会公共利益仍处于受侵害状态。

经质证，被告 X 市水务局对上述证据的真实性、合法性均无意见，但对证明内容有意见。对第一部分证据中认定偏桥水库水源是属于城市饮用水源无异议，二类水、三类水都属于达标范畴，饮用水水源没有超标的事实和依据。对现场照片认为客观真实，法律意义上的排污口是企业用于排放工业垃圾的排污口，而不是居民排放生活垃圾的排污口。对第二部分证据对水务局有监督管理职责无异议，对第四部分证据认为水资源保护是一个庞大的治理工程，一系列工程存在一个社会保护的问题，经过几个月时间不可能就把水资源防治做到位。

被告 X 市水务局对其答辩理由向法院提交证据如下：

一、提交曲水〔2017〕33 号文件，证明对偏桥水库水资源保护是我们水务局的职责，对环境保护是环保局的职责。

二、提交 2011 年吉科小流域水土流失综合治理实施方案批复、收报告，证明我们对吉科小流域水土流失和农村生活垃圾的治理方案。

三、提交 2013 年岩溶地区石漠化综合治理，证明我们对吉科小流域水土流失和农村生活垃圾的治理方案。

四、提交宣财农〔2016〕119 号文件，证明对偏桥水库进行了治理的事实。

五、提交现场照片 28 张，证明我们对城市集中水源保护所做的措施。

经质证，公益诉讼人对被告提交的第一组证据的真实性、合法无意见，对证明内容有意见，认为被告 X 市水务局仅限于水资源防治工作负有监督管理的法定职责；对第二、三、四组证据真实性、合法性无意见，对证明内容有意见，不能证实被告履行了监管职责；对第五组证据照片上没有拍照人和拍照时间，不符合证据形式，不予质证。

经庭审质证，法院认为，公益诉讼人 X 市检察院及被告 X 市水务局提交的证据来源合法，内容客观真实，与本案事实具有关联性，能够证明案件事实，法院予以采信。

二、判决结果

（1）确认被告 X 市水务局对偏桥水库城市饮用水水资源保护怠于履行监督管理职责行为违法。

（2）由被告 X 市水务局继续履行法定职责。案件受理费 50 元免交。如不服本判决，可在判决书送达之日起十五日内，向法院递交上诉状，并按对方当事人的人数提出副本，上诉于云南省曲靖市中级人民法院。

三、判案焦点及理由

本案争议的焦点是被告 X 市水务局作为县级以上人民政府水行政主管部门应当履行的是对饮用水水资源保护还是水污染防治的监管职责。水既是自然资源，又是环境要素，具有双重属性。水资源保护与水污染防治既有区别又有联系，既有衔接又有冲突。按照《中华人民共和国水法》和国务院办公厅印发的《水利部主要职责内设机构和人员编制规定》："水利部负责水资源保护工作，组织编制水资源保护规划，组织拟订重要江河湖泊的水功能区划并监督实施，核定水域纳污能力，提出限制排污总量意见，指导饮用水水源保护和入河排污口设置工作，对江河湖库和地下水的水质实施监测，发布水文水资源信息和国家水资源公报等。"行政层面的水资源保护是水资源管理的重要内容。《中华人民共和国水法》第十二条第二款、第三款规定："国务院水行政主管部门负责全国水资源的统一管理和监督工作。县级以上地方人民政府水行政主管部门按照规定的权限，负责本行政区域内水资源的统一管理和监督工作。"第十三条规定："国务院有关部门按照职责分工，负责水资源开发、利用、节约和保护的有关工作。县级以上地方人民政府有关部门按照职责分工，负责本行政区域内水资源开发、利用、节约和保护的有关工作。"第三十三条规定："国家建立饮用水水源保护区制度。省、自治区、直辖市人民政府应当划定饮用水水源保护区，并采取措施，防止水源枯竭和水体污染，保证城乡居民饮用水安全。"《中华人民共和国水污染防治法》第八条第一款、第三款规定："县级以上人民政府环境保护主管部门对水污染防治实施统一监督管理。县级以上人民政府水行政、国土资源、卫生、建设、农业、渔业等部门以及重要江河、湖泊的流域水资源保护机构，在各自的职责范围内，对有关水污染防治实施监督管理。"综合以上法律规定可以看出：水资源管理与水污染防治工作实行的都是统一管理体制，其中水行政主管部门是水资源保护的统一监督管理部门，环境保护主管部门是水污染防治的统一监督管理部门。水资源保护是源头控制，水污染防治是末端治理。饮用水水源保护除水质保护外还有水量保护的有关要求，水行政主管部门和流域管理机构有责任有义务采取各种工程措施和非工程措施，有效保护饮用水水源，确保饮用水安全。本案公益诉讼人要求被告 X 市水务局对宣威市城市集中式饮用水水源地偏桥水库的饮用水水资源保护履行监管职责，而非对偏桥水库的水污染防治履行监管职责。本案被告 X 市水务局作为县级以上地方人民政府水行政主管部门，应当按照法律规定的职权，积极履行对本行政区域内城市饮用水水资源的保护和监管职责。虽然被告 X 市水务局在平时工作中已对偏桥水库径流区实施了相应的治理措施，实施了坡耕地治理、封山育林、人工造林，成立了水质检测中心，建立了生活垃圾收集点及垃圾运转堆放点，设置了水库警示宣传牌、柜架护栏网、生活区绿化等水资源保护工作。但由于被告未能全面履行监督管理责任，致使偏桥水库周边村庄仍然存在生活污水、废水直排、垃圾随意倾倒的现象，对宣威市城市集中式饮用水水源地的饮用水水资源保护不到位，饮用水水源安全仍然存在隐患，致使国家和社会公共利益仍处于受侵害状态。因此，被告怠于履行监管职责的行为存在违法。鉴于水资源保护的内容较为广泛，且涉及水利、环境保护、国土资源部门等其他多个行政管理部门职权交叉、齐抓共管等问题，对城市饮用水水源地的全面保护尚需一定的时间，被告应当继续履行监管职责，促使偏桥水库的饮用水水资源保护符合宣威市城市集中式饮用水源地保护的相关要求。因公益诉讼人宣威市人民检察院要求确认被告宣威市水务局对偏桥水库周边村庄污水、废水直排、垃圾随意倾倒而怠于履行监管职责的行为违法的诉请实质上就是要求确认被告宣威市水务局对偏桥水库城市饮用水水资源保护怠于履行监督管理职责行为违法，故该项诉讼请求符合法律规定，法院予以支持。但要求判令被告在一定期限内履行法定职责的请求不符合本案客观实际，法院根据对城市饮用水水源地的全面保护所需时间客观实际，判令被告 X 市水务局继续履行法定职责。因公益诉讼人要求被告 X 市水务局对偏桥水库城市饮用水水资源保护履行监管职责，并非要求被告对偏巧水库的水污染防治履行监管职责，因此被告 X 市水务局提出其不是本案责任主体，要求驳回公益诉讼人的起诉的辩解理由与庭审查明的事实及法律规定不符，法院不予采纳。

四、裁判要点的理解与说明

法院根据上述有效证据认定以下事实：

宣威市偏桥水库建成于 1960 年，系宣威市主城区集中式饮用水源地。偏桥水库周边有宣威市热水镇的色卡、吉科村委会，村庄人口密度大。流经吉科××村委会的河流直通偏桥水库，其中流经色卡小集镇的龚家河沿岸，存在村民修建住房、餐馆、卫生所，生活废水及污水直排河道等现象。河面可见各种垃圾物漂浮，该河流经色卡村委会流入偏桥水库的入口处无任何防治污染设施，村间无垃圾处理及污水处理设施。库区周边村庄人口聚集区未建明显水源保护区标识、界桩、界碑、警示牌、隔离栏等水源保护设施，汇入水库的河道中农村生活污水、废水直排对水库水质的安全造成污染隐患，危害饮用水水质安全。X 市人民检察院在履行职责过程中发现该情况后，于 2016 年 12 月 29 日向 X 市水务局发出检察建议，建议 X 市水务局认真履行法定职责，采取有效措施，对偏桥水库加强监管，防止农业、农村生活面源污染物污染水库水质，消除饮用水源安全隐患。2017 年 1 月 20 日，X 市水务局对 X 市人民检察院检察建议书进行了书面回复。告知了 X 市人民检察院该局自 2012 年以来争取资金在偏桥水库径流区实施的治理措施及工作，即分别进行了坡耕地治理，建设了机耕道、排水沟、沉砂池、蓄水池、排洪沟，实施封山育林、人工造林，与卫计部门联合成立了水质检测中心，使水质检测工作常态化，并在吉科××村建了生活垃圾收集点及垃圾运转堆放点，设置了水库警示宣传牌、柜架护栏网、生活区绿化、协调卫计局对色卡村医疗垃圾进行回收处理等水资源保护工作。

公益诉讼人认可被告 X 市水务局完成的上述治理工作，但认为未全面履行法定职责，偏桥水库周边村庄至今仍有排污口直通河道，污水、废水直排、垃圾随意倾倒污染河水的现象依然存在，遂根据相关规定，向法院提起行政公益诉讼。

五、相关法律依据

（一）国务院办公厅印发的《水利部主要职责内设机构和人员编制规定》

……

（3）负责水资源保护工作。组织编制水资源保护规划，组织拟订重要江河湖泊的水功能区划并监督实施，核定水域纳污能力，提出限制排污总量建议，指导饮用水水源保护工作，指导饮用水水源保护工作，指导地下水开发利用和城市规划区地下水资源管理保护工作。

……

（6）指导水文工作。负责水文水资源监测、国家水文站网建设和管理对江河湖库和地下水的水质实施监测，发布水文水资源信息、情报预报和国家水资源公报。

（二）《中华人民共和国水污染防治法》

第十二条第二款、第三款　国务院水行政主管部门负责全国水资源的统一管理和监督工作。县级以上地方人民政府水行政主管部门按照规定的权限，负责本行政区域内水资源的统一管理和监督工作。

第十三条　国务院有关部门按照职责分工，负责水资源开发、利用、节约和保护的有关工作。县级以上地方人民政府有关部门按照职责分工，负责本行政区域内水资源开发、利用、节约和保护的有关工作。

第三十三条　国家建立饮用水水源保护区制度。省、自治区、直辖市人民政府应当划定饮用水水源保护区，并采取措施，防止水源枯竭和水体污染，保证城乡居民饮用水安全。

第八条第一款、第三款　县级以上人民政府环境保护主管部门对水污染防治实施统一监督管理。县级以上人民政府水行政、国土资源、卫生、建设、农业、渔业等部门以及重要江河、湖泊的流域水资源保护机构，在各自的职责范围内，对有关水污染防治实施监督管理。

六、选择该案件的原因

该案例旨在明确当下水资源保护的内容较为广泛，且涉及水利、环境保护、国土资源部门等其他多个行政管理部门职权交叉、齐抓共管等问题，对城市饮用水水源地的全面保护尚需一定的时间，被告应当继续履行监管职责，促使偏桥水库的饮用水水资源保护符合宣威市城市集中式饮用水源地保护的相关要求。

案例六　平某县人民检察院诉平某县综合行政执法局①

一、基本案情

公益诉讼起诉人平某县人民检察院因认为被告平某县综合行政执法局不履行法定职责行政公益诉讼一案，于2019年10月17日向法院提起诉讼。法院于当日立案后，于2019年10月18日向被告送达了起诉状副本及应诉通知书。法院依法组成合议庭，于2019年11月7日召开庭前会议，2019年11月13日公开开庭审理了本案。平某县人民检察院委派检察员姚亚男、助理检察员孙伟出庭履职，平某县综合行政执法局委托代理人牛德草、吴昌军到庭参加诉讼。本案现已审理终结。

公益诉讼起诉人平某县人民检察院诉称，在履行职责中发现平某县财源路和朝阳路交汇处星河上城北邻存在一处建筑和生活垃圾存放地无人管理，造成生态环境破坏、社会公

---

①　案例来源：载中国裁判文书网，https：//alphalawyer.cn/#/app/tool/result/%7B%5B%5D,%7D/detail/B112A18A5678C7F70766504A124484BF？queryId＝40dca08e541711edbd0f0c42a1121c94，2022年10月25日访问。

共利益持续受到损害，严重影响周边居民生活，遂依法进行了审查处理。该处垃圾存放地北邻河道，垃圾呈露天存放状态，未采取防扬散、防渗漏措施，部分生活垃圾因风力吹散于周围造成较严重污染；降雨季节产生垃圾渗滤液渗入土壤流进河道造成土壤污染、水体污染；建筑垃圾、生活垃圾、有害垃圾、易腐垃圾等随意混放，严重污染周边环境。2018年8月2日，公益诉讼起诉人向被告平某县综合行政执法局发出检察建议，建议其依法履行职责，对建筑垃圾和生活垃圾采取一定的隔离措施，对垃圾存放地采取清理、恢复措施。被告平某县综合行政执法局收到检察建议后，在法定期限内未予回复。后法院跟进监督，该垃圾存放地仍未彻底清理，且还有后续堆放的生活垃圾和建筑垃圾。2019年3月21日，公益诉讼起诉人委托平某县自然资源和规划局出具勘测定界图，经勘测该垃圾存放地占地面积23.431亩，土地权属为村集体土地，地类有水浇地、设施农用地、村庄用地、有林地、其他林地及部分公路用地。另外，2018年9月1日，为创建国家卫生城被告平某县综合行政执法局租用平某街道毛家洼村支一路西侧毛家洼坑塘一处（占地15.57亩、深度达七、八米）用于堆放建筑垃圾，据其双方签订的建筑垃圾堆放协议，被告应于创城完成后用土对堆放的垃圾进行覆盖。协议签订后，被告将星河上城北邻垃圾场的建筑垃圾拉至该处坑塘进行了简单填埋，未进行"三防"处理。经平某县自然资源和规划局查询，该处坑塘土地性质为耕地中的旱地，其临时垃圾场没有办理规划手续。公益诉讼起诉人认为，平某县综合行政执法局作为辖区内环境卫生监督管理职责部门，应当遵守国家有关生态环境保护和环境卫生管理的规定，严格履行生活垃圾、建筑垃圾的收集、运输、存放、处置等监管职责，平某县综合行政执法局怠于履行职责，致使涉案区域大量垃圾露天堆放、垃圾渗漏液直接流入土壤，严重危害了当地生态环境、影响当地群众的生产生活。其收到检察建议后仍未完全履行职责，致使社会公共利益仍处于受侵害的状态。根据《中华人民共和国行政诉讼法》第二十五条第四款和《最高人民法院、最高人民检察院关于检察公益诉讼案件适用法律若干问题的解释》第二十一条第三款的规定向法院提起诉讼，请求判令被告对星河上城处的垃圾全部清理完毕，对土地恢复原状；对毛家洼垃圾堆放地进行三防处理并对协议地块进行用土覆盖，覆盖层不少于80厘米。

二、判决结果

（1）责令被告平某县综合行政执法局于本判决生效之日起六个月内，对星河上城处的垃圾全部清理完毕、对土地恢复原状，并对毛家洼垃圾堆放地进行三防处理并对协议地块进行用土覆盖，覆盖层不少于80厘米。

（2）如不服本判决，可以在判决书送达之日起十五日内向法院递交上诉状，并按对方当事人的人数提出副本，上诉于山东省临沂市中级人民法院。

三、判案焦点及理由

经审理查明，2018年4月8日，公益诉讼起诉人发现平某县财源路和朝阳路交汇处星河上城北邻存在一处建筑和生活垃圾存放地，该处垃圾北邻河道，呈露天存放状态，部分生活垃圾因风力吹散于周围造成较严重污染；降雨季节产生垃圾渗滤液渗入土壤、流进河道造成土壤污染、水体污染；建筑垃圾、生活垃圾、有害垃圾、易腐垃圾等随意混放，严重污染周边环境，影响周边居民生活，造成生态环境破坏，社会公共利益持续受到损害。后公益诉讼起诉人在履行职责中发现该处垃圾无人管理，未采取防扬散、防渗漏措施，遂依法进行了审查处理。2018年8月2日，公益诉讼起诉人依法作出平检行公〔2018〕37132600002号检察建议书，并于2018年8月3日向平某县综合行政执法局送达，建议其依法对涉案星河上城处垃圾予以处置履行管理职责。平某县综合行政执法局收到检察建议后，未在法定期限内回复公益诉讼起诉人。2019年3月12日，公益诉讼起诉人跟进监督该处垃圾堆放地的整改情况，发现涉案土地未彻底清理，依然堆放有垃圾。2019年3月21日，公益诉讼起诉人委托平某县自然资源和规划局出具勘测定界图，经勘测该垃圾存放地占地面积23.431亩，土地权属为村集体土地，地类有水浇地、设施农用地、村庄用地、有林地、其他林地及部分公路用地。2019年4月25日，平某县综合行政执法局对公益诉讼起诉人的平检行公〔2018〕37132600002号检察建议书进行回复，陈述内容有"2018年8月7日—9日，我们利用3天时间，雇佣挖掘机，运输机等机械对该处进行了清理，现在已经清理完毕。在下一步工作中……二是合理规划建筑垃圾存放地。目前已在毛家洼选址一处建筑装修垃圾填埋场，用于建筑垃圾存放"。2019年7月17日，公益诉讼起诉人再次对该处跟进监督，现场勘查发现该处除未清理完的垃圾外又新添建筑垃圾、生活垃圾。

另查明，2018年9月1日，平某县综合行政执法局作为甲方与乙方平某县平某街道毛家洼社区签订建筑垃圾堆放协议，协议内容有：①地点：平某街道毛家洼，支一路西侧，毛家洼北侧坑塘，面积6000平方米。②内容：甲方用于创建国家卫生县城建筑垃圾堆放，创城完成后，甲方用土进行覆盖，覆盖层不少与80cm；③时间：自2018年9月2日至2018年11月20日。协议签订后，被告将星河上城北邻垃圾场建筑垃圾拉至该处坑塘填埋。2019年7月25日，公益诉讼起诉人到该查勘查，发现该处垃圾未按协议约定进行填埋，未有进行"三防"处理。经向平某县自然资源和规划局查询，该处临时垃圾场没有办理规划手续。

2019年10月17日，公益诉讼起诉人以平某县综合行政执法局作为辖区环境卫生监督管理职责部门应当遵守国家有关生态环境保护和环境卫生管理的规定，严格履行生活垃圾、建筑垃圾的收集、运输、存放、处置等监管职责，其怠于履行职责致使涉案区域垃圾严重危害当地生态环境、影响当地群众生产生活、侵害社会公共利益诉至本院。2019年11月14日，公益诉讼起诉人再次对涉案星河上城处垃圾及毛家洼处垃圾进行跟进监督，发现该两处垃圾存放地仍未能彻底清理，未有采取隔离和恢复整改措施，并还有后续生活垃圾和建筑垃圾的堆放。

同时查明，《平某县城市管理局主要职责内设机构和人员编制规定》载明，"负责生活垃圾、建筑垃圾的处置管理工作；负责建筑垃圾运输核准和城市车辆清洗管理等工作；负责大型垃圾处置设施的建设管理工作；负责编制城区环境卫生设施的建设规划、审核验收工作；负责城区环卫设施的拆除、迁移管理工作；负责城区各类环境卫生作业公司的管理工作……"

2017年5月31日，平某县委办公室、县政府办公室下发平办发〔2017〕36号《县委办公室、县政府办公室关于综合行政执法体制改革的实施意见》，其中载明：全面推进跨部门跨领域综合执法。（1）确定综合执法范围……按程序报省政府批准后，由新组建的综合行政执法机构在辖区内集中行使下列行政处罚权和相关法律、法规规定的行政强制措施：①城市管理方面（含市政管理、市容环境卫生、园林绿化）法律、法规、规章规定的行政处罚权。②住房城乡建设领域法律、法规、规章规定的全部行政处罚权。③环境保护管理方面法律、法规、规章规定的社会生活噪声污染、建筑施工噪声污染、建筑施工扬尘污染……（2）组建综合执法机构。整合县城市管理行政执法局的职责和机构，以及县住房和城乡建设局等18个部门（单位）的相关执法职责，组建县综合行政执法局，加挂县城市管理局牌子，为县政府工作部门，依法独立行使有关行政执法权，承担相应的法律责任。

四、裁判要点的理解与说明

法院认为，《中华人民共和国行政诉讼法》第二十五条第四款规定，人民检察院在履行职责中发现生态环境和资源保护、食品药品安全、国有财产保护、国有土地使用权出让等领域负有监督管理职责的行政机关违法行使职权或者不作为，致使国家利益或者社会公共利益受到侵害的，应当向行政机关提出检察建议，督促其依法履行职责。行政机关不依法履行职责的，人民检察院依法向人民法院提起诉讼。该法第二十六条第六款规定，行政机关被撤销或者职权变更的，继续行使其职权的行政机关是被告。《城市建筑垃圾管理规定》第三条第三款规定，城市人民政府市容环境卫生主管部门负责本行政区域内建筑垃圾的管理工作。其第七条第一款规定，处置建筑垃圾的单位，应当向城市人民政府市容环境卫生主管部门提出申请，获得城市建筑垃圾处置核准后方可处置。其第九条规定，任何单位和个人不得将建筑垃圾混入生活垃圾，不得将危险废物混入建筑垃圾，不得擅自设立弃置场受纳建筑垃圾。

本案中，平某县委办公室、县政府办公室下发的平办发〔2017〕36号《县委办公室、县政府办公室关于综合行政执法体制改革的实施意见》明确了平某县综合行政执法局的主要职责，原平某县城市管理局的相关职责已由该局继续行使。故平某县综合行政执法局作为辖区内环境卫生监督管理职责部门，对县域内的垃圾处置负有监督管理职责，对涉案建筑垃圾的堆放、处置负有管理职责。平某县人民检察院作为公益诉讼起诉人在履行职责中发现，涉案星河上城地块的垃圾，被告未有全面履职，致使生态环境污染、社会公共利益持续受到损害；还发现被告与平某街道毛家洼社区约定将涉案毛家洼地块用于创建卫生城期间建筑垃圾堆放，并将星河上城处建筑垃圾拉至该处填埋堆放，之后未能按协议约定处理完善，对于上述事实，公益诉讼起诉人提交证据充分，认定事实清楚。被告辩称对涉案星河上城处的垃圾已按检察建议的要求履行了法定职责，对垃圾进行了清理及土地恢复原状，对涉案毛家洼村处垃圾已处理完毕，并用土覆盖的主张，未能提供相关证据证实，故对其该辩称观点本院不予采信；对于被告辩称的办理垃圾填埋规划手续不是被告法定职责的主张，系行政机关在作出行政行为及执行过程中应当考量的因素，不能作为不履行或拖延履行职责的理由，法院亦不予采纳。

综上所述，被告对涉案垃圾堆放行为处置管理不到位，致生态环境、社会公共利益持续遭受损害，在公益诉讼人检察建议后仍怠于对涉案场所垃圾进行处置，未有全面履行监管职责。

五、相关法律依据

(一)《中华人民共和国行政诉讼法》

第二十五条第四款　人民检察院在履行职责中发现生态环境和资源保护、食品药品安全、国有财产保护、国有土地使用权出让等领域负有监督管理职责的行政机关违法行使职权或者不作为，致使国家利益或者社会公共利益受到侵害的，应当向行政机关提出检察建议，督促其依法履行职责。行政机关不依法履行职责的，人民检察院依法向人民法院提起诉讼。该法第二十六条第六款行政机关被撤销或者职权变更的，继续行使其职权的行政机关是被告。

(二)《城市建筑垃圾管理规定》

第三条第三款　城市人民政府市容环境卫生主管部门负责本行政区域内建筑垃圾的管理工作。

第七条第一款　处置建筑垃圾的单位，应当向城市人民政府市容环境卫生主管部门提出申请，获得城市建筑垃圾处置核准后方可处置。其第九条规定，任何单位和个人不得将建筑垃圾混入生活垃圾，不得将危险废物混入建筑垃圾，不得擅自设立弃置场受纳建筑垃圾。

六、选择该案件的原因

被告对涉案垃圾堆放行为处置管理不到位，致生态环境、社会公共利益持续遭受损害，在公益诉讼人检察建议后仍怠于对涉案场所垃圾进行处置，未有全面履行监管理职责。公益诉讼起诉人为保护社会公共利益不受侵害，全面履行监管职责，监督行政机关依法行政，并经诉前程序，其诉讼请求事实清楚，证据充分，合法有据，法院应当支持。

案例七　指导案例 138 号：陈某诉成都市 C 区环境保护局环境行政处罚案①

一、基本案情

上诉人陈某因诉被上诉人成都市 C 区环境保护局（以下简称 C 区环保局）环保行政

---

① 案例来源：中国裁判文书网，https：//wenshu. court. gov. cn/website/wenshu/181107ANFZ0BXSK4/index. html？docId = 2YiuMbrGvESckj9dS0mZe9LyvXZE + sPeeh +/529CwhfM7DyP488Qj5O3qNaLMqsJXPKc3S5FLP4yBjYgTalW5VtgRigY0Si/koN4w/MsoGO3cYigx/7U2Cf5R8LsCxTb，2022 年 10 月 25 日访问。

处罚一案，不服成都市 C 区人民法院〔2014〕成华行初字第 29 号行政判决，向法院提起上诉。法院依法组成合议庭，于 2014 年 8 月 22 日公开开庭审理了本案。上诉人陈某的委托代理人彭波，被上诉人 C 区环保局的法定代表人张奋强及其委托代理人高金林、李小蕾到庭参加诉讼。本案现已审理终结。

被上诉人 C 区环保局于 2012 年 12 月 11 日作出成华环保罚字〔2012〕1130-01 号行政处罚决定（以下简称 1130-01 号行政处罚决定），其主要内容为：龙泉驿区大面街道办德龙钢化玻璃加工厂（以下简称德龙加工厂）在 C 区保和街道办天鹅社区一组从事钢化玻璃生产加工中私设暗管排放水污染物，该行为违反了《中华人民共和国水污染防治法》（以下简称《水污染防治法》）第二十二条第二款的规定，根据《水污染防治法》第七十五条第二款的规定，作出以下行政处罚：责令立即拆除暗管，并处罚款 10 万元。

二、二审判决结果

（1）驳回上诉，维持原判。
（2）一审案件受理费负担不变；二审案件受理费 50 元，由上诉人陈某负担。
（3）本判决为终审判决。

三、判案焦点及理由

原审法院审理查明，陈某系个体工商户德龙加工厂的业主，自 2011 年 3 月开始加工生产钢化玻璃。2012 年 11 月 2 日，C 区环保局在德龙加工厂位于成都市 C 区保和街道办事处天鹅社区一组 B-10 号（以下简称天鹅社区一组 B-10 号）的厂房检查时，发现该厂涉嫌具有私自设置暗管偷排污水的行为。当日，C 区环保局向德龙加工厂送达了川 A 成华〔2012〕约通字第 110203 号《环境保护行政执法约见通知书》。之后，C 区环保局对德龙加工厂私设暗管的行为进行立案调查。

C 区环保局经过调查取证，于 2012 年 11 月 5 日作出川 A 成华〔2012〕改字 1105-1 号《四川省环境保护行政执法限期整改决定书》，限德龙加工厂在 2012 年 11 月 5 日前完成以下整改任务：①立即拆除私设暗管。②生产废水收集后循环利用，不能外排。③生活废水综合利用，加强厂内管理。该整改决定于当日向德龙加工厂予以送达。2012 年 11 月 8 日，C 区环保局作出川 A 成华〔2012〕调终字 1108-01 号《环境保护行政处罚案件调查终结审查表》，确认了德龙加工厂私设暗管排放污水的事实，并认为该厂属二次违法，建议罚款 10 万元。

2012 年 11 月 14 日，C 区环保局作出川 A 成华罚告字〔2012〕1114-01 号《环境行政处罚告知书》，告知德龙加工厂拟对其作出立即拆除暗管，并处罚金 10 万元的行政处罚，该告知书于当日送达德龙加工厂。同日，C 区环保局向德龙加工厂送达了川 A 成华听告字〔2012〕1114-01 号《环境行政处罚听证告知书》。2012 年 11 月 16 日，德龙加工厂向 C 区环保局提出听证申请。同年 11 月 20 日，C 区环保局作出并于当日向德龙加工厂送达了成华环罚通字〔2012〕20121120-01 号《环境行政处罚听证通知书》，并于 2012 年 11 月 27 日举行了听证。2012 年 12 月 11 日，C 区环保局作出 1130-01 号行政处罚决定，责令立即拆除暗管，并处罚款 10 万元。该处罚决定于 2012 年 12 月 11 日送达德龙加工厂。

四、裁判要点的理解与说明

原审法院认为，根据《中华人民共和国环境保护法》（以下简称《环境保护法》）《环境行政处罚办法》等相关规定，C 区环保局具有对 C 区范围内的公民、法人或者其他组织实施的环境违法行为作出行政处罚的行政职权。本案中，德龙加工厂工商注册地虽然在成都市龙泉驿区大面街道办事处辖区内，但其生产加工形成环境违法事实的具体地点在成都市 C 区保和街道办事处天鹅社区。《中华人民共和国行政处罚法》（以下简称《行政处罚法》）第二十条规定，行政处罚由违法行为发生地的县级以上地方人民政府具有行政处罚权的行政机关管辖，《环境行政处罚办法》第十七条规定，县级以上环境保护主管部门管辖本行政区域的环境行政处罚案件，造成跨行政区域污染的行政处罚案件，由污染行为发生地环境保护主管部门管辖。因此 C 区环保局对德龙加工厂在成都市 C 区保和街道办事处天鹅社区发生的具体环境违法行为具有管辖权。

对于德龙加工厂提出的其排放的水质达标而不应当处罚的主张，法院认为，该厂据以提出水质达标的证据为成都市 C 区环境监测站于 2012 年 5 月 22 日出具的《检测报告》，该报告所称的水质达标是指德龙加工厂排放的废水符合排放污水的相关标准，德龙加工厂私设暗管排放的仍旧属于污水，违反了《水污染防治法》第二十二条第二款的规定。

对于德龙加工厂提出的罚款 10 万元属过重处罚的主张，法院认为，C 区环保局对德龙加工厂处罚 10 万元符合法律规定的幅度范围，且该厂曾因实施"未办理环评手续、环保设施未验收即投入生产"的违法行为受到过行政处罚，本案违法行为系二次违法行为，C 区环保局对德龙加工厂作出罚款 10 万元的行政处罚并无不妥。

综上，在事实上陈某对于其私设暗管的行为并无异议，程序上 C 区环保局的整个执法行为符合相关法律规定，故 C 区环保局作出本案行政处罚决定事实清楚，证据充分，适用法律、法规正确，程序合法。遂依照《最高人民法院关于执行〈中华人民共和国行政诉讼法〉若干问题的解释》第五十六条第四款的规定，判决：驳回陈某的诉讼请求。案件受理费 50 元，由陈某负担。

宣判后，陈某不服，向法院提起上诉称：①保和街道办事处天鹅社区内的生产点未办理工商登记，属非法生产点，且厂房也是由陈某个人租赁，应当对直接责任人或实际生产者进行处罚，C 区环保局对德龙加工厂作出行政处罚系处罚对象错误。②上诉人的生产点未对环境造成实际的污染，在环保执法部门的调查中也能积极配合，C 区环保局对上诉人顶格处罚显失公平。请求撤销原审判决，并判决撤销 1130-01 号行政处罚决定。

被上诉人 C 区环保局答辩称，原审判决认定事实清楚，适用法律正确，程序合法，请求予以维持。

被上诉人 C 区环保局为证明其作出 1130-01 号行政处罚决定合法，向原审法院提供了以下证据材料及依据：

①C 区环保局的组织机构代码证。②C 区环保局主要职责内设机构和人员编制规定（"三定方案"）。③现场勘验笔录和现场照片。④行政执法约见通知书及送达回证。⑤环境保护行政处罚立案登记审批表。⑥C 区环保局执法人员对杨玺所作的调查笔录和询问笔录（包括执法人员的身份证和执法证件、陈某的委托书等）。⑦C 区环保局执法人员对德

龙加工厂业主陈某所作的询问笔录以及德龙加工厂的个体工商户营业执照、陈某的身份证明材料。⑧杨玺书写的《循环水沉淀池埋暗管的情况说明》。⑨川 A 成华（2012）改字1105-1 号限期整改决定书及陈某签收的送达回证。⑩案件调查终结审查表。⑪案件集体审议记录。⑫环境行政处罚告知书、环境行政处罚听证告知书以及送达回证。⑬德龙加工厂听证申请书及授权委托书。⑭听证通知书及送达回证。⑮听证笔录。⑯德龙加工厂提交的听证补充意见。⑰案件案审委员会审议记录。⑱川 A 成华（2012）改字 516-01 号限期整改决定书及陈某签收的送达回证。⑲成都市中级人民法院（2013）成行终字第 240 号行政判决书。⑳1130-01 号行政处罚决定的送达回证。㉑《环境保护法》第七条第二款的规定。㉒《水污染防治法》第八条第一款、第二十二条第二款、第七十五条第二款的规定。㉓《行政处罚法》第二十条。㉔《环境行政处罚办法》第十七条的规定。

经庭审质证，上诉人陈某对被上诉人 C 区环保局提供的第 1~19 项证据材料的真实性不持异议，但认为第 7 项证据材料仅为陈某的个人陈述，不能证明 C 区环保局处罚对象正确；第 17~18 项证据材料不足以证明 C 区环保局对上诉人作出罚款 10 万元的行政处罚幅度恰当。上诉人陈某对被上诉人 C 区环保提供的第 20~23 项依据的合法性不持异议。

上诉人陈某为支持其诉讼主张，向原审法院提供了以下证据材料：

①经营者为陈某、字号为成都市金牛区德龙玻璃装饰部的个体工商户营业执照。②经营者为陈某、字号为龙泉驿区十陵街办新德龙钢化玻璃加工厂的个体工商户营业执照。③陈某租赁保和街道办天鹅社区一组厂房的租赁合同、收取租金收条以及出租人的身份证复印件。④C 区环境监测站于 2012 年 5 月 22 日出具的成华环监字〔2012〕水监督第 040 号《监测报告》。

经庭审质证，被上诉人 C 区环保局对上诉人陈某提供的第 1~2 项证据材料的关联性提出异议，认为与本案无关；对第 3 项证据材料的真实性无异议，但认为在本案中不具有证明力，不能证明被上诉人的处罚对象错误；第 4 项证据材料形成于本次违法行为查处之前，且即使有效也不能否定德龙加工厂存在私设暗管规避环保部门监管的违法事实。

（一）二审法院查明

本案各方当事人提供的上述证据材料及依据已随原审卷宗移送本院。经审查，被上诉人 C 区环保局提供的第 1~19 项证据材料以及上诉人陈某提供的第 3 项证据材料具有真实性、合法性，且与本案具有关联性，能够作为本案定案的根据，法院予以采信；被上诉人 C 区环保局提供的第 20~23 项依据系 C 区环保局作出本案行政处罚决定时合法有效的法律规范，在本案中具有可适用性。上诉人陈某提供的第 1~2 项证据材料与本案无关联性，法院不予采信；上诉人提供的第 4 项证据材料即《监测报告》虽具有真实性，但与本案没有关联，且排放的生产污水是否达标并不影响德龙加工厂采取私设暗管规避监管事实的认定，故上诉人提供的该项证据材料法院不予采信。

法院查明的案件事实除与原审判决一致外，还另查明，德龙加工厂因不服 C 区环保局作出的 1130-01 号行政处罚决定，于 2013 年 2 月 8 日向成都市 C 区人民政府申请行政复议，成都市 C 区人民政府于同年 4 月 3 日作出维持该处罚决定的行政复议决定，并于2013 年 4 月 7 日向德龙加工厂送达。

（二）二审法院认为

法院认为，（1）关于被上诉人 C 区环保局在本案中的行政处罚管辖权问题。根据《环境保护法》第七条第二款和《水污染防治法》第八条第一款的规定，C 区环保局作为 C 区环境保护的行政主管部门，其具有对本辖区内的水污染防治等环境保护工作实施统一监督管理的行政职责。本案被诉具体行政行为所涉性质为行政处罚，根据《行政处罚法》第二十条规定，行政处罚由违法行为发生地的县级以上地方人民政府具有行政处罚权的行政机关管辖。环境保护部（现为生态环境部）第 8 号令公布的《环境行政处罚办法》第十七条规定，县级以上环境保护主管部门管辖本行政区域的环境行政处罚案件，造成跨行政区域污染的行政处罚案件，由污染行为发生地环境保护主管部门管辖。就本案看，德龙加工厂的工商登记注册地在龙泉驿区大面街道办东洪路 90 号，但被上诉人 C 区环保局在诉讼中提供的其对该厂厂长杨玺的调查笔录以及制作的有杨玺签字确认的现场勘验笔录、现场照片等有效证据，能够证明 C 区环保局查处的涉案地点在 C 区保和街道办天鹅社区一组。故根据前述规定，被上诉人 C 区环保局具有作出本案行政处罚的行政职权。上诉人陈某提出的 C 区环保局在本案中不具有行政处罚管辖权的诉讼主张本庭不予支持。

（2）关于被上诉人 C 区环保局在本案中的行政处罚对象是否正确的问题。根据被上诉人 C 区环保局在诉讼中提供的其对陈某的询问笔录以及上诉人的庭审陈述等有效证据表明，上诉人陈某系个体工商户德龙加工厂的业主，其租赁 C 区保和街道办天鹅社区一组 B-10 号的厂房的目的是用于德龙加工厂的钢化玻璃生产加工，即涉案生产点属于德龙加工厂的一个生产点。该生产点是否办理工商登记、租赁者是否为陈某个人，并不影响涉案生产点的经营主体为德龙加工厂这一客观事实。故被上诉人 C 区环保局在本案行政处罚中将德龙加工厂作为处罚对象正确。上诉人陈某提出的 C 区环保局处罚对象错误的诉讼主张本庭不予支持。

（3）关于德龙加工厂在本案所涉生产点私设暗管排放水污染物的事实认定问题。《水污染防治法》第二十二条第二款规定，禁止私设暗管或采取其他规避监管的方式排放水污染物。该规定的立法精神和目的就是从法律上约束和杜绝任何单位和个人采取私设暗管等方式规避环境执法部门的监管。根据本庭确认的有效证据以及当事人的庭审陈述，能够证明德龙加工厂的涉案生产点存在私设暗管排放生产污水的违法行为，该生产点所排放的生产污水是否达标并不影响德龙加工厂私设暗管规避监管这一违法事实的成立。被上诉人 C 区环保局对上述违法事实的认定证据充分，适用法律正确。

（4）关于被上诉人 C 区环保局对德龙加工厂作出罚款 10 万元的行政处罚是否显失公平的问题。《水污染防治法》第七十五条第二款规定，违反法律、行政法规和国务院环境保护主管部门的规定私设暗管的，由县级以上地方人民政府环境保护主管部门责令限期拆除，处 2 万元以上 10 万元以下的罚款。该规定赋予了环境保护执法机关对私设暗管违法行为的罚款处罚享有自由裁量权，但该自由裁量权的行使应当要有相应的根据及理由予以证明。就本案查明的案件事实以及被上诉人 C 区环保局在诉讼中提供的成都市中级人民法院〔2013〕成行终字第 240 号行政判决等有效证据看，C 区环保局于 2012 年 7 月曾以本案所涉生产点未办理环保手续、环保设施未验收即投入生产为由，对德龙加工厂作出立即停止违法行为，罚款 2 万元的行政处罚，同年 11 月，C 区环保局再次查获德龙加工厂在该生产点采取私设暗管方式排放水污染物，规避执法机关的监管。在此情况下，被上诉人 C 区环保局在《水污染防治法》第七十五条第二款所规定的幅度内，并综合考虑德龙加工厂的违法事实，对德龙加工厂作出罚款 10 万元的行政处罚并无不当。上诉人陈某提出的 C 区环保局对德龙加工厂作出罚款 10 万元的行政处罚显失公平的诉讼主张本庭不予支持。

综上，被上诉人 C 区环保局作出的 130-01 号行政处罚决定认定事实清楚，证据充分，适用法律正确，程序合法。原审判决结果正确，审判程序合法。上诉人陈某的上诉请求不能成立。

五、相关法律依据

（一）《中华人民共和国环境保护法》

第七条　国务院环境保护行政主管部门，对全国环境保护工作实施统一监督管理。

县级以上地方人民政府环境保护行政主管部门，对本辖区的环境保护工作实施统一督管理。

国家海洋行政主管部门、港务监督、渔政渔港监督、军队环境保护部门和各级公安、交通、铁道、民航管理部门，依照有关法律的规定对环境污染防治实施监督管理。

县级以上人民政府的土地、矿产、林业、农业、水利行政主管部门，依照有关法律的规定对资源的保护实施监督管理。

（二）《中华人民共和国水污染防治法》

第八条　县级以上人民政府环境保护主管部门对水污染防治实施统一监督管理。

交通主管部门的海事管理机构对船舶污染水域的防治实施监督管理。

县级以上人民政府水行政、国土资源、卫生、建设、农业、渔业等部门以及重要江河、湖泊的流域水资源保护机构，在各自的职责范围内，对有关水污染防治实施监督管理。

第二十二条　向水体排放污染物的企业事业单位和个体工商户，应当按照法律、行政法规和国务院环境保护主管部门的规定设置排污口；在江河、湖泊设置排污口的，还应当遵守国务院水行政主管部门的规定。

禁止私设暗管或者采取其他规避监管的方式排放水污染物。

第七十五条　在饮用水水源保护区内设置排污口的，由县级以上地方人民政府责令限期拆除，处十万元以上五十万元以下的罚款；逾期不拆除的，强制拆除，所需费用由违法者承担，处五十万元以上一百万元以下的罚款，并可以责令停产整顿。

除前款规定外，违反法律、行政法规和国务院环境保护主管部门的规定设置排污口或者私设暗管的，由县级以上地方人民政府环境保护主管部门责令限期拆除，处二万元以上十万元以下的罚款；逾期不拆除的，强制拆除，所需费用由违法者承担，处十万元以上五十万元以下的罚款；私设暗管或者有其他严重情节的，县级以上地方人民政府环境保护主管部门可以提请县级以上地方人民政府责令停产整顿。

未经水行政主管部门或者流域管理机构同意，在江河、湖泊新建、改建、扩建排污口的，由县级以上人民政府水行政主管部门或者流域管理机构依据职权，依照前款规定采取措施、给予处罚。

（三）《中华人民共和国行政处罚法》

第二十条　行政处罚由违法行为发生地的县级以上地方人民政府具有行政处罚权的行政机关管辖。法律、行政法规另有规定的除外。

（四）《环境行政处罚办法》

第十七条　【案件管辖】县级以上环境保护主管部门管辖本行政区域的环境行政处罚案件。

造成跨行政区域污染的行政处罚案件，由污染行为发生地环境保护主管部门管辖。

（五）《中华人民共和国行政诉讼法》

第六十一条　人民法院审理上诉案件，按照下列情形，分别处理：

（1）原判决认定事实清楚，适用法律、法规正确的，判决驳回上诉，维持原判。

（2）原判决认定事实清楚，但是适用法律、法规错误的，依法改判。

（3）原判决认定事实不清，证据不足，或者由于违反法定程序可能影响案件正确判决的，裁定撤销原判，发回原审人民法院重审，也可以查清事实后改判。当事人对重审案件的判决、裁定，可以上诉。

六、选择该案件的原因

该案例旨在明确县级以上环境保护主管部门管辖本行政区域的环境行政处罚案件，造成跨行政区域污染的行政处罚案件，由污染行为发生地环境保护主管部门管辖。

第三节　环境保护国家赔偿

案例八　甘肃省 W 市 L 区某餐具消毒中心诉 W 市生态环境局行政处罚案①

一、基本案情

原告（被上诉人）W 市 L 区某餐具消毒中心诉称：①请求判令撤销被告作出的武环

---

①　案例来源：中国裁判文书网，https：//wenshu. court. gov. cn/website/wenshu/181107ANFZ0BXSK4 / index. html？docId＝BhS21xK8lCWuPjYYU6JPALOOHfC50hAALqUZgaAzVWfxzr/4b＋ZNApO3qNaLMqsJXPKc 3S5FLP4yBjYgTalW5VtgRigY0Si/koN4w/MsoGN＋g/3p02lkFx4jVXALc1zO，2022 年 10 月 25 日访问。

责改字〔2019〕10号《责令改正违法行为决定书》和武环罚〔2019〕19号《行政处罚决定书》。②由被告承担本案诉讼费用。

2019年7月28日，被告下属的凉州分局人员对原告单位进行现场调查，对原告单位化粪池内尚未排放的污水，利用提升泵抽取到采样塑料桶的方式，采取了污水监测样本。2019年7月31日，被告向原告送达了武环责改字〔2019〕10号《责令改正违法行为决定书》原告虽对被告监测结果持疑，但秉承"环保第一"的理念，原告对生产产生的污水暂时全部利用罐车直接拉运至武威工业园区污水处理厂进行处理，8月3日又委托甘肃华阳检测技术有限责任公司4次采集水样进行比对检测，水样检测结果均达到国家规定的污水排放标准，并对环保设施投入改造后，自8月10日起，才再次通过管网向武威工业园区污水处理厂排污。其间，原告向相关专业人士请教后得知，被告此次监测结果与此前监测结果反差巨大的原因是，被告监测人员在取样时严重违反监测技术规范所导致。鉴于此，原告分别于2019年8月1日和8月7日向被告及被告下属的凉州分局两次书面请求复测，被告以采样符合规定且原告负责人对采样过程未提出异议，并在现场采样单上签字进行了确认为由不予复测。在未进行复测的情况下，2019年9月3日，被告向原告送达了武环罚告字〔2019〕19号《行政处罚听证告知书》，并应原告要求于2019年9月24日进行了听证会。在听证会上，原告将被告监测人员在取样时严重违反监测技术规范的情况进行了申辩，并要求被告撤销武环责改字〔2019〕10号《责令改正违法行为决定书》和拟作出的处罚决定，被告对原告提出的申辩理由根本无法反驳。被告在明知监测采样不规范导致监测结果不能作为判定原告排放污染物超标的情况下，于2019年9月30日作出武环罚〔2019〕19号《行政处罚决定书》，认定原告违反《中华人民共和国水污染防治法》第五十条一款的规定，对原告处以127000元的罚款。令原告费解的是，被告在上述《行政处罚决定书》中认定原告的行为违反的是《中华人民共和国水污染防治法》第五十条第一款"向城镇污水集中处理设施排放水污染物，应当符合国家或者地方规定的水污染物排放标准"的规定，而其在武环责改字中认定原告的行为违反的是《中华人民共和国水污染防治法》第十条的规定。被告监测人员在取样时严重违反监测技术规范，其违反监测技术规范的取样行为，不能因不具备专业知识的原告负责人"对采样过程未提出异议，并在采样单上签字进行了确认"的行为而合法、规范，正所谓"皮之不存毛将焉附"，导致《监测报告》不能作为判定原告排放污染物超标的证据是毋庸置疑的。被告对原告是否有违法排污的行为在证据不确实、不充分的情况下，正确的做法应当是及时纠正错误，撤销《责令改正违法行为决定书》，对原告不予处罚，以避免损害原告合法权益，即使考虑系上级交办亦应当是在复查、复测后再行决定，而不能因上级交办草率对原告予以处罚。为维护原告合法权益，诉请人民法院支持原告诉请。

二、判决结果

（1）甘肃省武威市凉州区人民法院于2020年5月6日作出〔2020〕甘0602行初3号行政判决：撤销W市生态局对某餐具中心作出的武环责改字〔2019〕10号责令改正违法行为决定书、武环罚〔2019〕19号行政处罚决定书。

（2）甘肃省W市生态局不服，提出上诉。甘肃矿区人民法院于2020年6月29日作出〔2020〕甘95行终1号行政判决：驳回上诉，维持原判。

三、判案焦点及理由

法院生效判决认为，本案的争议焦点为：①W市生态局作出的行政行为认定的事实是否清楚、依据的证据是否确凿。②W市生态局作出的行政行为程序是否合法。③W市生态局作出的行政行为适用法律、法规是否正确。

（一）关于W市生态局作出的行政行为认定的事实是否清楚、依据的证据是否确凿的问题

W市生态局作出责令改正违法行为决定书（武环责改字〔2019〕10号）和行政处罚决定书（武环罚〔2019〕19号）的主要依据是W市环境保护监测站出具的《监测报告》（武环监测2019-07-036号）。①从该监测报告的内容来看，该监测报告记载的执行标准为《污水综合排放标准》（GB8979-1996）三级标准，经查，《污水综合排放标准》（GB8979-1996）并不存在，实际应为《污水综合排放标准》（GB8978-1996），该监测报告引用污水综合排放标准有误；该监测报告显示石油类污染物最高允许排放浓度执行标准为30mg/L，该标准适用于1997年12月31日之前建设的单位。而某餐具中心注册成立于2003年12月18日，为1998年1月1日之后建设的单位，石油类污染物最高允许排放浓度执行标准应为20mg/L，该监测报告适用执行标准限值错误。W市生态局称上述错误为笔误，但未提交相关证据支持。即使如其所称为笔误，亦对监测报告的严肃性和专业性造成实质影响。②从监测采样的过程来看，首先，本案污水采样环境监测技术人员采用采瞬时样的方法。根据中华人民共和国国家环境保护标准《水质采样技术指导》（HJ494-2009）4.7.1采样频次e）规定，"排污单位如有污水处理设施并能正常运行使污水能稳定排放，则污染物排放曲线比较平稳，监督检测可以采瞬时样；对于排放曲线有明显变化的不稳定排放污水，要根据曲线情况分时间单元采样，再组成混合样品。正常情况下，混合样品的单元采样不得少于两次"。即采瞬时样以污水稳定排放为前提，如果污水不能稳定排放则不具备采瞬时样的条件。本案某餐具中心表示，其生产过程中产生的污水，经由隔渣池、隔油池、化粪池预处理后，每3天排放一次，排放方式为周期性排放，而非连续稳定排放，且采样前一天刚排过污水，不具备正常排放条件。W市凉州区环境监测站技术人员于7月28日15时50分到达现场却于18时13分开始采样，以及原先使用的污水提升泵因无水空转被烧坏的事实，说明该企业生产产生的污水尚未达到正常排放的条件，污水尚未处于稳定排放状态。W市生态环境局亦未能提供证据证实采样当日某餐具中心产生的污水处于稳定排放状态符合采瞬时样的规范要求。其次，根据中华人民共和国国家环境保护标准《水质样品的保存和管理技术规定》（HJ493-2009）7常用样品保存技术表1《物理、化学及生化分析指标的保存技术》规定：测试项目为石油类、油类的，采样容器为G（硬质玻璃瓶）；测试项目为化学需氧量（COD）的，采样容器一般也为G（硬质玻璃瓶），零下20摄氏度冷冻条件下，采样容器也可以为P（聚乙烯瓶（桶））。本案测试项目CODcr、石油类、动植物油的采样容器均为聚乙烯桶，不符合规范要求。最后，根据中华人民共和国国家环境保护标准《地表水和污水监测技术规范》（HJ/T91-2002）5.2.2污水

采样方法部分，5.2.2.5 注意事项 c 规定："用于测定悬浮物、BOD5、硫化物、油类、余氯的水样，必须单独定容采样，全部用于测定。"本案测定 COD、石油类、油类项目用同一份水样，亦不符合规范要求。严格按照相关技术规范要求采样、分析，实行全过程质量控制是确保监测报告监测数据准确、可靠，监测结论客观、真实的前提，也才能作为行政机关行政执法的依据。本案污水监测在样品采集、样品保存方面不符合技术规范要求，监测报告在引用污水综合排放标准、适用执行标准限值方面均存在错误，严重影响监测报告结论的准确性。W 市生态局以该监测报告作为认定某餐具中心存在违法行为的依据进而作出责令改正违法行为决定书和行政处罚决定书，认定事实不清，证据不充分。

（二）关于 W 市生态局作出的行政行为程序是否合法的问题

依照《中华人民共和国行政处罚法》第三十八条第二款规定："对情节复杂或者重大违法行为给予较重的行政处罚，行政机关的负责人应当集体讨论决定。"《最高人民法院关于行政诉讼证据若干问题的规定》第一条第一款规定："根据行政诉讼法第三十二条和第四十三条的规定，被告对作出的具体行政行为负有举证责任，应当在收到起诉状副本之日起十日内，提供据以作出被诉具体行政行为的全部证据和所依据的规范性文件。被告不提供或者无正当理由逾期提供证据的，视为被诉具体行政行为没有相应的证据。"本案 W 市生态局对某某餐具中心作出罚款 127000 元的行政处罚，属于给予较重的行政处罚，应当由行政机关负责人集体讨论决定。一审诉讼中，W 市生态局未提交行政机关负责人集体讨论决定的相关证据材料，应视为未履行相关程序。本案二审中，W 市生态局当庭提交了形成于 2019 年 8 月 18 日的《W 市凉州区某餐具消毒中心、J 餐具消毒有限责任公司环境违法案件集体讨论记录》，该份记录形成于召开听证会之前，行政机关在作出处罚决定之前已经收集但无正当理由未予提供，不属于《最高人民法院关于行政诉讼证据若干问题的规定》第五十二条所列的"新证据"；而且从记录的内容上看，集体讨论决定给予某餐具中心 50.83 万元的罚款处罚，与本案给予某餐具中心 12.7 万元的罚款处罚并不一致。因此，应当认定 W 市生态局作出的行政行为程序违法。

（三）关于 W 市生态局作出的行政行为适用法律、法规是否正确的问题

W 市生态局作出的责令改正违法行为决定书（武环责改字〔2019〕10 号）认定某餐具中心存在违法行为，适用的法律规定为《中华人民共和国水污染防治法》第十条，即"排放水污染物，不得超过国家或者地方规定的水污染物排放标准和重点水污染物排放总量控制指标"。而作出的行政处罚决定书（武环罚〔2019〕19 号）认定某餐具中心存在违法行为，适用的法律规定为《中华人民共和国水污染防治法》第五十条第一款，即"向城镇污水集中处理设施排放水污染物，应当符合国家或者地方规定的水污染物排放标准"。两个法律条款之间为一般规定与特别规定的关系，按照法律适用的一般规则，如果有特别规定的，应当优先适用特别规定。本案某餐具中心的污水是排入武威工业园区污水收集管网，由污水处理厂作最终处理后达标排放。因此，适用《中华人民共和国水污染防治法》第五十条第一款更为准确，但适用《中华人民共和国水污染防治法》第十条也亦无明显不当。

综上，W市生态局作出的责令改正违法行为决定书和行政处罚决定书，认定事实不清、证据不足、程序违法，依法应予撤销。原审判决未对行政行为适用的程序是否合法进行全面审查，应予纠正，但案件裁判结果正确，应予维持。W市生态局提出的上诉请求，缺乏事实和法律依据，法院不予支持。

四、裁判要点的理解与说明

（一）监测报告作为环境执法依据应当符合相关技术规范要求，不符合相关技术规范的监测报告不能作为环境执法的依据

环境监测是一项技术性很强的工作，与科学技术紧密相关，其主要作用是及时了解环境变化、评价环境质量，编制环境监测报告。根据《环境监测管理办法》的规定，环境监测报告能够作为环境统计、排污申报核定、排污费征收、环境执法、目标责任考核等环境管理的依据。在环境执法类案件中，环境监测报告是核定排污人排放污染物的种类、数量的重要依据。2017年7月1日实施的《最高人民法院最高人民检察院关于办理环境污染刑事案件适用法律若干问题的解释》第十二条规定："环境保护主管部门及其所属监测机构在行政执法过程中收集的监测数据，在刑事诉讼中可以作为证据使用。"

根据上述规定，在一般性的环境执法活动中，监测报告能够作为环境执法的依据，在刑事诉讼中，监测报告依然可以作为证据使用，同一份监测报告，虽然适用范围不同，但都是出于证明客观事实、理清因果关系的目的。因此，笔者认为，无论是在环境执法活动中还是在刑事诉讼中，监测报告均要满足证据的三性即"客观性、关联性和合法性"要求，而证据三性的要求也必然要求监测报告符合相关技术规范要求。本案中，W市环境保护监测站出具的监测报告存在以下问题：①监测报告引用污水综合排放标准有误，监测报告显示石油类污染物最高允许排放浓度执行标准适用错误。②监测采样过程不合规定，在被采样污水不能稳定排放的情况下不能采用采瞬时样方式进行污水采样。③测试项目CODcr、石油类、动植物油的采样容器均为聚乙烯桶，不符合规范要求的硬质玻璃瓶的要求。④测定COD、石油类、油类项目用同一份水样，不符合规范要求的单独定容采样的要求。首先，在问题二中，在被采样污水不能稳定排放的情况下采用采瞬时样方式进行污水采样可能带来所采污水样品不具备客观性和真实性的结果，该条不满足证据的客观性、真实性要求。其次，证据的合法性要求证据的收集程序或者证据的提取手段、方法必须符合相关法律法规的规定。而上述监测报告所存在的问题分别与中华人民共和国国家环境保护标准《水质采样技术指导》（HJ494-2009）《水质样品的保存和管理技术规定》（HJ493-2009）《地表水和污水监测技术规范》（HJ/T91-2002）的规定不符，因此也不能满足证据合法性的要求。综上，在监测报告不能满足作为证据的客观性、合法性的要求的情况下，其显然不能作为刑事诉讼的证据使用。而在环境执法活动中，监测报告能够认定行为人是否违反相关法规违规排放废水并导致是否对行政行为相对人施以行政处罚。与刑事处罚相比，行政处罚同样具有制裁性，因此，笔者认为作为环境执法及行政处罚依据的监测报告应当满足证据三性的要求，同样也应符合相关法律规定要求。而当其不能满足上述要求，则必然地不能作为环境执法行为的依据。

（二）行政机关对作为行政执法依据的监测报告负有审查职责

本案中，W 市生态局虽根据 W 市环境保护监测站所作关于某餐具中心排放废水中 CODcr 浓度、石油类浓度、动植物油浓度均超过《污水排放综合标准》（GB8978-1996）三级标准的监测结论对某餐具中心作出行政处罚决定，即 W 市环境保护监测站所做监测结论成为 W 市生态局环境执法工作的依据。但 W 市生态局辩解称其对该监测报告不具有审查义务，监测报告的准确性应当由监测站负责。对此，承办人认为，首先，根据《环境监测管理办法》第四条的规定："县级以上环境保护部门对本行政区域环境监测工作实施统一监督管理，履行下列主要职责：（二）组建直属环境监测机构，并按照国家环境监测机构建设标准组织实施环境监测能力建设。"由此可见，环境保护监测站应当属于环境保护部门组建。其次，根据《环境监测管理办法》第十三条的规定："县级以上环境保护部门应当对本行政区域内的环境监测质量进行审核和检查。各级环境监测机构应当按照国家环境监测技术规范进行环境监测，并建立环境监测质量管理体系，对环境监测实施全过程质量管理，并对监测信息的准确性和真实性负责。"该条明确规定各级监测机构对监测信息的准确性和真实性负责，同时县级以上环境保护部门应当对本行政区域内的环境监测质量进行审核和检查。因此，作为 W 市环境保护部门的 W 市生态局依法对 W 市环境保护监测站的监测报告具有审核和检查的义务，该监测报告如未经审核被作为行政处罚的依据，W 市生态局对此应当负责。

五、相关法律依据

（一）《环境监测管理办法》

第四条 县级以上环境保护部门对本行政区域环境监测工作实施统一监督管理，履行下列主要职责：……（二）组建直属环境监测机构，并按照国家环境监测机构建设标准组织实施环境监测能力建设；……

第八条 县级以上环境保护部门所属环境监测机构依据本办法取得的环境监测数据，应当作为环境统计、排污申报核定、排污费征收、环境执法、目标责任考核等环境管理的依据。

第十三条 县级以上环境保护部门应当对本行政区域内的环境监测质量进行审核和检查。各级环境监测机构应当按照国家环境监测技术规范进行环境监测，并建立环境监测质量管理体系，对环境监测实施全过程质量管理，并对监测信息的准确性和真实性负责。

第十八条 县级以上环境保护部门及其工作人员、环境监测机构及环境监测人员有下列行为之一的，由任免机关或者监察机关按照管理权限依法给予行政处分；涉嫌犯罪的，移送司法机关依法处理：（1）未按照国家环境监测技术规范从事环境监测活动的……

（二）《最高人民法院最高人民检察院关于办理环境污染刑事案件适用法律若干问题的解释》

第十二条 环境保护主管部门及其所属监测机构在行政执法过程中收集的监测数据，

在刑事诉讼中可以作为证据使用。

六、选择该案件的原因

该案例旨在明确环境监测是一项技术性很强的工作，与科学技术紧密相关，其主要作用是及时了解环境变化、评价环境质量，编制环境监测报告。根据《环境监测管理办法》的规定，环境监测报告能够作为环境统计、排污申报核定、排污费征收、环境执法、目标责任考核等环境管理的依据。在环境执法类案件中，环境监测报告是核定排污人排放污染物的种类、数量的重要依据。

案例九 某公司超标排放水污染物行政处罚案[①]

一、基本案情

2019 年 5 月 15 日，高新生态环境局下属执法大队执法人员前往某公司进行现场检查，环境监测机构在某公司废水总排口现场取样，后出具《监测报告》，载明"化学需氧量（COD）"的监测结果为"$1.62 \times 10^3 \text{mg/L}$"，其"结果评价"为不合格。高新生态环境局立案调查后向某公司作出《责令改正违法行为决定书》，责令某公司立即停止排放超标水污染物行为，对污水处理设施进行检修维护，确保各项水污染物达标排放。高新生态环境局经行政处罚听证，认为某公司排放水污染物超过排放标准的行为违反水污染防治法相关规定，决定罚款 50 万元。某公司不服，申请行政复议。高新区管委会作出维持原行政处罚的复议决定。后某公司诉至法院要求撤销行政处罚及复议决定。

二、判决结果

（1）高新法院经审理认为，《环境监测管理办法》由原国家环境保护总局于 2007 年发布，实行的是由政府有关部门所属环境监测机构为主开展监测活动的单一管理体制。在环境保护领域日益扩大、环境监测任务快速增加和环境管理要求不断提高的情况下，推进环境监测服务社会化已迫在眉睫。

（2）高新生态环境局对某某公司作出的行政处罚决定及高新区管委会作出的行政复议决定并无不当。高新法院判决驳回某公司的诉讼请求。宣判后，某公司不服提起上诉，成都市中级人民法院判决驳回上诉，维持原判。

三、典型意义

尽管目前立法在环境监测主体方面有一定滞后性，但原环境保护部就推进环境监测服务社会化有明确的指导意见。生态环境主管部门在行政执法中，通过政府采购程序引进具

---

① 案例来源：中国裁判文书网，https：//wenshu.court.gov.cn/website/wenshu/181107ANFZ 0BXSK4/index.html？docId＝CXSP9＋ncADiJ3fm1MamDvZPjMltiII7VD35FAEhsqTbwqZ＋CcBLrx5O3qNaLM qsJXPKc3S5FLP4yBjYgTalW5VtgRigY0Si/koN4w/MsoGM3tPPlJlOFK/YTnJyI2w10，2022 年 10 月 25 日访问。

有检验检测资质的社会监测机构从事环境质量及监督性监测服务既是积极有益的探索，也是环境保护行政执法的迫切需求。行政环境资源司法审判既要审查行政机关在行政执法、行政处罚过程中的执法依据及执法程序是否合法、处罚幅度是否适当，也要支持行政机关在生态环境保护领域的有益尝试，通过法律手段制裁污染环境、破坏生态的行为。本案例在环境监测机构、监测人员资质认定等方面的把握，对环境行政处罚中处罚依据的合法性判断起到了示范作用。

四、案件评析

法律规则滞后于社会变迁，是成文法自身特点所决定的。在环境污染日益成为社会重要问题的背景下，环境类司法审判在何种程度上去弥合法律规范与社会需求之间的缝隙，显得尤为重要。本案判决在这方面作出了有益探索。在笔者看来，其法理亮点在于：第一，法院利用同一职能管理部门 2015 年的《指导意见》和 2017 年的《复函》，对其 2007 年的《办法》进行适用解释，跳脱出了法教义学桎梏，既尊重了立法原义有法治皈依，又适应了时代发展有社会认同；第二，法院在说明测试中心的检测能力等问题上，广泛援引了规范性法律文件，充分利用了行政证据规则和原理，既有法律依据，也有法理阐释，较好地说清了环境行政处罚中的这个难点问题，为今后环境行政处罚提供了参考标准。人民法院在司法审判中践行"以人民为中心"的社会主义法治思想，就是要以扎实的法理知识、精准的司法适用来回应人民群众的法律需求。在环境资源纠纷日益增多而环境资源立法不足的时期，本案判决体现了法院的能动作为，这不仅依托于法官较高的法律技艺，也体现出法官良好的政治素养和法治理念。

案例十　昌江某自治县食品公司其他行政行为
非诉执行审查行政裁定①

一、基本案情

申请复议人昌江某自治县生态环境保护局（以下简称昌江某县环保局）不服海南省第二中级人民法院（以下简称一审法院）于 2017 年 8 月 1 日作出的〔2017〕琼 97 行审 74 号行政裁定（以下简称原审裁定），向法院提出复议申请。法院于 2017 年 11 月 9 日受理，并依法组成合议庭进行审理。现本案已审理终结。

2016 年 5 月 13 日昌江某县环保局认定昌江某自治县食品公司（以下简称昌江某县食品公司）排放污染物的行为违反了《中华人民共和国环境保护法》（以下简称《环保法》）第四十二条和《中华人民共和国水污染防治法》第九条的规定，依据《中华人民共和国行政处罚法》第二十三条和《中华人民共和国水污染防治法》第七十四条的规定，

---

① 案例来源：中国裁判文书网，https://wenshu.court.gov.cn/website/wenshu/181107ANFZ0BXSK4/index.html? docId = rxLVW1QZMc3hsKNpQESX88X6MYtH7zWWCvjQiinbdTc7DlkhiVmwSpO3qNaLMqsJXPKc3S5FLP4yBjYgTalW5VtgRigY0Si/koN4w/MsoGNOAdpa6h8ullaJITx5PZLU，2022 年 10 月 25 日访问。

该局作出《责令改正违法行为决定书》，责令昌江某县食品公司自收到决定书 30 日内，改正环境违法行为，制定切实可行的方案，认真整改。该决定书于 2016 年 5 月 18 日送达昌江某县食品公司。2016 年 7 月 20 日，昌江某县环保局作出昌环罚决字〔2016〕49 号《行政处罚决定书》，对食品公司处以 5390 元的罚款。2016 年 7 月 28 日，昌江某县环保局作出昌环连罚决字〔2016〕1 号《按日连续处罚决定书》，决定对食品公司自 2016 年 5 月 19 日起至 2016 年 6 月 13 日复查发现违法排污行为之日止，拒不改正的环境违法行为实施按日连续处罚，罚款人民币 140140 元。昌江某县食品公司于 2016 年 9 月 19 日向昌江黎族自治县人民政府申请行政复议。2017 年 4 月 11 日，昌江黎族自治县人民政府作出行政复议决定书，维持昌江某县环保局作出的昌环连罚决字〔2016〕1 号《按日连续处罚决定书》的行政行为。经昌江某县环保局催告，昌江某县食品公司仍没有履行缴纳罚款义务，故该局向一审法院申请强制执行。一审法院认为，昌江某县环保局实施按日连续处罚之前，必须先作出罚款处罚决定，并同时责令改正，被处罚人拒不改正违法行为的，才能实施按日连续处罚。昌江某县环保局于 2016 年 7 月 20 日作出罚款处罚，却以昌江某县食品公司自 2016 年 5 月 19 日起至 2016 年 6 月 13 日期间拒不改正违法行为为由实施按日连续处罚，违反法定程序。一审法院根据《最高人民法院关于执行〈中华人民共和国行政诉讼法〉若干问题的解释》第九十五条第（三）项之规定，裁定不准予强制执行按日连续处罚决定书。

申请复议人昌江某环保局的行政复议请求：依法撤销原审裁定，强制执行按日连续处罚决定书。事实和理由：根据《环保法》四个配套办法中的《环境保护主管部门实施按日连续处罚办法》的导读第三条第二款："环境保护主管部门检查发现排污者违法排放污染物，应当进行调查取证，就检查当日的违法行为，依法作出一个独立的行政处罚决定。排污者拒不改正违法排污行为、环境保护部门依法实施按日连续处罚的，按日连续处罚决定书应当在原处罚决定书之后发出，但按日连续处罚告知书不受原处罚决定作出时间的限制，即按日连续处罚告知书可以先于原处罚决定书发出。"《环保法》四个配套办法中的《环境保护主管部门实施按日连续处罚办法》释义第十条"1. 复查在实施按日连续处罚中具有重要意义，一是对违法排放污染物的行为实施后续督查，督促排污者及时改正违法行为；二是按日连续处罚周期的终点。2. 复查可以在送达责改决定书起 30 日内任何一天去检查，而且不能提前告知排污者，不打招呼，直奔现场，以暗查方式进行，以便掌握真实的排污状况。"第十七条："对于排污者连续违法排污的，环境保护部门发现一次就计罚一个周期，连续两个或两个以上的计罚周期可以合成一个。按日连续处罚的决定原罚款数额不变，计罚日数就是复查确定的几个周期的日数相加，这样简便执法，便于操作。"昌江某县环保局于 2016 年 7 月 20 日作出昌环罚决字〔2016〕49 号《行政处罚决定书》，2016 年 7 月 28 日，再作出昌环连罚决字〔2016〕1 号《按日连续处罚决定书》，未违背《环境保护主管部门实施按日连续处罚办法》的规定，程序合法。

二、判决结果

（1）撤销海南省第二中级人民法院于 2017 年 8 月 1 日作出的（2017）琼 97 行审 74 号行政裁定；

（2）对昌江某自治县生态环境保护局作出的昌环连罚决字〔2016〕1号《按日连续处罚决定书》，准予强制执行。

本裁定送达后即发生法律效力。

三、判案焦点及理由

法院经审查认为，昌江某县环保局认定昌江某县食品公司违反《环保法》第四十二条和《中华人民共和国水污染防治法》第九条的规定，超标排放水污染物的事实清楚、证据充分。《环保法》第五十九条第一款规定："企事业单位和其他生产经营者违法排放污染物，受到罚款处罚，被责令改正，拒不改正的，依法作出处罚决定的行政机关可以自责令改正之日的次日起，按照原处罚数额按日连续处罚。"《环境保护主管部门实施按日连续处罚办法》第十条规定："环境保护主管部门应当在送达责令改正违法行为决定书之日起三十日内，以暗查方式组织对排污者违法排放污染物行为的改正情况实施复查。"第十七条规定："按日连续处罚的计罚日数为责令改正违法行为决定书送达排污者之日的次日起，至环境保护主管部门复查发现违法排放污染物行为之日止。再次复查仍拒不改正的，计罚日数累计执行。"昌江某县环保局2016年5月13日对昌江某县食品公司作出《责令改正违法行为决定书》，责令昌江某县食品公司改正环境违法行为，并于2016年5月18日送达给昌江某县食品公司。2016年6月13日昌江某县环保局复查发现仍存在违法排污行为，遂于2016年7月20日作出昌环罚决字〔2016〕49号《行政处罚决定书》，对昌江某县食品公司处以5390元的罚款。2016年7月28日，昌江某县环保局作出昌环连罚决字〔2016〕1号《按日连续处罚决定书》，对昌江某县食品公司自2016年5月19日起至2016年6月13日期间拒不改正违法行为为由实施按日连续处罚，未违背《环境保护主管部门实施按日连续处罚办法》的规定，程序合法。

四、裁判要点的理解与说明

昌江某县环保局作出的《按日连续处罚决定书》并不存在《最高人民法院关于执行若干问题的解释》第九十五条第（三）项的其他明显违法并损害被执行人合法权益的事由，一审法院认定处罚决定程序不合法，没有事实依据，应予以纠正。昌江某县环保局的复议请求的理由成立，应予支持。

综上所述，原审裁定认定昌江某县环保局作出《按日连续处罚决定书》程序违法的事实错误，依照《中华人民共和国行政强制法》第五十八条第三款的规定，裁定如下：

一审裁判结果：

（1）撤销海南省第二中级人民法院于2017年8月1日作出的（2017）琼97行审74号行政裁定。

（2）对昌江某自治县生态环境保护局作出的昌环连罚决字〔2016〕1号《按日连续处罚决定书》，准予强制执行。

本裁定送达后即发生法律效力。

五、相关法律依据

（一）《中华人民共和国行政强制法》

第五十八条　人民法院发现有下列情形之一的，在作出裁定前可以听取被执行人和行政机关的意见：明显缺乏事实根据的；行政机关对人民法院不予执行的裁定有异议的，可以自收到裁定之日起十五日内向上一级人民法院申请复议，上一级人民法院应当自收到复议申请之日起三十日内作出是否执行的裁定。

（二）最高人民法院关于执行《中华人民共和国行政诉讼法》若干问题的解释

第九十五条　被申请执行的具体行政行为有下列情形之一的，人民法院应当裁定不准予执行：

（1）明显缺乏法律依据的。

（2）其他明显违法并损害被执行人合法权益的。

六、选择该案件的原因

该案例旨在明确企事业单位和其他生产经营者违法排放污染物，受到罚款处罚，被责令改正，拒不改正的，依法作出处罚决定的行政机关可以自责令改正之日的次日起，按照原处罚数额按日连续处罚。

案例十一　X市人民检察院诉徐州市
某造纸有限公司水污染责任纠纷案①

一、基本案情

2008年8月20日，徐州市环境保护局作出《关于对铜山县某某造纸厂年产6万吨高强瓦楞原纸技改项目环境影响报告表的批复》（徐环项〔2008〕75号）（以下简称技改项目环评报告表）。2014年12月，江苏省环境保护厅给徐州市某造纸有限公司（以下简称某某公司）颁发排放污染物许可证，要求该项目执行《纸浆造纸工业水污染物排放标准》（GB3544-2008）表2中"制浆和造纸联合生产企业"排放标准，废水排放总量限值为19.5万吨/年，废水只能用于回用或者灌溉，不能排放到地面水体。2013年至2015年间，某公司6万吨高强瓦楞纸技改项目正常生产。

2013年4月27日，徐州市铜山区环境保护局柳新环境监察中队发现某公司年产6万

---

①　案例来源：中国裁判文书网，https：//wenshu. court. gov. cn/website/wenshu/181107ANFZ0BXSK4/index. html？docId＝rxLVW1QZMc3hsKNpQESX88X6MYtH7zWWCvjQiinbdTc7DlkhiVmwSNaLMqsJXPKc3S5FLP4yBj YgTalW5VtgRigY0Si/koN4w/MsoGNOAdpa6h8ullaJITx5PZLU，2022年10月25日访问。

吨高强瓦楞纸项目存在私设暗管排放生产废水和污水处理设施不能正常运转等问题。

2014 年 4 月 5 日至 6 日，某公司私设暗排管排放未经处理的生产废水 600 吨，废水汇入苏北堤河。2014 年 4 月 18 日，徐州市铜山区环境保护局（以下简称铜山环保局）作出铜环责改字〔2014〕21 号责令改正环境违法行为决定书，责令该公司立即拆除暗管。2014 年 5 月 12 日，铜山环保局向某公司发出铜环罚字〔2014〕25 号行政处罚决定书，对某公司处以人民币 5 万元的罚款。2014 年 8 月 14 日，某公司缴纳 5 万元罚款。

2015 年 2 月 24 日至 25 日，某公司临时设置直径 20 厘米铁质排放管，将未经处理的生产废水经该公司污水处理厂南侧排入苏北堤河，排放量 2000 吨。徐州市铜山区环境监测站于 2015 年 2 月 25 日对该公司外排废水进行采水样监测，数据显示"化学需氧量为 1180mg/L、氨氮为 28.2mg/L、总磷为 1.60mg/L"，分别超过《纸浆造纸工业水污染物排放标准》（GB3544-2008）12.1 倍、2.5 倍、1 倍。2015 年 3 月 12 日，铜山环保局作出铜环罚字〔2015〕6 号行政处罚决定书，对某公司处以人民币 10 万元的罚款。2015 年 4 月 27 日，某公司缴纳罚款 10 万元。

另查明，某公司年产 6 万吨高强瓦楞纸技改项目环境影响报告于 2008 年 8 月 20 日经徐州市环境保护局徐环项〔2008〕75 号文件批复，各类污染物年排放总量初步核定为：废水量 ≤195030 吨/年，COD ≤33.54 吨/年，SS ≤33.54 吨/年。2009 年 9 月，徐州市环境保护局委托铜山县（即现铜山区）环境保护局对上述技改项目进行环保设施竣工验收。2009 年 9 月，某公司污染物排放监测计量装置已与铜山县（即现铜山区）环境保护局监控中心联网，实现对废水排放总量和 COD 的连续监测，做到了数据实时传输。江苏省环境保护厅 2014 年 12 月给被告颁发的排放污染物许可证规定，执行《纸浆造纸工业水污染物排放标准》（GB3544-2008）表 2 中"制浆和造纸联合生产企业"排放标准，废水排放总量限值 19.5 万吨/年。根据环评要求，被告生产废水不能排放到地面水体，只能用于回用或者灌溉。

苏北堤河主要沿 35 米等高线，自沛县龙固向南，到铜山区张谷山入顺堤河后进入京杭运河不牢河段。苏北堤河铜山段，河道位于徐沛运河与顺堤河之间，全长 23.56 公里，是徐州市铜山区湖西地区的灌溉排涝的主要河道之一。苏北堤河柳新（江苏省徐州市铜山区柳新镇）段，全长 5.1 公里，沿线有多条中沟与桃园河相通，是柳新镇魏庄大沟以南桃园河以北地区的一条排涝并结合农田灌溉的河道。

某公司位于徐州市铜山区柳新镇，成立于 1990 年，现注册资本 6000 万元，2010 年至 2012 年间该公司曾被民政部门登记为社会福利企业，至 2015 年 12 月，仍有部分残疾人职工。2013 年至 2015 年间，某公司运行上述年产 6 万吨高强瓦楞纸技改项目，正常生产经营。

再查明，公益诉讼人为调查取证，支付专家咨询费用 3000 元。

二、判决结果

徐州市中级人民法院于 2016 年 4 月 21 日作出〔2015〕徐环公民初字第 6 号民事判决：

（一）被告徐州市某造纸有限公司于本判决生效后三十日内赔偿生态环境修复费用及